移民文化論丛

（2014）

主　编◎刘志山
副主编◎傅鹤鸣

中国社会科学出版社

图书在版编目（CIP）数据

移民文化论丛．2014／刘志山主编．—北京：中国社会科学出版社，2016．8

ISBN 978－7－5161－8616－9

Ⅰ．①移…　Ⅱ．①刘…　Ⅲ．①移民—文化研究—中国　Ⅳ．①D632．4

中国版本图书馆 CIP 数据核字（2016）第 170116 号

出 版 人　赵剑英
责任编辑　李炳青
责任校对　周　昊
责任印制　李寡寡

出　　版　中国社会科学出版社
社　　址　北京鼓楼西大街甲 158 号
邮　　编　100720
网　　址　http://www.csspw.cn
发 行 部　010－84083685
门 市 部　010－84029450
经　　销　新华书店及其他书店

印　　刷　北京明恒达印务有限公司
装　　订　廊坊市广阳区广增装订厂
版　　次　2016 年 8 月第 1 版
印　　次　2016 年 8 月第 1 次印刷

开　　本　710×1000　1/16
印　　张　15．75
字　　数　227 千字
定　　价　56．00 元

《移民文化论丛》编辑委员会名单

目　录

移民文化与城市竞争力

2015 年 5 月 15 日，中国社科院城市与竞争力研究中心发布《2015 年中国城市竞争力蓝皮书》。该书指出：2014 年最具竞争力的前十名城市依次是：深圳、香港、上海、台北、广州、天津、苏州、北京、澳门、无锡。

这前十名城市都属于移民城市。为什么这么说呢？1945 年香港、澳门、台北人口分别为 50 万、18 万、41 万，2013 年增长到 723 万、62 万、263 万，主要是 1945 年后从中国内地和世界各地迁入的移民及其后代。北京是古都又是新中国的首都，天津作为中国沿海开放的直辖市，吸引了大量国内外移民；上海、苏州、无锡解放之前是对外通商的港口，1978 年后作为中国沿海开放城市，成为长江南北移民的创业乐园；广州、深圳历史上是广府移民集聚地，改革开放后作为先行先试的排头兵和对外开放的窗口，成为大量移民实现梦想的地方。显然，移民和移民文化与城市竞争力不无关系。

一　移民文化

移民是世界历史上自古就有的现象，但是规模空前的移民浪潮则出现在近代工业革命之后。正是一代一代的移民极其艰苦的劳作和渴求成功的梦想，创造了许多国家和城市新的文化和文明形态。20 世纪 80 年代改革开放后，移民在中国成为日益频繁和普遍的现象。移民的聚集，使移民城市和移民文化得以产生；当某一城市移民数量远远超过原住民数量，形成“客强主弱”的局面时，移民城市得以出现；移民文化也因此成为其主流文化，对移民城市的发展和竞争力产生至关重要的影响。

移民既是文化的载体，又是文化的创造者。移民们离乡背井、开疆拓土，在传播思想文化的同时，也在实现思想观念的融合与创新。这种思想观念的创新使移民城市的文化发展也像其经济发展一样，不断涌现出新的生长点，形成了独具特色的移民精神，展示出移民的精神世界，成为移民文化的核心。

1. 移民

移民是指离开原来的居住地迁移到其他地方定居或居住了较长时间的人口。出于不同的动机和目的，移民主要包括如下几种情况：（1）主动移民和被动移民。所谓主动移民，是指出于主动、自由选择离开原来的居住地迁移到其他地方的移民。他们是在没有外界压力的情况下，经过深思熟虑后采取的行动，完全是一种自由的生活选择。所谓被动型移民，指的是为形势与环境所迫不得不离开原来的居住地迁移到其他地方的移民。他们的移民行为是被动的，带有盲目性。历史上以行政或军事手段推行的强制性移民就属于被动移民。（2）生存型移民和发展型移民。所谓生存型移民，是指出于生存的考虑只好离开原来的居住地迁移到其他地方的移民。他们迁移的主要原因如自然灾害、战争动乱、土地矛盾、人口压力等，不一定是迁入地有更好的生活环境、发展机会。所谓发展型移民，是指为了物质生活或精神生活状况的改善，离开原来的居住地迁移到其他地方的移民。他们迁移的主要原因是迁入地的生活环境、发展机会等吸引所致。（3）国内移民与国际移民。所谓国内移民，是指发生在一个国家领土范围以内的人口迁移，如省际迁移、县际迁移和县内迁移等。所谓国际移民，是指发生在不同国家之间的人口迁移，如我国东南沿海地区迁往海外的移民、从海外其他国家迁入中国的移民等。（4）城市化移民和农业移民。所谓城市化移民，是指由农村到城市的人口迁移。城市化移民是发达国家历史上和发展中国家当前移民的主要类型。所谓农业移民，是指由农村到农村的人口迁移和由城市到农村的人口迁移。农业移民具体包括边疆移民和水库移民等形式，如中国近代以来对边疆的开发移民和当代三峡库区移民。[1]

2. 移民城市

所谓移民城市，是以移民为基本成员的城市，即移民在数量上远远超过原住民，成为城市发展的生力军和主力军。它具有两方面特征：（1）“客强主弱”。“客”指外来移民，“主”指原住民。“客强主弱”表现在量与质两个方面：在量的方面，移民人口占移民城市总人口的50%以上，多于原住民的人口数量；在质的方面，移民所带来的文化在城市中处于优势，而原住民的文化则在城市中处于劣势，甚至被优势文化所同化。这一特征鲜明地体现在各移民城市之中。如典型的移民城市——新加坡，截至2011年，总人口为518万人，其中华裔移民占74.2%，马来人、印尼人等原住民只占25.8%。在2013年中国综合竞争力排名前十位的城市中，近代以来香港、澳门、台北、北京、上海、广州、天津以及当代的深圳、苏州、佛山、珠海等移民城市均具有“客强主弱”的特征。（2）人口高度流动。与非移民城市的人口较稳定不同，移民城市由于移民的主观动机和社会政治、经济环境的变化，其成员处于高度流动状态。一方面，移民城市经济、政治环境的开放性吸引移民持续迁入，从而使人口高度流动。如深圳市的前身宝安县城区人口只有4万，全宝安县人口不足30万。但建立特区后它以其独特的地理条件、崭新的社会体制环境、开放的思想意识氛围，在短短的30年间便吸引寻求更大生存和发展空间的大量移民纷纷南下，如今深圳已发展成为上千万人的现代化城市，其人口的90%以上是来自外地的移民。另一方面，一旦移民城市的社会环境发生负面变化，如社会政治、经济环境出现失衡、动荡的情形，将极大地冲击移民特别是被动型移民的迁入热情和居留信心。例如，太平天国时期从江南各地涌入上海的人数曾达上百万，但其中一大半在太平天国运动失败后又离开上海返回故土。还比如，近年来东南沿海城市出现的“招工难”现象，即农民工由于城市生活成本提高等原因，离开城市返回故乡就业和创业所致。[2]

3. 移民文化

现代移民城市创造出丰富多彩的文化。移民文化是移民在迁移过程中所创造的物质文化和精神文化的总和。我们这里侧重讲移民精神文化，即移民身上所特有的思想观念和精神特质，是移民在迁移和再迁移过程中使迁出地文化与迁入地文化相融合的结晶，是移民生生不息、走向全国、走向世界、安身立命、成就事业的精神支柱。

移民城市所形成的特殊的价值观，是移民文化的核心，也标志着移民文化的特征所在。具体而言，移民文化的特征体现在如下几方面：[3]

（1）流动性

移民文化的流动性源于移民的流动性。移民文化的主体是移民。在世界移民史上，中国虽然不是全球性移民流入最多的国家，但她是全球性移民流出最多的国家，同时改革开放后又成为全球国内移民流动最频繁的国家。无论流入还是流出，无论外部流动还是内部流动，只有流动才能有活力。流水不腐，户枢不蠹。死水一潭，带来的只能是封闭和保守。流动才能带来开拓和创新。移民思想观念在流动中通过同化、顺应和裂变产生的新文化就是移民文化，移民文化是当代中国最具活力的新文化。

（2）开拓性

冒险、拼搏、开拓、进取的移民精神是移民文化最核心的内容，也是最大的特点。这一特征是移民所面临的严酷的自然和社会环境所赋予的。城市化的进程，就是移民不畏艰难、披荆斩棘、开拓进取的历程。面临环境的严峻挑战，移民们只有敢冒风险、搏命劳作、勇于开拓、锐意进取，才能得以生存与发展。

香港的城市化发展，从一个荒凉的渔村发展到现代都市的历程，仅用了几十年的时间。究其根源，如此令人惊异的超常发展均出于一批又一批移民的艰苦卓绝的开拓和奋斗。在香港，移民们对自身潜力的发挥往往到了极限，以其超强度、超负荷的劳动完成着香港经济的积累过程。香港人猝死病例居高不下，就是因为搏命的劳作在超越了极限之后导致身体的突然崩溃。尽管这种近乎非人性、非人道的搏命，曾受到西方舆论界的谴责，但恰恰就是这种“搏命”所带来的成就为香港经济起飞打下了厚实的基础。香港移民凭借顽强拼搏，凭借令人崇敬的劳作和令人惊叹的智慧，终于将昔日的边陲小镇变成了现代化的大都市。正是这种冒险、拼搏、开拓、进取的移民精神造就了香港的辉煌，也使香港成为世界著名的“东方明珠”。

（3）创新性

移民文化以其特有的开拓性的特征，必然孕育出勇于探索、敢为天下先、求新求异的精神气质，形成新的思维方式和生活方式，提出新的思想观念，表现出鲜明的创新性特征。

深圳特区是建设有中国特色社会主义的“试验场”。特区经济体制与政治体制改革，客观上要文化改革与之相适应。因此，建设有中国特色的社会主义新文化，自然也包括在深圳特区的改革试验中，从而使深圳移民文化具有与生俱来的实验性和创新性。这种创新精神激励着深圳移民不断变革思想、更新观念。比如在思想文化观念方面，深圳率先提出“时间就是金钱，效率就是生命”等口号，反映出工业化社会对与之相适应的新文化观念的呼唤；尔后，与社会主义市场经济相适应的时效观念、人才观念、竞争观念、知识经济观念等一系列新观念，形成一个巨大的冲击波，迅速向内地辐射，在全国引起强烈反响。

（4）开放性

移民城市因具有人口高度流动性特征，来自不同国家或地区的移民带来了各自的地域文化，这些色彩多样的地域文化在移民城市中互相交流、融合，从而使移民城市形成了一种开放的文化心态。在移民城市，人们与外界进行频繁的交往活动，很少具有排外、封闭的心理；同时，人们漠视出身背景，注重个人的实力和创造潜能的发挥。“英雄不问出处”“来了就是深圳人”正是这一特征的真实写照。开放性使移民文化的生长拥有了自由的空间，从而保持着恒久的活力。

（5）包容性

移民文化的开放性也孕育了包容性。这种包容性在深圳移民文化中尤为明显。深圳濒临大海，毗邻港澳。深圳海关和口岸进出人员与车辆之多，在全国是少有的。与境外频繁的交往和人员流动，是深圳移民文化具有开放性、包容性的客观基础。深圳作为中西文化的交汇点，跨国公司的汇集地，感受到中西文化碰撞、交融的起伏跌宕。一方面，中国传统的儒家文化和忠孝观念影响着每一个家庭；另一方面，西方现代的企业文化和道德观念渗透到每一个职员。这样，中国传统的以自然人为主体的思想文化与现代西方以法人为主体的思想文化在这里发生正面交锋，两者的融合，凸显深圳移民文化的包容性。同时，深圳作为移民城市，其居民来自全国各地，民族传统、风俗习惯和道德观念不尽相同，各种观念互相撞击，融为一体，形成了类似于美国和新加坡的“熔炉式”的移民文化，包容性特征更加清晰可见。

二　城市竞争力

城市竞争力是在社会制度、经济结构、价值观念、城市管理等多方面因素共同作用下，城市为其自身发展在区域内进行资源优化配置的能力。

2005—2014 年中国综合竞争力前十位的城市排序如下：

2005 年：香港、台北、上海、北京、深圳、广州、高雄、澳门、新竹、基隆。

2006 年：香港、深圳、上海、北京、广州、台北、无锡、苏州、佛山、澳门。

2007 年：香港、深圳、上海、北京、台北、广州、高雄、苏州、杭州、天津。

2008 年：香港、深圳、上海、北京、台北、广州、青岛、天津、苏州、高雄。

2009 年：香港、深圳、上海、北京、台北、广州、天津、高雄、大连、青岛。

2010 年：香港、台北、北京、上海、深圳、广州、天津、大连、长沙、杭州。

2011 年：香港、台北、北京、上海、深圳、广州、天津、杭州、青岛、长沙。

2012 年：香港、深圳、上海、台北、广州、北京、苏州、佛山、天津、澳门。

2013 年：香港、深圳、上海、台北、广州、北京、苏州、天津、佛山、澳门。

2014 年：深圳、香港、上海、台北、广州、天津、苏州、北京、澳门、无锡。

从上述十年的排序中我们可以总结出城市竞争力的一些特征，比如说：系统性、动态性、相对性、开放性与差异性。[4]

（1）系统性。城市竞争力是由各种因素组成的有机整体，它的强弱取决于各个要素综合作用的结果。因此提升城市竞争力将是一项系统工程，必须从整体出发，全面考虑，始终把握系统的整体特性和功能，从而达到在整体上增强城市竞争力的目的。城市竞争力的影响因素将在接下来的问题中展开分析。

（2）动态性。构成城市竞争力的各种因素总是处于不断的发展变化之中，导致城市竞争力的内涵也会不断发生变化，因此城市竞争力是一个动态平衡的开放系统，这就决定了提高城市竞争力将是一项长期性的任务。2005—2014 年中国城市综合竞争力的排序不是一成不变的，而是每年都可能有所变化。如深圳。

（3）相对性。城市竞争力是一个相对的概念，强调与其他城市的横向比较，因为只有进行比较才能体现出竞争力的大小。另外，随着作用因素的不断改变，同一城市在不同的发展阶段竞争力水平也各不相同。

（4）开放性。城市是一个开放系统，在与外界的交流中摄入能量和物质，通过转化过程输出能量和物质，从而获得自身的发展。而城市竞争力的测度指标随着时间阶段的不同，作用因素也在不断地改变，因此城市竞争力是一个开放性的系统。这是由其动态性决定的。

（5）差异性。城市的竞争力表现方式多种多样，更强的引资能力、更好的人居环境、更多的发展创业机会、更优秀的人才聚集都有可能发展成为城市的竞争优势。因此培育城市竞争力可以从一定区域内城市的差别优势出发，权衡自身在区域的角色定位，把城市间的纯竞争关系转变为竞争—合作关系，形成优势互补，相互促进，共同发展的“双赢”局面。如香港与深圳。

那么，城市竞争力究竟受哪些因素的影响？什么是城市竞争力的决定性因素呢？从2014年中国城市竞争力排名前十位的城市的基本情况中，我们不难发现人口最多的是上海2415万人，面积最大的是北京16800平方公里，GDP总量最大的是上海2.36万亿元，人均GDP最高的是澳门54.84万元。排名第一、第二的深圳和香港，主要靠高端制造业和服务业领先其他城市。显然，上述城市的发展不仅取决于人口和面积（地理环境），更重要的是取决于经济发展程度（社会生产方式）。因此城市竞争力不仅包括人才竞争力、环境竞争力，而且包括经济竞争力。换句话说，城市的发展和城市竞争力的提升主要受到人才、环境、经济等因素的影响。

（1）人才竞争力

人才竞争力是城市竞争力中的核心竞争力，并且是唯一能动的因素，它决定城市发展的活力。

人口的流动和集聚为城市发展带来活力。如改革开放后中国城市尤其是大城市人口流动非常频繁。但人口，重要的不是数量而是质量，只有高质量的人口才能称之为人才。从世界各国普及义务教育的情况来看，世界上最早实施义务教育的国家是德国，1825年开始实施义务教育，美国是1852年，英国是1870年，日本是1900年，印度是1968年，中国是1986年通过《义务教育法》，开始实施义务教育，比德国落后161年，比美国落后134年，比英国落后116年，比日本落后86年，比印度落后18年。因此，人口大国不一定是人才大国。人才是城市发展所有资源中最重要的资源，所以人才竞争力成为城市的核心竞争力。如北京和上海就是我国数一数二的人才基地。尽管如此，大量人才的聚集并不必然带来良好的效率和成果，英雄无用武之地的结果将导致大量人才流失。如高校数量众多、名列全国三大人才基地之一的西安，人才流失非常严重。可见，只有能够实现人才和其他资源优化配置的先进生产方式，才能激发人才的积极性、主动性和创造性，真正发挥城市的人才优势，提升城市竞争力。

（2）环境竞争力

环境竞争力是城市竞争力中的可持续竞争力，它作为不可或缺的外在因素，决定城市发展的未来和魅力。

环境不仅包括自然环境，而且包括人文环境。自然地理环境对一个城市的发展具有至关重要的影响。我们从 2013 年中国人均 GDP 排名前十位的城市中就会发现，排名第一和第二的克拉玛依、鄂尔多斯蕴藏大量的石油和煤矿，随着资源的开采和销售而成为目前中国最富裕、人均 GDP 最高的城市。但阶段性的高增长和高收入并不必然带来高人气，就像鄂尔多斯一到晚上就变成了鬼城，许多城区黑灯瞎火、不见人影。这主要取决于人文环境。只有适合居住的人文环境、适合创业的制度环境，才能吸引人、激发人，最终留住人。因此可持续的环境竞争力决定城市的未来和魅力。

然而城市的人文环境，尤其制度环境，取决于生产方式，取决于根本经济制度，因此在城市竞争力中，经济竞争力才是最终的决定性因素。

（3）经济竞争力

经济竞争力是城市竞争力中的综合竞争力，并且是最终的决定性因素，它决定城市发展的实力。

经济竞争力的主要因素不仅包括经济总量、经济地位，而且包括经济结构、经济制度和经济增长模式。经济总量和经济地位是城市发展的结果，标志着城市的经济实力；但经济结构、经济制度和经济增长模式决定人才、环境等各种城市要素和资源的优化配置，从而决定经济总量和经济地位，最终决定城市的综合竞争力。因此 2014 年中国城市竞争力排名前十位的城市均分布在沿海地区，主要是充分利用海上进出口的便利，发展外向型经济，在改革开放中赢得先机，并且在改革开放中不断开拓创新、转型升级，实时转变经济增长模式，提升经济竞争力。

三　移民文化提升城市竞争力

2014 年中国最具竞争力的前十位城市都属于移民城市，这绝非偶然。它说明移民和移民文化与城市竞争力之间存在某种内在的联系，具体而言，就是移民文化以其流动、开拓、创新、开放、包容的特质有助于提升城市竞争力。[5]

1. 移民文化提升城市人才竞争力

移民文化是当代中国最具活力的新文化，其活力主要来自其流动性。当今世界的全球化使人才、资金、技术、物资、产品和文化出现全球性流动，其中人才的流动与文化的流动刚好呈现相反的方向，即人才由落后地区、发展中地区向发达地区流动，文化伴随着资金和技术由发达地区向落后地区、发展中地区流动。

由落后地区、发展中地区向发达地区流动的现当代移民，其动机和目的是为了获得更多的发展机会、更大的发展空间、更好的发展前景和生活待遇，属于发展型移民。但地区和城市的发展是动态的，三十年河东，三十年河西，城市之间可能各领风骚三十年；移民的生活境遇具有不确定性，创业机会具有偶然性。因此，在面对流动性和不确定性中，移民们形成了自由、平等观念，希望自由流动、平等竞争。

改革开放后，我国有些内地城市大力吸引人才，并出台了系列优惠政策，但收效甚微。主要原因就是，这些城市在吸引人才的过程中限制人才的自由流动，要求引进的人才签订服务协议、限定服务期限；同时这些城市往往是本地人为主，对引进的人才具有一定的排外倾向，严重影响了外来人才的平等竞争，从而削弱了其人才竞争力。

相比之下，以深圳为典型的中国沿海开放城市，“客强主弱”，以外地移民为主，来了就是深圳人；合适则留下来，生根开花结果，不合适则收拾行囊再出发。这些城市人才流动高度自由，人才竞争高度平等，从而极大地提升了城市的人才竞争力。

2. 移民文化提升城市环境竞争力

移民文化的开放性和包容性蕴涵了丰富的人文气息，为营造宜居宜创的优美人文环境奠定了良好基础。在新兴的移民城市深圳，英雄不问出处，移民来自全国各地、五湖四海，中国内地 31 个省市都有人在深圳安家，中国56个民族都有人在深圳落户。在深圳著名的华侨城，既有洞悉世界景观的世界之窗，也有浓缩中国风景名胜的锦绣中华，还有展现中国文化的民俗文化村。各种语言、饮食、风俗、观念和文化在深圳荟萃、交融，不断涌入的移民感受到宜居（适合居住）的亲切和认同、宜创（适合创业）的自由和平等。

移民文化的开放性使移民们以开放的心态放眼全球、展望世界，融入全球化浪潮，汲取最新信息、高端技术和先进文化，内化为自身的本质力量，不断丰富自己、完善自己，实现人与社会的和谐发展、人与自然的生态平衡，并在全球性的对话与交流、外交与外贸中输出自己的物质产品和精神产品，在走向世界、影响世界的过程中提升其城市的可持续竞争力。

移民文化的包容性使移民们以海纳百川的胸怀接纳和认同语言、风俗和文化的多样性，尊重各种民族、风俗和文化，并促成不同民族、风俗和文化的交流与融合，探索不同文化在融合中演变、演化的规律和特点，不断丰富移民城市的人文底蕴，提升城市的环境竞争力。

3. 移民文化提升城市经济竞争力

移民文化以其开拓性、创新性，使移民城市在勇于开拓中迅速崛起，在不断创新中焕发出强大动力。如深圳，建市之初，便摆脱传统的社会体制，在全国率先进行了一系列体制改革，如率先改革计划管理体制，减少指令性计划和实物指标；率先进行物价改革，放开一部分商品和劳动的价格，随行就市；率先改革劳动用工制度和工资制；率先试行国有企业的股份制改造和董事会领导下的经理（厂长）负责制；率先实行国有土地使用权有偿转让制度等。20世纪90年代以后，深圳继续率先进行现代企业制度、新型社会保障制度以及公务员制度、政府审批与采购制度、基层民主制度的改革。这些改革极大地解放了生产力，实现了生产方式的实质性变革，使深圳在短短的30年时间里迅速成长为当代中国屈指可数的超级城市。

移民文化的开拓性和创新性不仅使深圳在经济制度和管理方式的改革中取得了成功，而且在经济结构和经济增长模式的转变中取得重大进展。深圳早期主要是承接港澳台等境外产业转移，发展三来一补的劳动密集型加工业和外向型经济，取得了很大的成功。但随着人口突破千万，2050 平方公里土地的有限性异常突出，加上人力成本的大幅度增加，深圳继续发扬创新精神，实现经济增长模式的变革，由劳动密集型产业转向以高新科技为主的技术密集型产业，由第一、第二产业为主转向以第三产业为主。2013 年深圳高新技术产品增加值达到4652 亿元，增长 12. 4%；第一产业增加值占全市生产总值的比重不到0. 1%；第二、第三产业增加值占全市生产总值的比重分别是43. 4%和 56. 6%。这一漂亮的转向使深圳再度焕发出新的活力，2013 年全年本地生产总值达到14500. 23 亿元，人均生产总值 136947元，约22112 美元，已经超过世界平均的1. 05 万美元，达到世界中等发达国家和地区的水平。

（作者信息：刘志山，深圳大学移民文化研究所
常务副所长、教授、博士）

注 释

［1］刘志山：《移民文化与市场伦理》，中国妇女出版社 2003 年版，第 7 页。

［2］刘志山：《移民社区的思想道德教育》，福建教育出版社 2005 年版，第 8 页。

［3］刘志山：《移民文化及其伦理价值》，商务印书馆 2010 年版，第 12 页。

［4］徐康宁：《城市竞争与城市竞争力》，《南京社会科学》2002 年第 5 期。

［5］刘志山：《移民文化提升城市竞争力》，《中国社会科学报》2015 年 6 月 26 日。

移民文化流动性特征、影响及对策

文化在空间上是流动的，在时间上不仅仅是被继承，更是被创造的，也就是说，文化的流动是化学的过程，而不是一个机械的、固定化的物理过程。人是文化的载体，流动的人群是文化流动的承载者，正是因为人的流动，在各种各样的人的聚集、交流的过程中，激活了每个人身上的文化基因，从而产生新的文化样态。移民文化深刻展现了文化的这一特性，由于移民的来源十分广泛，因而其文化背景十分复杂，每个移民都是一个文化符号，在共同旋律下各自跳着自己的舞蹈，创造着移民城市的多样性和丰富性。

一　移民文化流动性的表现

移民文化流动性在于移民的流动，每个移民都是一个文化符号，他们各自的文化基因、生活习惯、价值观念的聚集、碰撞、交融为生机勃勃的移民文化提供了土壤，具体体现为开放与包容。但同时，这种流动性，也表现为身份、工作与生活的不确定性和非正式性。

1. 开放性与包容性

移民文化的流动性意味着开放与包容。移民城市因具有人口高度流动性特征，来自不同国家或地区的移民带来了各自的地域文化，这些色彩多样的地域文化在移民城市中互相交流、融合，从而使移民城市形成了一种开放、包容的文化心态。以深圳为例，其人口构成来自全国各地，中国56个民族都有人落户深圳，人们漠视出身背景，注重个人的实力和创造潜能的发挥，人们与外界进行频繁的交往活动，很少具有排外、封闭的心理。同时，深圳这座移民城市有着巨大的包容性，每个移民都是值得尊重的个体，他们的个性和多元选择性都会得到包容与满足。从“这里看重人的智慧、尊严和爱的力量”到“这里的微笑比较持久，这里的握手比较有力”，从“同在一片热土，共创美好明天”到“来了就是深圳人”，一个个温暖的理念，变换的是表达的形式，不变的是其包容的内涵。[1]正是在开放与包容的环境下，在深圳，千千万万的移民，成为文化建设的实践者，他们在实现自己一个个梦想的同时，也成就了一个城市的崛起。

2. 不确定性与临时性

移民文化流动性深刻影响着移民的文化身份认同，产生不确定性。在传统社会中，个体的生活空间基本固定，人们对自己承担的社会角色具有相当的确认性，与之进行社会交往的人也基本确定。在这样确认的社会环境中，个体身份认同往往比较简单。而在流动性的移民社会中，传统身份认同所依赖的确定的参照系已被抽离，但身份认同又是移民们不可回避的问题，尤其是文化身份认同。文化身份认同体现在人们的衣食住行之间，吃什么样的东西、穿戴什么样的服饰、交往什么样的人群，每一位移民都感受着文化差异带来的冲击，承认共同体内部成员文化身份的差异，由此也带来文化身份认同的不确定性。同时，移民文化流动性还表现为临时性，这种临时性主要体现在移民的工作与生活方面。从移民的生活状况来看，大部分移民没有城市户籍，无法享受城市福利，仅仅把移民城市作为工作、谋生的临时场所，除了在这个城市必要的生活开支以外，主要的工资收入并没有在这个城市使用，而是转移到家乡，带有很强的机会主义色彩。以深圳为例，深圳已发展为上千万人的现代化城市，但其人口的90%以上是来自外地的移民，且大部分没有深圳市户籍。一个比较典型的现象是，每到春节，平时繁华拥挤、人流密集的深圳，便由一座千万人口的超大城市变成了一座宽松顺畅、人流稀少的百万人口的中等城市。

二　移民文化流动性的积极影响

流动性意味着活力。流水不腐，户枢不蠹。流动的力量来自人与自然、人与人、人与社会的对话和互动的本性。这种力量在移民文化中体现得极为明显，带着各自文化基因的移民流动到城市，在相互碰撞、交流和影响中形成一种融合而非排斥的文化环境。移民们在创造这种环境的同时，也对自身的思想观念、行为有着积极的影响，主要表现在以下几个方面：

1. 强化了人们的开放与创新意识

文化的源泉在于人与自然、人与人、人与社会的对话和互动。在移民文化开放性环境中，这种对话与互动更加凸显，强化了人们的开放与创新意识。一方面，移民城市开放、包容的心态强化了人们的开放意识。这种开放意识主要是向社会和人的心灵开放。向社会开放，是指人与他人公平竞争、互助合作、和谐发展，其实质是求善。向心灵的开放，是指身处在移民文化的多样性中，以开放的心态接受优秀的精神文化净化心灵，促进身心平衡，提高人生境界，其实质是求美。[2]另一方面，文化的流动意味着，文化越来越多地被理解为每种文化都有其独特的历史过程，这也是文化多样性的生成过程。移民城市中文化多样性的存在，有利于防止趣味的标准化、创造力的贫乏以及文化表现形式的雷同。来自不同文化地域的移民们在交流与对话的过程中，吸收与借鉴他人的先进观念与行为方式，避免思想观念与行为局限于某一固定的模式，不断创新，“苟日新，日日新”。

2. 培养了人们的和谐思想

移民文化的开放与包容培养了人们的和谐思想。这种和谐思想其实是移民在处理人与社会（他人）的关系时所采取的宽容和善的心态，体现于文化与文化之间的融合的关系，而不是非此即彼或你轻我重，这个融合过程是化学反应，最后生成的是我中有你，你中有我。[3]每一位移民都是文化的载体，且都会感受到不同文化的差异，同时应对新的文化压力和标准，在此情况下，承认各自文化的差异，推动不同文化之间的相互理解，愈来愈多地成为人们的文化选择，也由此体现移民文化的开放与包容、和谐与统一。

3. 激发了人们的竞争意识

移民们都有一个共同的出发点，就是对过去生活的不满足，对新的聚集地的希望和梦想。从表面上看，移民是在寻找迁入地的精彩世界，但是真正的移民实际上是寻找自己，看看自己有怎样的头脑和智慧。每个移民都很现实，要为生活打拼，其实在骨子里，他们总是在为梦想不断努力、奋斗。[4]合适则留下来，生根开花结果，不合适则收拾行囊再出发。也正是高度流动性的工作和生活，使得每个移民都有着强烈的竞争意识，只有在自己的工作岗位，不畏艰难、勇于开拓，做出属于自己的成绩，提高自己的不可替代性，才能继续留下来，实现自己的梦想。

三　移民文化流动性的消极影响

流动性同时意味着不确定性，移民的高度流动对其思想观念和行为方式造成一些不利影响，主要表现在以下几个方面：

1. 缺乏文化身份认同

文化身份的转换问题是每个移民首先需要重新回答且需不断适应调整的社会归属问题。移民做出迁移决定多半是出于个性需要的考虑，但牺牲了自己原本稳定的社会归属。作为外来的移民，不仅与原住居民的差异显而易见，而且由于移民文化现实的流动性直接导致的文化复杂性与多样性，使之与其他移民也存在明显的文化差异。正是这些差异性和户籍问题，使得大部分移民缺乏文化身份的认同。比如，在深圳，“没有户籍”是移民们不认为自己是深圳人的重要原因，即便是已经在深圳居住多年，但由于户口不在这里，许多人“不知道自己明天会在哪里”，认为自己是“游荡于城市的边缘人”。一方面，他们离家多年或厌倦了老家的贫困落后，已经没有了回去的念头；但另一方面，他们又不能在深圳找到自己的归属，于是处于一种缺乏文化身份认同的尴尬状态。

2. 工作、生活的融入性不高

在改革开放后新兴的移民城市深圳，原住民、外来户籍人口和劳务工是构成城市人口的三大群体，其中劳务工的人口比重是最大的，远远高于其他群体的总和。原住民主要居住在“城中村”，他们的行为方式多遵守传统的广府或客家文化，语言也以广东话和客家话为主。外来户籍人口是在经济大潮中移民深圳的，“不是猛龙不过江”，这些人多有较高学历或一技之长，所以他们到深圳以后从事的是较高层次的工作，如政府机关、事业单位及企业的管理，他们主要集中居住在政府开发的福利房或者商品房里。由于文化修养比较高，他们是深圳文化的主要缔造者和实践者，也是深圳精神的主要倡导者。劳务工则大多来自内地偏僻的乡村，到深圳“见见世面”“学学技术”“挣点钱”，他们受教育程度低于人才型移民，主要在工厂流水线上和服务性质的行业中工作，他们工作和居住的流动性都很大，常常是居无定所。

可见，正是由于这种生活状态及文化身份认同的缺乏，导致劳务工群体工作与生活的融入性不高。在这种情况下，一部分移民可能会成为“流民”，游手好闲，破坏社会的正常秩序，甚至做出一些违法乱纪的事情，影响到移民城市的健康稳定发展。

3. 容易滋生双重道德人格

由于移民的高度流动性，在流动交往中，移民可以扮演与现实生活中身份不同的一个或多个角色，可以在交往中表现出不同于平时的价值标准和道德观念，可能在交往中戴上高尚的面具，还可能为追求利益或纯粹为填补内心的空虚而骗取他人情感、钱财等，展现人性中不道德的丑恶嘴脸。这就使得现实生活中的自我与流动交往中扮演的角色所表现出的价值标准与道德观念出现极大反差，从而致使移民出现双重道德人格。[5]

四　移民文化流动性的对策

移民文化是当代中国极具活力的新文化，其活力之源的流动性特征既有积极影响又有消极影响，移民城市的文化建设就是要扬长避短，提出规避其消极影响的对策和举措。

1. 以推进户籍制度改革为重点

现行户籍制度是移民真正融入城市最坚硬的一道制度壁垒。政府要推进户籍制度改革，建立接纳移民新机制，让那些长期在城市生活和工作，并具备一定条件的移民融入城市。[6]在这方面，广东省政府积极探索“积分入户”等办法，使在城镇稳定就业和居住的外来人口有序转变为城镇居民。“积分制”，即根据地方政府的人才需求和财政承受能力，综合考虑流动人口在城镇当地的连续工作年限、文化程度、技能水平、投资规模、纳税额度、获奖等级、计划生育、遵纪守法等情况进行积分登记，累计达到一定积分额度即可申请享受相应水平的公共服务和城市入籍服务。当然，文化身份认同绝不仅仅是转移一下户口那么简单，更重要的是要使之成为真正的城市主人翁，成为这个城市文化建设参与者与创造者。只有让移民体面地劳动、有尊严地生活、融入城市发展，才是实现文化身份认同的核心所在。

2. 妥善解决移民的社会保障问题

移民来到新的城市，实现在城市长期稳定就业、生活是其普遍目标，假如这个目标实现不了，将导致其工作与生活的融入性不高。融入性不高有可能导致其对城市各种规章制度的漠视，产生一种外来者或“流民”心态，反正是“别人的城市”，做出一些破坏正常社会秩序的事情，影响了城市的和谐发展。因此，要想提高移民工作与生活的融入性，必须努力使其享有三个层次的社会保障：其一，住房保障和教育保障，它涉及移民安家落户和子女的就学问题，移民们在城市生儿育女或拖儿带女来到城市，却难以获得与市民同等的居住和教育条件，因此移民城市要尽力做到“居者有其屋”，建造广厦千万间，大庇天下移民尽欢颜，使移民产生“家”的归属感；让移民子女与城市孩子一样享受到城市优质的教育资源，“幼有所学”，为其提供足够的学位和接受教育的机会。其二，养老保障和医疗保障，它涉及移民的养老和就医问题，移民流动性强，就业岗位不稳定，尤其是跨地区乃至跨省流动就业的移民，其养老保险和医疗保险的转接因地方政策的差异存在一定困难，因此移民城市要尽力使移民们享受到与市民同等的基本养老保险和地方补充养老保险，享受到住院医疗保险和生育医疗保险，做到老有所养、病有所医。其三，失业保险和最低生活保障，它涉及移民的再就业和接受救济问题，移民在城市失业后，没有了工资收入，又无法获得与市民同等的最低社会保障、失业救济和再就业培训，不仅没有了生活来源，而且失去了任何保障，处于孤立无援的境地，因此移民城市要为移民提供必要的失业保险和最低生活保障，使其感受到城市的温暖和关爱，从而融入城市、热爱城市，把城市当作自己的家，并为之拼搏和奉献。

总之，解决移民的社会保障问题，从政府层面来说，应当用开放包容的态度为移民融入当地社会拆除政策壁垒，用制度来为他们创造一个良好的环境，使移民在当地与市民一样享受到均等的社会保障；从企业层面来说，应切实维护和保障移民权益，执行最低工资标准和法定保险制度，不断提高福利待遇；从社会层面而言，应帮助他们做好自我调适，缓解心理压力，树立健康向上的生活态度。

3. 完善综合性、生活化的社区服务

加强社区文化建设，提高移民的思想文化素质，培养其对流入地的认同感和归属感，使其成为社会稳定和社区和谐的重要力量。虽然移民的流动性强，但是其大部分时间仍然生活于社区之间，因而社区文化建设是可行且贴近移民生活实际的。社区文化建设主要体现于综合性、生活化的社区服务。社区服务是指在政府的规划和指导下，社区组织机构发动和组织其成员，利用和开发社会资源，为满足其成员的各种需要而开展的具有公益性的居民服务。社区服务是精神生活产

品的重要载体，包括生活服务管理、环境综合治理服务、医疗卫生服务、文化娱乐服务等，由于这些服务与日常生活密切相关，因此，人们能轻易、敏感地从中产生对社区的认同感和归属感，有助于人们摒弃“流民”思想，修复因“漂”而产生的道德观念和行为准则的断裂地带，找到自我认同的精神家园。这将有助于移民良好的心理秩序、生活秩序的构建和社区和谐、社会稳定的实现。

（作者信息：刘志山，深圳大学移民文化研究所常务副所长、教授、博士；王杰，深圳大学移民文化研究所研究生）

注 释

［1］王京生：《文化是流动的》，人民出版社2013年版，第184页。

［2］刘志山、李燕燕：《流动交往的德育考量》，《深圳大学学报》2011年第3期。

［3］刘志山、李燕燕：《流动交往的德育考量》，《深圳大学学报》2011年第3期。

［4］王京生：《文化是流动的》，人民出版社2013年版，第78页。

［5］刘志山、李燕燕：《流动交往的德育考量》，《深圳大学学报》2011年第3期。

［6］杨同卫、康兴娜、陈晓阳：《论新生代农民工身份认同的困境及应对措施》，《经济纵横》2011年第8期。

迁移与立足：新移民的城市进入与城市认同研究

2006 年全国暂住人口统计资料显示，在输入地居留一年的外来人口中有 65.43% 的比例为务工人口，13.20% 的人口经商，7.49% 的人口从事服务业，还有小部分在输入地务农。[1]相对于 1997 年的数据[2]，2006 年外来人口务工的比例上升了 15 个百分点，经商和务农的比例有大幅度的下降，但从事服务业人口的比重变化甚微。从绝对数上来看，各类的暂住人口都在增长，只是务工人口的增长速度非常快，这与我国经济结构过度工业化有关。考虑到未来经济结构的转变，外来劳动力中务工人口的比例势必下降，而其他类型的比例将会有所上升。城市新移民参与城市经济生产活动的资本主要有劳力、智力和资本（经营）三种，在借鉴国外移民研究的相关分类的基础上，[3]我们将城市新移民分为智力型移民、劳力型移民和经营型移民，并就此展开初步探索。

本文对“城市新移民”的界定包含以下几个要素：出生地与原户籍都不在本地，在本地居住 2—5 年；有在城市（城镇）定居的意愿；具有合法居所；具有合法收入。根据从事工作的类型不同，我们将新移民主要分为三大类，即劳力型移民、智力型移民和经营型移民。其中劳力型移民的特点有：（教育）未受过高等教育；（工作）有合法收入，但技术含量低；（收入）工资收入低于输入地平均水平；（时间界定）出生地与原户籍都不在本地，在本地居住 2—5 年的新劳工及其家庭成员；（居住）常住输入地，有定居城镇的意愿；（来源）农村劳动力和城镇下岗职工，其中农民工是劳工移民的主要部分。智力型移民的特点有：（教育）受过高等教育；（工作）就业门槛高；

（时间）出生地与原户籍不在本地，在本地居住 2—5 年的智力移民及家庭成员；（居住）常住输入地，有定居城镇的意愿。而经营型移民，则是有自己的投资和产业（如小企业、小作坊、商铺、饭馆等）的人，他们依靠资金或者技能来运作自己的产业。

本文以广州、东莞、沈阳、成都、杭州、郑州六个城市的调查资料为基础（2008 年 11 月至 2009 年 4 月，在定量调查之外，我们还访谈 146 位新移民，其中智力型移民 49 位，劳力型移民 48 位，经营型移民 49 位），探讨新移民的城市认同与城市进入的问题。从新移民的主体角度来看，城市移民过程不但是居住地的改变，更重要的是移入者必须面对新的社会情境与规范。迁移行为意味着与原有社会情境的脱离，失去长期生活实践中建构起来的社会网络与社会支持，同时也离开他所熟悉的社会价值体系与规范，在新的环境里应对一系列不熟悉的突发事件并不断调适自身与社会的关系，从而达到社会适应和社会融入。在这个过程中，不同类型的城市新移民表现出不同的城市认同与城市进入类型，最终达到不同方式、不同程度和不同层次的城乡迁移与城市立足。

一　智力型移民的城市认同与进入

智力型移民是以往新移民研究中较少注意到的一群人。事实上，智力型移民在今天已经成为城市社会发展的重要力量，为城市建设贡献着自己的智慧和劳动。智力型移民有着高学历的知识背景和较为清晰的城市化意愿和进入策略。在实现从乡村或二三线县城到大都市的空间转移以及从大学生到城市职业和定居者的身份转移这种双重变迁过程中，知识资本成为智力型移民最为突出的优势和群体特征之一。以沈阳案例为例，我们所访谈的智力型移民年龄为在 26—35 岁，学历为大专、本科或以上，体现出年轻化和高学历化的群体特征。职业类型也多为社会认可度较高、社会尊重程度较强的职业。智力型移民的城市迁移与立足与劳力型移民以及投资型移民相比，在社会地位以及生活质量方面具有较为明显的优势。该群体的城市进入显得水到渠成，城市社会生活的融入相比其他类型的新移民而言相对容易些，虽然事实上其城市融入的过程也充满冲突和调适。

1. 从毕业到求职

从沈阳的案例可以看出，在大学毕业后，通过应聘工作的方式选择留在沈阳的占到智力型移民的绝大部分，这似乎成为来自农村或县城的大学生毕业后自然的选择。对大多数人而言，原住地是他成长的地方，迁入地则是其创业、奋斗、挣扎和适应的空间。

来自沈阳市周边一个二线城市的城镇的王某，通过高考进入沈阳市一个专科学校就读计算机专业，后来通过专升本获得本科学位。毕业后，凭自己主观意愿留在沈阳市工作和生活。她的理由是“学我这个专业的，留在沈阳应该比家里机会多，况且就算回家，家里也没什么人”。这种表述具有智力型移民就业选择时的典型性。首先，王某认为自己未来的职业发展应该与自身在大学时期所学专业相关，做到学有所用；其次，她认为沈阳（大城市）比家里（小城镇）的机会多。这种对机会的向往是一种模糊的感性认识，背后映射的是对自身未来前景的强烈期待和愿望；最后，她认为“家里没什么人”也是自己不想回到小城镇的家乡的一个重要原因。小城镇地方小，做事更要依靠关系网络，而在大城市，她认为可以凭借自身的专业特长赢得良好的前途（案例编号：沈阳—智力型—001）。

沈阳的区位优势也是一些智力型新移民迁入的考虑因素之一。尤其是对一些来自边疆地区的人来说，中国东部和西部的区分不只是地理空间的划分，东部还代表着比西部更为便捷的交通和更为广阔的发展前景。这种认知有一定的合理性，虽然我国的西部大开发战略实施力度很大，但限于西部环境条件和基础设施等因素，西部的发展仍有很多问题需要解决。因此，很多来自西部地区的大学生毕业后选择不回去，而是留在大学所在地或其他东部大型城市。

来自新疆、毕业于西安的李女士在提到为什么来沈阳发展时说：“因为有亲戚在沈阳，就业机会也多，交通也相对方便。新疆再怎么好，交通不方便。”她说如不趁着上大学到外地，就很少有机会出新疆，可能要一辈子和父母一样待在新疆。“班上大多数人都是这个想

法，因此有百分之六七十都考到了外地读大学。”（案例编号：沈阳—智力型—008）

在我们所访问的沈阳智力型新移民中，有些人有更高的自我定位和职业目标。雷女士在进当前供职的公司之前应聘了很多公司，有电视台、报纸、IT公司、证券、保险、网络编辑、摄影制作等。最开始的时候她觉得工作很好找，去几家小公司面试，后来觉得公司太小，上升机会不大就退出了。她觉得凭借自己的能力和学历能够进入大企业谋得一份社会地位较高的职位。这种建立在对自身学历和能力认同基础上的自信是智力型移民群体较为普遍的心态，有时甚至成为一种自负。雷女士进入公司后，认为“公司销售人员的学历和相应的知识文化水平能力都很‘有限’，在这些人当中觉得自己挺优秀的，因此对他们挺不屑一顾的”。在他们看来，社会上升流动的窗口是向他们敞开的，凭借自己的能力可以实现人生的价值。但是在有所经历之后，很多人开始认同社会关系和人际人脉同样很重要，它有时可能决定了个人发展的空间，并试图从这种社会资源中获利。

2. 从就业到立业

在走出象牙塔，走向工作岗位后，智力型新移民群体的走向出现分化，有人走向事业的巅峰，有人则在充满挫折的工作中出现调适危机。从就业到立业的这一步骤，成为智力型新移民城市融入和适应的分水岭。

高女士毕业后成为一所培训学校的小学语文教师，因为没有讲课经验，她刚入职就经历了职场的失败，一堂课四十分钟根本不知道怎么讲。而在她就职的学校家长可以随堂听课，第一次讲课时她就被家长批评得一无是处，训斥得下不了讲台，她痛哭流涕，当时恨不得能找个地缝儿钻进去，当天都不知道是怎么回家的。但是，后来的她痛定思痛，通过自己的努力赢得了家长和领导的认可并被提升为学科的负责人。这时的她再次面临角色调适的压力，因为那些有资历的老师并不服从她的管理。她通过业务上的努力和生活上的关心，最终赢得了大家的尊重。可以说，从入职到职场升迁，高女士在不断进行角色适应的过程中，实现了自身社会地位和职业能力的双提升，为立足城市奠定了基础。上进心强的她，还打算继续读研究生，用更高的学历资本增加自己在城市中生存发展的竞争筹码。

但有些智力型移民的城市适应调适并不十分成功，从而导致了对个人上升的阻碍，甚至带来心理或生理疾病。李女士在一家境外就业服务公司当会计时，“压力特别大，有段时间都得忧郁症了，半夜都睡不着觉。你看我头发白得，有段时间半夜两点固定醒来，就想明天需要办的事，一二三四五，怎么能做得完美，想得可细了”。她的压力不但来自对工作的重视，而且来自对自身继续提升的要求，为了增强职业竞争力，她还在备考助理会计师，周六周日都到东北大学上自习，晚上枕着书睡觉，特别紧张。这种压力的根源来自面临城市竞争压力时的危机感。“当时危机感比较强，假如我是沈阳本地的，有门子、有熟人，我也许不考会计证也行，反正有亲戚给我介绍工作。我是外地的，我一定得考个证书，假如我失业了，我可以拿证去找工作，没有证书会觉得心里没有底。没有熟人帮我找工作，只能靠自己。”

这种压力之下产生的危机感让她的身体出现了不适。没过多久她就开始生病，失眠、头发大量地掉。她说：“头发一个月掉光，恢复用了四五年，我看了六七家医院，花了四五万。有三四年里，我没有机会去理发店理发，头发都掉差不多了。”在接近崩溃的状态下，她换了个轻松的工作岗位，到内勤去上班，开始注重生活质量。但在内心深处，她仍然深感不安，觉得企业效益的不稳定是个大问题，希望能够生活得更加安定。事实上，这种抑郁症产生于社会环境中的不确定因素，其深层的心理意义在于作为一个城市外来者，在融入的过程中出现了思想和心理上的矛盾性和不平衡性，从而在身体上通过疾病的形式表达出来。智力型移民在城市进入过程中面对社会支持网络重构、生存压力巨大等问题，心理产生的各种负面情绪如焦虑、抑郁、恐惧的躯体化，给他们的身心健康带来危害。

3. 从立业到成家

智力型新移民往往具有强烈的城市安家愿望。大学毕业后的智力型新移民往往在工作稳定之后考虑在城市组建家庭，从而实现从外地人到本地人的转变。

王女士在来沈阳之前，为了改变生存状况，曾换过多份工作，还做过传销。为了进入大城市过上富足的生活，她甚至取消了和原来未婚夫的婚约。来到沈阳后，她摸爬滚打，事业历经挫折，最终和沈阳某高校国际金融专业的一个研究生结婚生子，由男方买房而定居沈阳，通过婚姻实现了她在大城市生活的目标。

更多的智力型新移民是通过夫妻双方的努力来建设自己的小家庭的。城市房价逐年高涨，买房也成了很多刚成家立业，想在大城市过上富足生活的年轻的智力型移民城市融入的一道门槛。在解决这一问题的过程中，年轻人双方的父母往往起到很大的作用。苗女士在2008年和男友结了婚，在工作单位附近贷款买了一套二手房，双方父母借钱帮他们付了首付，从而开始了大城市的家庭生活。

而婚姻爱情的挫折，则往往给有定居意愿的智力型移民带来选择上的动荡。一个人在大城市读书毕业出来工作，社会网络往往规模小，类型单一，互动性差，以同学、老师和同事为主，而男女朋友往往处于社会网络的核心位置，当感情出现危机，社会网络呈现出空心化的状态时，智力型移民们可能会选择更适合自身前途的城市或亲友聚集的城市去谋求生活和发展。雷女士的前男友Z是老乡，俩人一起考研究生，结果只有Z考上了，雷女士落榜了。一个上班、一个上学，加上雷女士上班忙碌，Z觉得被忽略了，找了新的女朋友。和Z分手后，雷女士觉得在沈阳待不下去了。当然，也有些智力型新移民并不看重家庭生活，认为个人的前途更为重要。这是和其他类型的新移民相比，智力型新移民较为突出的一个特点，有些人尤其是男性高学历者，往往更重视自身的职业前景。小杨直言：“我留在沈阳纯粹是为了事业的进步，无关生活，我总有一天会离开这儿。”这种对个人利益的突出和个人主义至上的价值取向，与智力型移民的高学历教育背景带来的自信不无关系，持有这种心态的智力型移民往往以自身发展为最高追求目标。

二　劳力型移民的城市认同与进入

目前学界针对劳力型移民的研究主要集中在以下三个方面：一是从输入地的角度，对农村劳动力的来源、迁移目的、就业方式、行业职业、收入、工作和生活环境、权益维护及社会网络、适应过程、对输入地的影响等角度进行研究；二是从输出地的角度，对农村劳动力外出就业的原因、信息来源、选择、方式和外出人员特征、从事行业、工种分布以及外出后对家庭和家乡的影响、个人的现代性习得等方面进行研究；[4]三是从宏观角度探讨和建构我国农村转移的流动劳动力迁移理论，研究农民外出务工的意义及我国乡村都市化道路的选择等问题。[5]随着我国经济社会发展，社会结构持续发生变迁，尤其是随着新生代农民工群体的出现，劳力型城市新移民的城市融入或城市化进程问题日益突出。

1. 走出农村

以沈阳访谈的劳力型新移民为例，受访者主要来自区外和省外一些经济发展程度较低的地区，全部来自北方省份，其中多人来自东北地区的农村。另外，吴女士和丈夫原来都是辽宁省鞍山市某国营企业的职工，2000 年国企改革后下了岗。吴女士下岗后到沈阳打工已经四年，现为沈阳某高校宿舍公寓的保洁人员。该案例代表了东北老工业基地本地下岗职工下岗后的生存境遇。

有些学者从迁徙动力的角度出发，指出当前中国农村劳动力的外出就业，是“生存压力”和“理性选择”共同作用的结果，“理性选择”高级化的具体表现是农村人在基本生存安全得到保障以后，其他层次的需要的凸显。[6]2001 年的一项针对新生代农村流动劳动力的定量调查结果显示，20 世纪 90 年代农村流动人口外出的初始目的已经呈现多样化态势。农村人口外出，在考虑赚钱的同时，还把外出务工作为改变生活状态和追求城市生活方式的一种途径，其外出动机或目的具有经济型和生活型并存的特点。与第一代相比，新生代的外出动机已经发生了很大变化，正在从经济型转向经济型与生活型并存或生活型，但目前的新生代多数还停留在追求生活型和经济型并存状态，他们还不能从流动人口转变为移民或迁移人口。[7]十年后的今天，我们的本次调研发现，生活型追求更被劳力型新移民群体中的年轻一代看重，而经济型追求仍然在整个群体中占有相当比例。在社会贫富分化日益严重的今天，仍有一群人在社会底层为了生存而挣扎。

2. 流动中求生存

与智力型新移民多在自我认知清晰的情况下向发展空间更大的工作岗位进行主动跳槽不同，劳力型移民的工作更迭有着更为频繁的流动性和无奈的被动性。劳力型移民的职业流动可分为初次职业流动和再次职业流动。初次职业流动又分为两种情况：一种是从农业劳动者向非农业劳动者的流动；另一种是在非农业劳动者领域内发生的流动。劳力型移民的职业流动特点有：一是从职业流动的分层结构来看，以水平流动为主，不引起职业地位的升降；二是从职业流动的频率次数来看，呈现出越来越频繁的趋势，其主要原因是农民工工作的临时性和就业的非正规性；三是从职业流动的职业机会选择来看，缺乏足够的社会资源积累；四是从职业流动的流动过程来看，缺乏良好的管理体制和服务机制；五是从职业流动的性别影响来看，男性较女性更易于流动，这与文化、用工中的性别歧视和女性生理特征相关；六是从职业流动的职业分布来看，以体力劳动的职业为主。[8]与城市居民的职业流动引起职业地位上升截然不同，劳力型移民的职业流动前后的职业地位相关性也很弱，因而农民工的职业始终维持在较低的层次，一般从事的是城里人不愿意干的低声望、低技术、低报酬的职业。[9]具体分类上，笔者曾将劳力型新移民分为企业工人、散工、农业工和专业人才四种，每一大类还可细分，其境遇各有不同。其中境遇最差的是散工和个体企业中的工人。我们的沈阳访谈案例集中在企业工人和散工两种劳力型移民种类，这两种类型的新移民是处于城市社会最边缘和最底层的群体之一。

张先生的老家在四川达州一个很偏僻的农村。初中毕业后，因为家里负担重就没有再继续念书，但又不想像父辈那样过日子，16 岁时便跟着村里的其他人去外面打工，因为年纪小，又没有什么技术，最开始只能到处给人干零活，拉过蜂窝煤、送过水、挑过垃圾，还去建筑工地上当过临时小工，累是累，还要常常遭人白眼，被人呼来唤去，但是基本上能养活自己，也就觉得不错（案例编号：成都—劳力型—007）。

1992 年以后，他先后到广州、株洲、柳州等南方城市打工，过着与以前完全不同的生活，卖过菜、做过建筑工人、在工厂干过活……“以前贩鸡苗挣钱特别容易，也不累，现在挣钱特别难，而且累”。他买了辆破三轮车，早上四点起床，骑一个小时的三轮车去批发菜，然后再骑一个小时的车到市场上卖菜，变成了一个“菜贩子”平均一天只能挣 50 元左右。他在建筑工地上主要做粉刷工这类比较简单的工作，或者做后期物业的维修工作，比如哪家的水管没有装好，哪家的门窗破了，哪家的地砖坏了，他就做这种后期的维修。从 1992 年至今，他就一直过着这种漂泊的生活，在各个城市、各个行业间漂泊，目前，他主要在郑州的建筑工地上干活，他回家的次数明显比其他的农民工要多许多，可能是因为年纪大的原因，他没有活儿做的时候就回家，想出来的时候再出来，不像其余的农民工常年在外，他回家后仍然是拉着成鸡或者鸡苗去县城里卖，这个是他赚钱的一个主要方式（案例编号：郑州—劳力型—005）。

劳力型移民作为当今中国社会转型的经济活动参与者，推动了城市社会发展和国家现代化的步伐，但面对来自国家的政治经济结构和资本运作逻辑的双重作用，这些社会进步的推动者们不但没有发生社会身份的同步转变，反而在城市社会中被隔离出来。他们的城市进入并不是充分进入，而是在多重劳动力市场分割下，局限在城市生活的边缘，从事一些临时性强，劳动强度大，社会地位低的工作，成为非正式就业的主体。城乡二元结构与地域差异紧密结合在一起，进一步强化了分割和隔离。从内地农村流动到城市或经济发达地区来打工的农民工既受到农民身份的限制，还要受到作为外来人口的种种排斥和歧视，同时受到城市内部的产业部门分割的差别对待，如公共部门、专业技术部门和政府垄断部门等均因为准入限制而与农民工无缘。[10]劳力型移民虽然身处城市，但只是作为劳动市场分割下的劳动力被引入城市生产空间。

劳力型移民的日常劳动空间与城市社会生活空间也是相对割裂的。居住格局上，劳力型移民主要有三种居住形态，一是在城市中以地缘为纽带的外来人口聚居区，如北京的“浙江村”“河南村”；二是城市扩张时期外来人口聚集的城中村；三是在城市工业区或经济开发区中常见的工厂宿舍，通常与当地社区形成分割的二元社区。[11]无论是处于何种居住空间内，他们在城市中都只有劳动身份，而无市民身份，其社会属性仍然被制度划到农村社会，在城市社会中，劳力型移民大多处于游而不定的境地。

三 经营型移民的城市认同与进入

从经济性质上看，经营型移民经济属于私营经济和个体经济。在1992年邓小平南巡讲话以后，私营企业在中国特色的社会主义市场经济体制中的地位得到承认和合法化，从而在中国的经济发展中占到越来越多的比重并起到越来越大的作用。尽管私营企业的出现在中国为人们打开了一扇新的机会之窗，但它的社会意义对城市居民和农村居民而言是不同的。有研究指出，在建立在户籍制度基础上的城乡二元格局中，城市和农村中的私营企业主在个人背景方面是不同的。早期的实地调查发现，农村的私营企业主主要是生产队干部、留在农村的下乡知青和退伍军人。这些人比普通农民具有更多的人力资本和（或）政治资本。在城市，大部分个体户和私营企业主来自于社会边缘群体，比如农民工、失业青年、下岗工人和退休者。对这些人而言，他们基本没有什么可以失去的，但通过参与到私营经济中去，他们可以得到更多。[12]

随着农村劳动力持续大规模地向城市转移，处于城市空间中的农村劳动力群体在不断地变化，内部在发生分化。其中最为显著的是职业分化加速，人们从求生存向求发展转化，从纯粹出卖劳动力的劳力型向技术、资本、智力型输出与劳力型输出并存转化。在这些整体性转变过程中，通过社会资本和货币资本的积累，一些出卖劳力的劳工逐渐转化为持有生产资料甚至雇佣工人的经营型新移民，实现了社会角色的变迁。

1. 自谋出路

前面讲到，在城市中，改革开放以来城市中的个体户和私营企业主最初大多来自于社会边缘群体，比如农民工、失业青年、下岗工人和退休者。因为这些人未被纳入正规就业的体系，是被排斥在社会边缘的一群人。与城市中“有单位”的就业群体相比，他们被局限在次级劳动力市场的非正式就业岗位，通过自谋职业获得生存。在发展前期，有部分经营型移民与劳力型移民并无本质上的差别，只有具体职业分布的不同。其中相当一部分是在从事小规模生产经营服务活动的小业主处打工，后来自身也逐渐发展成没有发生劳动关系的小业主或自雇的小商贩或小摊主，属于自我雇佣。

段女士的女儿上了高中，儿子也升了初中，两个孩子的学费是一笔不小的费用。家里的花销开始增加，日子过得开始有些紧张了。段女士的弟弟在沈阳做生意，2004 年冬天，他有些忙不过来，就求段女士的丈夫过去帮忙。这样，段女士留在家里种地，照看老人和孩子，她的丈夫来到沈阳做生意。2006 年的时候，段女士的丈夫生意做得挺红火，他旁边摊位卖烟草和茶叶的业主打算兑摊位，他就给兑了下来。这样，他开始有些忙不过来了，于是段女士把家里的地租了出去，来到了沈阳和他一起做生意（编号：沈阳—经营型—003）。

燕红的老家在铁岭，18 岁出来打工，到今年 32 岁，其间打工、结婚、生子、摆地摊、开小店。她与大多数发誓要变成沈阳户口的外来人不同，每天不辞辛苦挣钱，是为了攒够钱再回到农村老家去。她从不否认在城市里生活比在农村好，但实际条件不允许，她心中渴望的还是老家那一片土地，她从那里走出来，非常强烈地希望回到那里去。她每日不辞辛苦去奋斗的目标很朴素：老家能有一间大房子，里面住着父母、女儿、丈夫和自己，养几头猪，喂一群鸡鸭。用她自己的话说：“就实惠地活着吧！”（编号：沈阳—经营型—005）

过往研究多采用“推拉理论”来分析农民移民城市这一社会现象，这种解释忽视对这部分群体的社会心理分析，从而影响了对这个群体的未来走向的洞察。我们可以用倒逼机制来解释段女士夫妇和燕红为代表的此类经营型新移民的行为逻辑。从段女士的讲述中我们可以得知，是家庭消费结构的改变迫使他们来到城市，只有这样他们才能完成供孩子读书的任务。而在燕红的心中，和父母、丈夫、女儿一起生活才是最重要的，至于是在城市还是农村并不重要。无论是出于对子女教育的考虑或者家庭生活质量的考虑，他们的身上都有深刻的传统性，虽然人在都市，但却心系乡土。他们只是城市中的过客。

2. 向上流动

另外一些有着强烈城市认同和融入意愿的经营型移民，则试图通过自身的努力和积累，使自身的小本生意不断成长，最终实现向上流动。由于生命周期的限制，一些人到中年的经营型移民往往将自身视为子辈走向城市定居化的过渡和铺垫，就其自身而言，则仍然处于钟摆状态，一边是城市中的生意，一边是农村的土地和年迈的父母。

我可以感受得到他们一家对大城市生活的喜爱。她说："城里哪哪都好，买东西也方便，农村怎么也不行。"她是愿意生活在这里的，希望自己家的粮油店能够继续经营下去，直到干不动的那一天。但是她又说："走一步看一步，到时候再说吧，老家都有老人，哪能都不回去了。"她和丈夫四十多岁了只能做到现在这样的程度了，今年的效益比往年差，饭店吃饭的人变少了，饭店向他们店里要的米面自然也就少了。未来，他们也许会把店交给一个儿子，但她还是希望两个儿子能够在沈阳找个工作，凭力气打工也行，希望他们能在沈阳安家、娶媳妇（编号：沈阳—经营型—006）。

由于工作的原因，蒋女士离开家乡的这14年中，仅仅回家过过一次春节，其他都在工作的淡季回老家看看。我问她：春节不能回去，想家吗？她说：怎能不想。为了这份乡愁，蒋女士的所有沈阳春节都是和老乡一起度过。也许正是离家的这份孤独使得蒋女士从来没有感觉自己是个沈阳人，即使是将来户口落到了沈阳，即便嘴上说着"我感觉哪里都一样"，她还是认为自己是四川人，将来老了，还是希望回老家养老。聊到这里，我停下来，问正在一边玩耍的蒋女士的儿子："你是哪里人啊？"她的儿子脱口就说："沈阳人。"今年蒋女士打算带着孩子和丈夫一起回家过年，因为父母的年龄都大了，到了该尽孝的时候了（编号：沈阳—经营型—009）。

在城乡流动现象已经存在数十年后的今天，我们应当注意到新移民群体的年龄分化所带来的移民意愿分化。相对而言，新生代的年轻人在走出农村的时候，就已经在对城市强烈认同的基础上产生了移民意愿，并为实现社会向上流动而努力。

对于未来，程程的想法是把美容院做大，开分店，想把分店开到市里去。有想法就是好的，毕竟要先有梦想才能去实现梦想。她还想自考个管理学的学位，我也简单地跟她说了一下自考的流程和方法。她说自己之所以想学管理学，一是可以更好地管理自己的店，如果以后开了连锁店的话，管理很重要。二是就算以后不干美容院这一行业，也可以用管理学的学位来找个工作。"旱涝保收的生活也不错，不像现在这样这个月不挣钱的话就得吃老本了，压力很大。而且太累了，杂七杂八的事情特别多。现在就是很自由。"用知识来充实自己是好的，她希望以后无论是开了分店还是学习管理都能成功（编号：沈阳—经营型—008）。

以往针对城市新移民的研究较少注意族群身份与族群关系变量对移民的城市认同和进入的影响。实际上，这是移民进入和适应程度的重要的影响因素。世界各地城市的城市化过程中出现的共同问题之一就是族群与社会争端问题。城市中集中了各种各样的人群，既有不同的种族、民族，也有不同的族群和团体。这些不同的群体聚集或分散，在互动的过程中，因互相的误解、竞争而引起冲突是常见的城市问题。但族群问题往往与其他城市社会问题交叉在一起，共同作用于城市新移民的城市迁移意愿。

来到成都后，甘大姐一家很快就发现：成都人歧视藏民，都不愿意把房子租给他们，就连平时去住旅馆时，大多数老板一见藏民，就说没有房间了。他们当然知道不可能是所有的宾馆都没有空的房间了，只是成都人认为藏民素质低、野蛮，都不愿与他们打交道。说到这儿，甘大姐一家人都很气愤，但是脸上又流露着无奈的表情，毕竟这是所有藏民都面临的问题，他们自身无力解决。曾经甘大姐也很气愤地质问过旅馆的人，为什么不愿意让藏民住他们的房子，无论是宾馆，还是出租屋，得到的答案是一致的：藏民野蛮、没素质（编号：成都—经营型—004）。

阿曼古丽曾想过让孩子在成都读书，毕竟她不想和孩子相隔两地，她希望能天天见到孩子。但一想到在成都读书要交高昂的赞助费，政府也没什么特殊照顾，她就放弃了，她决定当孩子到了读书的年龄，就把孩子送回老家读书，一来，在老家不用交赞助费；二来，到老家读书可以享受当地政府给予的优惠政策。希望孩子们回家读书还有一个原因就是阿曼古丽希望孩子能够身心健康地成长，她不希望孩子在成长中看到别人异样的眼光。如果孩子在家乡上学，那么他们就不会感受到外地人对新疆人的误解（编号：成都—经营型—009）。

因而，我们谈移民的城市融入问题，不仅是单个移民的融入问题，而是关系到一个族群和另一个族群的相处问题。由于历史的某些原因，一些族群被想象为难以接触的族群，对他们的污名建构和妖魔化造成了这些族群在城市的融入困境。因而消除地域歧视和族群歧视，依然是我们在城市化进程中需要关注的问题之一。

四　结论

本文通过个案材料，对三类城市新移民的迁移和立足过程进行了分析。在三类移民中，智力型移民有着高学历的知识背景和较为清晰的城市化意愿和进入策略，在实现从乡村或二三线县城到大都市的空间转移，以及从大学生到城市职业和定居者的身份转移这种双重变迁过程中，知识资本成为智力型移民最为突出的优势和群体特征之一。虽然有着一段时间的角色调整和城市适应阶段，但凭借其较高的学历和智力资本，从总体上说，他们在城市中会慢慢寻找到适合自己发展的舞台。对于这类移民来说，他们不仅具有较高的城市定居意愿，也具有较为强烈的在城市组建家庭的意愿。相比之下，劳力型移民虽然是中国经济建设的积极参与者，但因为国家政治经济结构和资本运作逻辑的双重作用，导致他们很难获得市民的待遇，在城市社会中被隔离出来。对于他们来说，无论是迁移还是立足都显得异常艰难。他们虽然有在城市定居的意愿，但工作的不稳定和收入的微薄，使得“回老家”成为他们在耗费青春后的终极打算，他们可能依然是为这个城市做出贡献的“过客”。从某种程度上讲，大多数经营型移民是劳力型移民的高级阶段，他们通过早期的资本积累，开始了自己的私营经济。与劳力型移民相比，他们的城市定居意愿较为强烈，家庭化趋势也很明显。但考虑到城市家庭生活的成本以及农村的土地收益等因素，他们会理性地希望能够在城市经营和农村土地两个方面都得到收益。因而，这无形中影响到他们移居城市生活的愿望。

（作者信息：周大鸣、余成普，中山大学移民与族群研究中心教授）

注 释

［1］公安部治安管理局编：《全国暂住人口统计资料汇编 2006》，群众出版社 2006 年版，第 12 页。

［2］公安部治安管理局编：《全国暂住人口统计资料汇编 1997》，中国人民公安大学出版社 1997 年版，第 26 页。

［3］Richard Alba and Victor Nee, “Rethinking Assimilation Theory for a New Era of Immigration,” *International Migration Review*, Vol. 31, No. 4, Special Issue: Immigrant Adaptation and Native-Born Responses in the Making of Americans (Winter, 1997), pp. 826 – 874.

［4］杜鹰：《走出乡村——中国农村劳动力流动实证研究》，经济科学出版社 1997 年版，第 51 页。

［5］黄平主编：《寻求生存》，云南人民出版社 1997 年版，第 77 页。

［6］黄平主编：《寻求生存》，云南人民出版社 1997 年版，第 79 页。

［7］王春光：《新生代农村流动人口的社会认同和城乡融合关系研究》，《社会学研究》2001 年第 3 期。

［8］李强：《中国大陆城市农民工的职业流动》，《社会学研究》1999 年第 3 期。

［9］殷晓清：《农民工：一种就业模式的形成及其社会后果》，《南京师范大学学报》（社会科学版）2001 年第 5 期。

［10］蔡禾主编：《城市化进程中的农民工：来自珠江三角洲的研究》，社会科学文献出版社 2009 年版，第 41 页。

［11］项飚：《跨越边界的社区：北京“浙江村”的生活史》，生活·读书·新知三联书店 2000 年版，第 92 页。

［12］吴晓刚：《下海：中国城乡劳动力市场转型中的自雇活动与社会分层（1978—1996）》，《社会学研究》2006 年第 6 期。

移民文化与身份认同

移民原指从一个国家或地区向其他国家或地区的移居，并成为另一个国家或地区的居民，主要是指跨国的移居，如纽约或伦敦就是这种典型的世界城市，城市中居住着来自世界各国的“少数民族”，如纽约的“少数民族”来自100个左右国家或地区，“少数民族”人口占到了全市人口的60%左右，共有800种语言。现在的“移民”概念也用来指一个国家内的移居，有人排出了中国的十大移民城市，前三位是深圳、上海、北京。中国有许多城市都可以说是古老的移民城市，如北京、上海等，也有不少新兴的移民城市，最典型的就是深圳。随着中国城市化快速发展和城镇化的不断推进，移民将成为人口迁徙和城市人口构成变迁和文化变迁的一种常态。“城市化不仅是一种专业实践，还是一种城市生活文化。”[1]在中国城市化和城镇化进程中，大量的个人和群体快速向城市聚集，并在“他乡”定居、工作和生活，中国城市化的发展不但深刻地改变着许多城市的人口构成，而且由于他们带着自己原有的生活方式和文化方式，原有的“身份”也将在自我与他者的相互调适中适应或者改变着新居住城市的文化构成。

显然，移民问题远不只是一个生物学上的人口概念和人口问题，可以说是一个极为重要的身份认同问题，一种真正的文化参与、文化融合与文化认同问题。有学者指出，作为一种“历史的蓄水池”，文化是塑造身份认同的重要因素。由此，移民城市的问题和文化身份认同问题便成为当代城市学中的一个重要理论课题、实践课题乃至政策课题。在我看来，移民文化的身份认同实际上是一种多声部的问答辩证法与实践调适过程。

一　问答辩证法之一：我们从哪里来？——你们从哪里来？

移民总是一种嵌入，嵌入到新的、陌生的所在，无论是跨国移民，还是本国省市或城市之间的移居，都首先是移民和移居者嵌入一种新的城市空间和文化环境之中，嵌入到新的、陌生的所在，并遭遇新的、陌生的人群，面对不同的环境和文化。我从哪里来，或者我们从哪里来，是作为一个新来的城市闯入者带着自己的所有在一个新的城市空间和文化环境中所必然提出的问题。也许人们总会有意识或无意识地提出这样的问题，因为他们或她们所置身于其中的新的城市空间，所面对的新的城市文化和所遭遇的新的城市人群，在某种意义或某种程度上他们或她们一开始总是以一种“他者”存在的。面对这种他者，或者作为他者的他者的自己，必然会做出一种自我询问，我从哪里来，我们从哪里来。这种自我询问是必然的、不可避免的。这意味着我或我们作为一个城市的新闯入者怎样去面对这个城市，如何融入这个新的所在，以及我或我们是否能够融入。我或我们在想，我或我们这个带着异乡、他乡的语言或口音的他者能否与这个城市的人进行交谈，能否进行交往。作为城市的新闯入者，我们的身体、我们的心理、我们的衣着、我们的言行举止，都标识着我或我们来自于我们所来自的故乡。我或我们都在自问自答，我或我们来自他乡，我或我们现在已经在这里，在这座新的城市里，在新的、陌生的所在中定位自身作为一个他者的身份，以及询问身份的认同问题，在来自故乡的我与置身于他乡的镜面之间来回审视自己。

这种嵌入远不只是单向性的，嵌入总是意味着要面对不同于自我的他者，这个他者可以是单数，可以是复数，当然也可以是群体，甚至是我们置身于其中的这个新的城市环境，而这个他者对于新闯入者或移民来说，则是这个城市的“主人”。自我身份的询问和回答，实际上将面对或遭遇到一个更大的问答问题。陌生的城市空间特别是陌生的人群，一开始同样是作为一个他者站立在新闯入者的面前，而这个他者却是这个城市的“主人”，就像我曾经在我的故乡审视外来者或外来人一样，他或他们也以一种“主人的心态”审视和询问异乡人，审视并询问你或你们从哪里来。正像自我审视和自我询问一样，这也是每一个移民都必然遭遇的提问，这种提问可以是友好的、宽容的，也许是带有偏见的，甚至是带有歧视的。也许这是每一个城市的新闯入者中或城市移民都会遇到的问题。他或他们的语言、行为，甚至整个生活方式，都可以很明显地表明他们是“本地人”，这个城市的人，甚至他们会以一种你这个异乡人所没有的优越感呈现或站立在你的面前，从而构成一种自我与他者的相互关系，带有偏见的、不友好的询问，在很大程度上会妨碍或阻止身份的相互认同，给新的闯入者带来焦虑和不安，给予新闯入者一种无身份感。

因此，移民总是向新的城市空间和城市生活嵌入，总是主动或被动地嵌入某种新的工作和生活关系之中，总是交织着主动与被动、融入与隔阂，更准确地说，这种嵌入本身就是一种主动与被动的相互过程，因而这种嵌入总是关系性的，而且这种关系可能经常是不平等的，有时可能不是相互尊重的。但我自问我从哪里来的时候，我不但询问我自身的身份，而且也询问在这个新的城市中我的身份是什么。但城市的“主人”询问你或你们从哪里来的时候，他在很大程度上带着“主人”的身份询问、审视甚至质询你的身份。在这种询问甚至质询中形成一种“我们的形象”（自我）和“他们的形象”（他者）。“很明显，在地方斗争中为铸造认同并排斥外来者而产生的‘我们的形象’与‘他们的形象’，根本无法与人们之间相互依赖的密切的密度分割开来。因此，随着与他者接触机会的扩展，外来群体越来越多地进入到当地既有势力的领地当中，旧有群体和外来群体之间的斗争也将变得日渐平常起来。”[2]友好的相互问答将构筑一种和谐的平等的关系，形成身份的相互认同，而质问或具有偏见的互相问答必然妨碍相互认同，并且导致身份相互质疑甚至相互否定。所以，从嵌入到融入是一种关系性的过程，一种文化心理和行为方式的相互调适过程，是一种历史性实践的过程，甚至是一种紧张的过程和充满张力的过程，是一种矛盾乃至冲突的过程，一种拒斥与接受相互调节的过程。因此，认同是一种相互消除矛盾的过程，一种相互认识和相互认可，赢得相互尊重和相互认同的过程。

二　问答辩证法之二：我们是谁？——你们是谁？

文化身份认同作为民族、种族、社会阶级、代际和地域以及任何具有自己独特文化的社会群体的自我概念和自我感知的部分，就是归属认同或归属感，我们是谁是在寻求一种提问，是一种自我身份的提问和确认，而你们是谁同样也是一种有关身份的提问，一种身份认知和确认的问题，并在这种询问中隐含甚至体现该城市居民或原居民的“身份意识”。这种询问既是个体性的，也是群体性的，同样，无论是自我还是他者所体现的文化，都同时既具有个体特征，又是文化上认同的群体，群体的成员共享相同的文化认同。我是谁或我们是谁的问题，首先是置身于复杂、差异的、多元的文化语境中的一种自我提问。人首先是一种自然的个体存在，当然也是一种个体性的文化存在，但归根结底仍是一种社会性的存在，社会性的文化存在。马克思说，人的本质在其现实性上，不是单个人所固有的存在物，而是一切社会关系的总和，社会关系中的存在同时也是文化关系中的存在，人总是处于社会和文化等的网络之中。

我是谁或我们是谁的问题，是比我从哪里来或我们从哪里来更深层次的问题，它不仅涉及我们的身体性的表面存在，而且更重要的是关涉我们的文化心理存在，进而影响我们的行为方式和生活方式。作为一个城市新闯入者的移民，作为城市中的一个他者，我总是带着我已有的生活方式、生活观念和文化心理移居到一个新城市之中，我不可能完全抹去我或我们曾经的生活，过去的习惯，甚至已有的文化观念和文化价值观。但我们在新的城市中总是面对着或多或少不同的生活方式、文化观念和文化行为。人总是一种历史性的、文化性的存在，传统塑造着我们，同时我们也被新的环境和文化所塑造，我们总是带着已有的“习性”进入新的城市、新的环境和新的人群之中，作为置身于新的城市文化和行为的城市群体中作为他者的我或我们，必然要提出我们是谁的问题，并回答我们该如何在某种程度上成为一个新的自我的问题。

作为城市的新的闯入者的我们，不可避免地会遭遇城市的“主人”询问你或你们是谁的问题，并且在这种提问中构成“你们”与“我们”的问答关系。历史文化复杂性构成个人生命的文化现实，从而也深刻地影响着自我与他者的对话关系。与你们从哪里来的问题一样，你们是谁的提问总是体现为某种城市的“主人心态”，这种心态也总是体现某种自我与他者的关系——自我与他者、本地人与外地人、城里人与乡下人，甚至文明人与“乡巴佬”的二元对立的关系。这里所体现的家并不只是“从哪里来”的地域观念，而是某种更深刻的文化心理、文化观念，包含甚至直接体现某种价值判断，一种身份认同上的不对等的文化权力关系，在外乡人或移民的眼里，总是生怕自己不被认同，而在“城市主人”的眼里，又往往难以认同他者。在嵌入和融入中，他者在向我们提问，其实我们也始终在向我们自己提问，并把这种提问置于日常工作或生活之中，反过来说，我们也总在新闯入和嵌入的新城市和新环境中的实际工作和生活中对我们自己提问，从根本上说，这是融为一体的过程。其实说河南人在北京，湖南人在深圳等，就像说北京人在纽约或上海人在东京等一样，其中都包含着我是谁以及我们“在那里”是谁的问题。

在许多情况下，往往是二元对立中前者体现出更多的优势，显示着高于后者的某种优越感或文化权力。当然，这种优越感并不是没有道理的，也不是没有历史文化基础的，而恰恰植根于他在这个城市中的生活和文化塑形了他的“是谁”的存在，进而规定了观察问题、审视问题和看待问题的方式。正如我们带着我们已有的文化心理判断他者一样。当一个老北京人问我是哪里人时，也许他问这个问题本身没有什么恶意，也许也包含着某种关心，或者只是问一问而已，或者只是一种闲聊。但当他问我，北京好吧？我说，好。当他接着问，你们那里没有故宫吧？没有天安门吧？没有长城吧？等等，我说，没有。我们的对话都是事实，而且确实就是事实。但是我即使在北京生活了几十年，当进行这样一种对话时，他的城市身份乃至文化身份的优越感是非常明显的。而当他问，在北京多少年了？我回答说 25 年了，他会说，那您也是老北京了，北京好吧？此时你会感觉到一种认同。也许这种优越感本身就是我们需要认同的某种东西，也许是我们若干年后的我们自己。排除相互认同的障碍首先来自于相互尊重的对话和交往。文化“是一个自负的、有口皆碑的词汇，不管它有何不足，它依然令人感动地和怀旧地与一种与众不同的生活方式紧紧相连，它直指一个个体的认同感和归属感。确切地说，是因为个体认识到他们自己这种独特的感觉表达的是一种情感诉求，他们也愿意承认文化的观念对其他人的生活的意义和价值”。[3] 传统或既往的生活是文化复杂性的一大因素，因为它建构了个人身份认同的基础，固执己见的身份意识可能会与其他的文化现实形成矛盾甚至对立。这同样是一种相互问答和相互调适的实践过程，在融入中从新的、陌生的他者逐渐成为仍然带着乡愁的本地人、城里人，在融入中共同塑造了“我们的形象”。

三　问答辩证法之三：我们到哪里去？——你们到哪里去？

人总是生成性的，而不是固定不变的。我或我们到哪里去？是一个生活在陌生城市或环境中的人向自己提出的我未来将是谁的问题，相应的问题，这里的文化和人是怎样的？我将如何调适自我？如果我们不能在自我与他者之间进行调适，我们就永远是城市中的一个他者，也就无法融入新的城市空间、新的城市生活、新的城市人群之中，尽管我们的生物学的身体已经置身在这个城市中，但我们在文化、心理、情感上却仍然是他者，异乡人，外地人。王晓华教授在《影响深圳移民“主人心态”形成的因素分析》[4] 中，从深圳新移民“主人心态”的现状和影响新移民“主人心态”的因素等方面，考察和分析深圳新移民“主人心态”的形成，阐述了这些心态的生成。所谓从“客居心态”向“主人心态”的转变，就不只是城市移民的身体性嵌入，而更重要的是在文化心理和文化行为上的融入，在移居的新城市中找到了认同感和身份感。

我们到哪里去，意味着我们在一个新的城市中将成为什么或将是什么的问题。哈贝马斯说：身份不是“给定的，同时也是我们自己的设计”。当然，身份在某种意义上首先是给定的，我们总是事先已有某种身份的存在，总是以某种“习性”或文化身份进入或嵌入某种关系、某种群体之中，这是由已有的我们从哪里来和我们是谁所规定的，我们并非白板一块地嵌入新的城市之中。毫无疑问，身份同时也是我们自己设计的。“迁往城市的移民并非白板一块，他们也带去了原有的集体遗产——不同的圈子，不同的文化与工作传统。无论他们既有的网络是什么性质的（政治网络、商人网络、邻居网络或艺术网络），他们都将融为一个更大规模的全新网络。在这样一个庞大的网络里，每个原先的小网络将作为与其他众多网络协作的一个节点。起点不同的人们将面临相同的挑战和利益关系，因此他们将很快拥有自己的创新、身份、标准和交往模式，最终产生一个共同的城市战略。”[5]在这里，新移民的未来身份设计和塑造带着自己的所有文化遗产进入新的城市网络，然而他们又总是在新的城市公共领域中调适并不断地设计自我，所谓拥有自己的创新、身份、标准和交往模式，就是在某种程度的不变中重塑自身，从而形成新的身份认同和文化认同。

你们到哪里去，同样意味着城市“主人”的提问，也就是说，作为城市新闯入者的移民如何在未来的生活和工作中融入“我们”之中，融入我们的城市网络和文化网络之中。因此，人们不仅根据我们自身的条件和我们自身的规划在一个新的城市和新的职业中设计自身，而且在一种新的城市环境和城市文化中设计自我的身份。正如斯图亚特·霍尔所说：“文化身份既是‘变成’，也是‘是’，既属于未来也属于过去。它不是某个已经存在的，超越地域、时间、历史和文化的东西。文化身份来自某个地区，有自己的历史。不过像一切历史性事物一样，他们经历着不同的变化。远非永远固定于某个本质化了的过去，它们服从于历史、文化和权力的不断‘游戏’。远非建立在过去的单纯‘恢复’上，认为过去就在那里等待着被发现，而且如果发现了，就能确保我们的自我感受永远不变，相反，身份是我们被定位的不同方式的称呼，我们通过对过去的叙述来使自己定位并定位于其中。”[6]因此，移民的文化身份设计和塑造，既是人的文化历史与文化现实之间，也是文化占有与文化权力之间的一种“游戏”，一种交互作用，一种调适过程，一种实践中的筹划，甚至是一种极为复杂和微妙的过程，一种身份的认同和生产。由此，身份不是一成不变的，而是生成的，对于移民来说，他的文化身份总是在指向可能的各种实践、各种关系、各种生活行为和思想观念中被塑造和再塑造。新北京人与老北京人、新上海人与老上海人、新深圳人与老深圳人，等等，总是在历史的变迁和文化的塑造中移动着、转换着、交替着。因此，在移民的嵌入和融入中，“新人”与“老人”形成不断调适的共同体。共同探寻、筹划和设计“我们到哪里去”的共同问题，从而创造出费瑟斯通所说的“新的联结和归宿的象征模式”。

四　共同的问答和实践：我们到哪里去？

我们到哪里去？最终的问题是一起到哪里去。我们是作为移民共同体和原城市居民共同提出的我们到哪里去的问题，共同设计、共同探讨、共同构建我们共同的城市身份和文化身份，共同塑造美好的文化家园。“当代世界并非是一个文化贫困、文化资源逐渐一律化的世界。相反，在这个世界上，文化的库存正不断扩大，不同群体的资源丰富性也在提高，足以创造出新的联结与归宿的象征模式，同样也正着力为根除现有的象征等级而重新确定和塑造现存符号的意义。”[7]

这种共同的文化家园首先来自对差异的认同。如果不存在差异就不存在认同，也不需要认同。存在差异意味着存在不同、错位、多样性，甚至问题和矛盾。认同正是要在这些不同、错位、多样性、问题和矛盾中取得某种一致，或者互相认可。Identity 这个英文单词很有意思：既指身份、个性，又指同一性、认同。身份、个性显然是不同的、差异性的，而同一性和认同则指一致性、普遍性。因此，认同这个概念包含着差异性中的同一性、差异的相互认可性。正是差异性的存在，才为认同提供了必要性和可能性，反过来，只有能够做到差异性的认同，才能容纳差异性。

其次，认同来自对差异的尊重。移民城市的最大特点主要不在于外在的、物质性的东西，而在于带着不同的文化、具有不同的心理、来自不同的地域的人，具有不同性别、人种、历史、国别、语言、性征、宗教信仰、族群、美学甚至饮食传统和习惯的人，共同的生活在一个城市或者共同体中，这一系列的因素都是历史地、文化地形成的。因此，文化的认同需要对差异性的尊重，多样性的包容，而不是偏见和歧视。

再次，认同总是来自相互认同，来自遵守规则的差异性游戏。认同不仅仅是“融入”，而且也靠“协商”。来自不同地方具有不同历史习性、文化特征、社会认知和情感心理的人，移居在一个不同的城市，或与多元混杂的群体居住在一起的时候，就自然会需求某种认同感和归属感，这种认同感和归属感，既是一种相互认同，也是一种自我转型和自我超越。尼克·克罗斯利在《公民身份、主体间性与生活世界》中写道：“公民身份在分析和规范上都与人类主体间性的本质密切相关。我们是而且能够成为公民，因为我们能够‘采取别人的态度’，超越我们个人的特殊性，坚持一个共同的立场。”[8]这对于移民身份与文化认同来说更是如此。这种认同感和归属感、这种身份认同服从于已有的文化历史、不同的文化现实以及文化权力之间不断的“问答”、持续的“游戏”、互相的“调适”。

最后，在城市化和城镇化快速发展的今天，促进身份认同的极为重要的途径就是公共文化政策的制定，通过共有共享的文化资源推动文化融入和身份相互认同，增强认同感和归属感的一个极为重要的方面是公共文化政策的制定和实施。现代公共文化政策对于保证所有人都有文化参与权和享受公共文化具有极为重要的作用，文化福利和文化民主是保证共同参与和实现文化共享的重要方式和途径，毫无疑问，共享的文化资源以及各种文化活动，也是加强文化融入和增强文化身份认同的重要措施，这需要有力且可行的公共文化政策和保障措施。这是一个城市化进程尤其是移民城市文化建设发展极为重要的理论和实践课题。这个问题需要另作探讨，这里只是简单提及不作深论。

就本文的论题而言，移民文化和身份认同的问题，实际上最终是要提出、回答、解决这样的问题：我（们）是谁？我（们）从哪里来？我（们）到哪里去？并且这些问题始终处在问答、调适、设计和变革的张力过程之中。“只有当认同尽可能不断地吸纳和祛除不是由它们自身所产生的文化问题时，它们才能保持自身独特的外形。认同不依赖于它们的独特性，而是逐渐地由选择/再利用/重新安排文化问题的不同方式所构成，这些文化问题对于任何人都是相同的，或者至少都是需要潜在面对的。正是变革的趋势和能力，而不是恪守曾经建立的形式和内容才保证了文化认同的联系性。”[9] 因此，认同既是关系性的相互认同，同时也是置身于其中的语境化的认同，更重要的是一种过程性、实践性、生活化的互相认同与融入，一种时间性、文化性甚至是历史性的展开和延续过程，并最终在“我们的形象”与“他们的形象”的动态过程关系中共同塑造“我们的形象”和“我们的身份共同体”。

（作者信息：李建盛，北京社会科学院文化研究所所长、研究员）

注　释

[1]［加］杰布·布鲁格曼：《城变：城市如何改变世界》，中国人民大学出版社 2011 年版，第 199 页。

[2]［英］迈克·费瑟斯通：《消解文化——全球化、后现代主义与认同》，北京大学出版社 2009 年版，第 128 页。

[3]［英］沃特森：《多元文化主义》，吉林人民出版社 2005 年版，第 3 页。

[4] 刘志山主编：《移民文化论丛》（2012），中国社会科学出版社 2013 年版，第 56 页。

[5]［加］杰布·布鲁格曼：《城变：城市如何改变世界》，中国人民大学出版社 2011 年版，第 199 页。

[6]［英］斯图亚特·霍尔：《文化身份与定居在国外的人》，转引自《意识形态与文化身份：现代性与第三世界的在场》，上海教育出版社 2005 年版，第 225 页。

[7]［英］迈克·费瑟斯通：《消解文化——全球化、后现代主义与认同》，北京大学出版社 2009 年版，第 128 页。

[8]［英］尼克·史蒂文森编：《文化与公民身份》，吉林出版集团有限公司2007年版，第53页。

[9]［英］齐格蒙特·鲍曼：《作为实践的文化》，北京大学出版社2009年版，第61页。

移民与重庆城市的跨越式发展

在中国历史上，移民与城市发展有着十分重要的关系。由于中国地域广大，历史悠久，东西南北各地区间发展的不平衡，使各区域和城市间的政治、经济、文化均呈现出十分不同的特点。这种不平衡，导致各区域、城市之间的经济人口容量及生活质量的差别，形成各区域、城市间的高低相异的人口经济势能差。尤其作为区域网络中心点的城市，这种经济势能的差别更是明显。于是，在古代中国，除了躲避战争、灾害的原因之外，生存空间内的自然资源和人口比率，或者人口数量与生存环境土地的比率关系，直接影响小生产者耕地占有的比率。如果这种比例关系失调，将导致人们自觉、自发地去寻求新的土地资源，由此导致人们追逐土地资产的大规模人口迁移活动。进入近现代社会以来，社会经济发展程度（含生活质量中的经济收入、教育、医疗、文化生活等）的空间差异及形成的人口推拉力，也导致人口迁移速度加快。特别是国家为了调整、平衡区域间经济发展的空间格局，服从国家战略或者大工程建设需要，而常常采取政策性措施、指令或鼓励一些重要企业、工厂、科研单位整体搬迁到另一地域。这种政策性、指令性的搬迁往往是一种非自愿性人口迁移方式。通过这种方式，来达到社会经济、文化发展与环境承载力协调，资源与生态相互平衡的目的。在大多数情况下，国家这种调整经济、文化空间格局的行为，又往往以一个区域的重要城市为其聚焦点，以区域性的城市网络来带动周边地区的发展。所以，在中国近代以来，人口迁徙往往对实现国家战略，对政府调整经济发展空间格局，平衡地区发展差异有着重要意义。这样，在中国历史上，人口迁移就是一种经常发生的事情。它既可能是人们为了追求美好生活，追逐土地的一种自愿性迁徙活动；也可能是在国家政策鼓励下，为平衡各区域间政治、经济、文化格局的一种非自愿性的政策性移民。一般而言，不论哪种移民，由于人口作为最重要生产要素的流动与重新分布，对于中国区域间经济空间格局的再平衡，对于历史上边疆与落后地区的开发，对于近现代中国城市的发展，都有着十分重要的意义。

一　外来移民潮推动重庆的城市发展

重庆城市的发展，正是历史上人口迁徙的结果。重庆历史上几次大规模移民，直接推动了重庆城市经济、文化的跨越式发展。

历史上，几次大规模外来移民潮所形成的推动力，直接拉动了重庆城市及周边区域的几次大的跨越式发展。早在战国、秦汉，巴地与楚、吴、越等地区的经济文化交流就很多，人口往来也非常频繁。《华阳国志·巴志》："江州（今重庆城区）以东，滨江山险，其人半楚，姿态敦重。"说明当时楚人已经大量迁入重庆城区。从秦统一巴蜀开始，大量秦移民就从北方开始进入古代巴蜀地区，并且由蜀逐渐向南部、东南部的巴地迁徙。在汉代，汉朝政府实行了积极的开发西南夷战略，大量北方移民进入古代巴地，使巴地人口急剧增长，成为汉代人口繁盛之区。据《汉书·地理志》记载，西汉时巴郡有户158643，人口708148；[1]《后汉书·郡国五》载到东汉时有户310691，人口1086049。[2]而据《华阳国志·巴志》记载，东汉永兴二年（154年）更达户464780，人口1875535，[3]户较西汉初时增加了近三倍，人口则增加了两倍多。两《汉书》所载巴郡人口应该是政府直接控制的以汉族为主的编户齐民，而不包括巴境内难以统计的西南夷少数民族。而《华阳国志·巴志》的记载，则可能在统计上更加全面一些。不管怎样，两汉时期，巴郡人口的大量增长是无疑的。从人口来源推测，在两汉时巴地由于环境相对安宁，新的生产技术的推广，使人口有了较大幅度的自然增长；但是，从另一方面看，当时在政府鼓励下，也有大量北方或者长江中下游地区的移民进入巴郡。否则，单凭人口自然增长，人口是不会发展得这么快的。大量移民进入巴地后，汉政府曾经专门在巴郡增设新的县级行政单位进行管理。由于其时巴郡所增加人口主要分布在西汉水（今嘉陵江）、潜水（今渠江）一带，西汉政府就在这些地区新设垫江、安汉、充国、阆中、宕渠五县，其人口占了巴郡人口的2/3左右。这说明当时有许多移民是沿着河流两岸顺流而行，在向西向北的迁徙、发展中定居或滞留于此。

大量移民进入巴地，加快古代巴渝地区的经济、文化发展。而作为巴郡治所的江州城（重庆），就是在这种人口增长的推动下，不断地扩充、发展，实现了城市建设、发展的第一次飞跃。史载秦汉时期江州为郡县治地。秦灭巴蜀以后，置巴蜀及汉中郡，分其地为十一县。张仪筑江州城，为郡治所。两汉时期，随着大量迁徙人口进入巴郡，江州城区人口群集，城市也逐渐繁荣起来，并且形成了古代都市的规模。据《华阳国志·巴志》描写当时江州城的情形："郡治江州，……地势刚险，皆重屋累居，数有火害，又不相容，结舫水居五百余家，承三江之会，夏水涨盛，坏散颠溺，死者无数。"这虽然说的是江州城的水火灾害，但也说明了当时江州城人烟稠密，沿江而居，山水相结，重屋累居，依山建筑，屋舍梯及而上的情形。其一方都会，跃然纸上。从文中来看，仅在长江及嘉陵江交汇处，就有结舫而居者五百余家，数千人口，足见两江之滨亦甚繁华。这是重庆主城区的第一次扩展。

其后，历经各代，江州城不断扩充。明代末期，由于战争频仍，战火焚毁，重庆城市一度衰微。明清之际，随着朝廷政策鼓励湖、广等地民众移民四川，各地移民，包括湖北、湖南、河南、两广、山东等省移民大量涌入重庆。据嘉庆《四川通志》载，嘉庆十七年重庆地区人口3726952人，而当时的移民及其后裔就约有266.8万人，土著及明代遗民后裔约有105.8万人，移民及其后裔占了重庆人口的71.6%。这些移民的陆续迁入，使当时重庆地区人口再次繁盛起来。《明史·食货志》记当时有人称巴、蜀地域，"大抵今日所为土著者，皆国朝定鼎以后，自粤东、江右、湖南北来，其来自洪武初年麻城县孝感乡者，则旧家矣"。移民的增加，进一步加快了重庆经济、文化发展，主城区继续扩大。雍正《四川通志》云："巴县附郭，沿江为池，凿岩为城，天造地设，洵三巴之形胜也。”[4]乾隆《四川通志》载：“明洪武初，指挥戴鼎因旧址砌石城，高十丈，周十二里六分，计二千二百六十八丈，环江为池，门十七，九开八闭，象九宫八卦之形。”[5]当时城区开九门，朝天门、东水门、太平门、储奇门、金紫门、南纪门共六门面临长江，临江门、千厮门两门临嘉陵江，通远一门与陆路相接。其后人口更加密集，重庆城区面积不断延伸，自此奠定了此后六百年重庆城市的规模。

与此相应的是，重庆城区工商业日益增多，城市更加繁华。王世祯《蜀道驿程记》记当时江州云：“江中遥望渝城，因山为垒，邈在天际，女墙阛阓。缭绕山巅，下被水面、山号金碧。”吴涛《游蜀后记》亦曰：“巴县附郭，因石壁为城，周十二里，高踞山巅……自江岸仰视，雉堞（城垛）参差，如在天际。”当时大量土特产品通过重庆城市及峡江流域，来往于四川、陕西、两湖、福建、贵州、云南、江西、河南、河北、广东等地。由于重庆人口的大量增加，商业城市体系开始形成。重庆、合州、万县、铜梁、南川、涪州、巫山等城市已经开始形成商业网络。重庆城区作为长江中上游地区和四川盆地东部、东南部地区的中心商业区域，起着远近货物集散的作用。《蜀中广记》卷五十七《风俗志》提到，“独渝为大州，水土和易，商旅会通”。乾隆时期，重庆城的商帮已有25个，各业牙行达150多家，城内已有街巷240条。广东、浙江、福建、江西、两广、两湖、山西、陕西等省的商贾往来频繁，商船去来如织。大量移民的进入，使重庆城市建设及工商业得到第二次大发展。直到20世纪20年代，重庆主城区的面貌基本上与当年“湖广填四川”时的旧貌相差无几。

1937年抗日战争爆发，迎来了重庆城市的第三次大发展。当时，南京国民党中央政府将重庆定为战时首都，并于1939年5月将重庆升格为中央直辖市，使重庆成了抗战大后方的政治、军事、经济、文化中心。大量国民政府的党政机关军政人员，中国东南部、中部的重要军工企业和科技、文化、艺术机构的人员及其家属大量西迁重庆，致使重庆人口激增。有关统计：重庆市区人口由1937年的47万，飙升到1945年的124万，8年间增加了近80万人，是过去人口的三倍。而重庆城区的市民素质、工业基础、科技布局、文化层次都随着大量外来人口的涌入，发生了很大变化。例如，在工业基础方面，随大量工厂内迁，以及随之而来的工业移民，奠定了近代重庆工业经济布局，工业经济在重庆经济中开始占据重要地位，初步形成以重工业为主，重工业、轻工业相互配套的工业体系。在城区建设方面，1939年5月3日、4日，日寇飞机开始对重庆狂轰滥炸，此后，日机大轰炸日益频繁，使得设在市区的部分机关、学校、工厂及所住居民，纷纷向郊区疏散。因此，重庆郊区人口迅速增加，郊区地带畸形地繁华起来，出现了一大批人口密集的区域和集镇，如小龙坎、新桥、沙坪坝、石桥铺、歌乐山、青木关等，使得与旧城一水之隔的江北、南岸，以及巴县等城市周边区域的商业机构、文化设施等也得到了很大发展，这就使重庆市区面积迅速扩大。同时，为了适应重庆城市区域迅速扩大的实际，抗日战争时期的重庆市政府致力于改善重庆城市市政建设。经过几年城市建设，“在几乎是空白的基础上，市政公用各项事业犹如雨后春笋般发展，供电、供水、市区道路，轮渡、公共汽车客运，房地产开发，邮政电信、医疗机构、慈善事业，难民赈济、环境卫生，防空设施，下水道维修等，从小到大，从简单和结构单一向近现代化发展起来，速度之快，在近现代城市发展史上实为罕见”，[6] 由此奠定了重庆作为近当代中心城市的重要地位。同时，在文化、艺术、教育方面，抗日战争时期全国各地的大量文化机构及其随迁人员涌入重庆，大批的文化、教育、科技、艺术精英也随之云集重庆。重庆集中了当时全国著名高校如国立中央大学、复旦大学、交通大学、山东大学和许多国内外有名的科学家、艺术家、教育家，如陶行知、晏阳初、张伯苓、喻传鉴等，大大提升了重庆科技文化水准。尽管国民政府还都南京以后，一大批文化精英随之离开重庆，但经过抗日战争八年的文化熏陶，重庆文化逐渐形成了自己的多元性、开放性传统，重庆的科技、文化、艺术也得到了跳跃式的进展。

由于重庆城市的这种发展及其在长江中上游区域的重要位置，使其在新中国刚建立时，就作为中央直属的直辖市，成为西南地区政治、经济、文化中心，当时的西南军政委员会、西南军区都设置在重庆。邓小平、刘伯承、贺龙等驻跸重庆指挥西南地区的革命与建设。但是，尽管如此，与全国其他一些重要城市相比较，重庆的工业与经济、文化基础仍然有待提高。于是，在20世纪60年代，随着国家对于西部战略大后方的“三线”部署与国防科学、工业建设，我国东部、东南部的大量军工、科技企业向西部地区的内迁，再次使重庆云集了许多国家重要企业、重点工程，以及大量的科学技术精英。据统计，“到70年代末，三线地区工业固定资产由292亿元增加到1543亿元，增长4.28倍，约占当时全国的1/3。职工人数由325.65万增加到1129.5万……工业总产值由258亿元增加到1270亿元，增长3.92倍”。[7]而重庆地区作为三线建设的重点地区，因此到重庆的“三线建设”企业占的比例很大。据不完全统计，迁移到重庆的“三线建设”企业，其人口前后约达50万人。在这些重点军工企业的内迁中，重庆迁建、新建了200多项大中型骨干企业和科研单位，使重庆的工业固定资产原值一跃而居全国第五位。当时的迁出地大多是上海、江苏、浙江一带，工业企业的大批技术人员、劳动力及其家属也蜂拥而至，极大改变了重庆的工业结构与人口素质。至20世纪70年代末，这些迁建的军工、化工等重要工厂构成重庆地区的主要工业产业。这次大迁移，既是重庆工业结构得到新调整的一次重要契机，由此初步完善了重庆作为现代工业城市的布局，使重庆成为长江中上游重要的工业、商业城市；又是在新中国建立以后，重庆迎来的又一次人口迁移高潮，由此促进了重庆人口结构的再次改变及重庆城市的大发展。

综上所述，在重庆历史上，由于历次大规模移民，使重庆经济、文化、教育、艺术也得到一次次发展。这种城市发展模式不是渐进式的，而是随着每一次移民高潮而跳跃性跨越式发展的。这种发展，既极大地拓宽了重庆主城区面积，也从根本上提高了重庆城市的经济发展水平及人口素质，由此奠定了重庆作为长江中上游地区的工业、科技、文化、教育重镇的地位。

二　移民在重庆城市发展中的重要作用

移民促进了重庆城市的跳跃性、跨越式发展，使重庆成为当今中国长江中上游的重镇及中心城市之一，在我国西部的经济、文化发展中起着极其重要的作用。从历史上看，移民成为重庆城市发展的最重要的直接推动力，而重庆也因移民而兴，因移民而盛，这其中的内在原因是什么呢？这应当是我们研究城市历史与中国人口迁移问题的重要着眼点。

首先，它是由人口这一十分重要的生产要素所决定的。社会发展的载体是人，有什么样的人群，就会有什么样的地域特征及社会生活方式。在中国地域广大的情形下，由于各地经济发展水平的不均衡，一些地区处于相对发达之中，而一些地区则长期处于相对封闭和闭塞中。在中国小生产的农业社会里，由于农业作为劳动力密集型产业，以及生产周期长、小农业生产方式相对封闭、信息传播渠道狭窄等特点，农业自身的技术更新，以及传统文化的变革、发展往往是十分缓慢的。因此，在一个传统农业国中，农业自身对于社会的推动力是较小的。城市作为工业、商业及文化孵化、发展的基地，具有创新及动态的特点，它的发展往往依靠先进生产技术及其文化的推动。而这种先进生产技术及其文化，并不是在各个区域点上内生性的自我的平衡发展，而是有先有后，有快有慢，并且根据其区域位置而形成经济、文化的势能差。因此，在中国许多区域城市，尤其是内地或者落后地域的城市发展上，仅仅依靠内生性因素，其发展往往是在缓慢的量变中蜗步爬行的。在这些城市中，外力的作用，即通过人口流动带来的先进技术、先进文化的强力拉动而加速城市发展，就是一个重要路径。这样，从古至今，中国许多中世纪或者前工业化城市社会，往往是在政策性或者非政策性的大规模人口流动中，以人口流动为特征，通过大量引进先进的生产技术与文化知识，而迅速生长为繁荣城市。从这个方面看，移民往往成为中国城市发展的重要动力。

其次，中国区域之间经济、文化空间格局的不平衡，使国家常常利用移民来调整区域的经济、文化空间格局，或者开发边疆及落后地区。城市在这种情况下，由于在地区经济、文化网络点上的中心地位，因此在开发中往往起着区域性的引领作用。所以在政府的政策性或非政策性、自愿或非自愿性的人口迁移中，一方面边疆或者落后地区得到开发；另一方面这些地区中心点的城市更是在开发中首当其冲，成为人力、物流、信息的聚集地、连接点，承载着人口输送的任务。于是大量外来人口的集聚与输送，往往对于这个城市的发展产生根本性影响，形成质的变革和跳跃式发展。而中国历史上的人口迁徙，很大一部分正是国家政策指导下自愿或非自愿的移民。一般而言，个体自愿性移民，仅仅是出于改善生计的美好愿望，倾向于从落后地区向发达地区，山区向平原的迁徙，其空间移动范围和定居时间随意性较大。而国家政策指导下的大规模移民，大都是跨区域，跋涉千山万水而到落后或者边远地区去的。这种大规模的跨越语言、习俗、宗教、区域文化的迁徙，尽管也有着移民自身改善生活的重要动机，但是往往也与国家的政策导向，以及移民自身的政治与文化认同有密切关系的，所以它对于迁入区域及城市的影响更大。例如明清时期的“湖广填四川”。由于战争、灾害、地理环境等原因，使当时全国人口分布梯度悬殊，人口分布密度呈现由南到北、由东到西的逐步由大到小、由密集到稀疏的趋势。为了均衡东西部地区的政治、经济格局，由政府主导，鼓励民众由平原向山区迁徙，由中原腹地和长江流域、东南地区向西部移民。当时广东、广西、福建、江西、浙江、湖南、湖北数百万移民，背井离乡，不远万里，长途跋涉到社会习俗、民情都有着较大差异的四川定居。这其中的原因，除了满足耕地需求，达到实现美好生活的愿望外，就是出于一种社会认同。而这种对于中国统一地域内各地区社会文化价值的内在一致性认同，促使大量移民跨越大的地域界线，将先进生产技术与文化带到相对落后地域，使发展层次高低有别的地域性经济势能和文化格局不断平衡，由此带动了落后地区发展。在持续数十年的“湖广填四川”的人口大规模的由东向西、由内地向边疆的迁移中，对于整个西南地区及各城市的经济、文化的开发、发展都起了重要的作用。

再次，在中国地域广大的情形下，由于各地经济发展水平的不均衡，往往形成不同地域间的社会生活的差异。于是，人们为了寻求好的生活，往往也采取迁徙方式作为自我发展的道路。由于古代中国的农业国特点，人们迁徙的一个重要动机就是寻求适于耕种的土地。所以在人口自发的迁徙中，人们往往由地少人密、生产技术相对发达的地区向地多人少并且相对落后的地区迁徙。这种迁徙就带有传播先进生产技术和文化的意义在内。中国多元一体民族格局的形成，以及许多城市和区域的发展史，就是一部历史上各个地区人口相互流动，社会不断融合的移民的历史。例如以岭南发展为例。本来岭南的发展是十分缓慢的，但是从唐宋以来，大量汉族民众开始向赣闽粤地区迁徙。尤其是唐朝张九龄开凿赣江—大庾岭通道，开通了从长江流域向岭南的相对便捷的道路，使大量汉族民众迁移到这一地区更为方便。于是大量汉族民众沿着这条道路向岭南迁徙。这些汉族移民与当地民众相融合，带去了内地先进的生产技术和文化，它的结果，既使许多汉族民众与岭南土著相互结合，形成了现在的客家人；也使该地区逐渐从“化外”转为“化内”，成为中国多元一体民族格局的重要部分，使岭南的经济、文化有了长足发展。而现今中国南方的许多城市，尤其是像深圳这样的移民城市，更是这种情况的典型体现。

各地移民的进入，也往往酝酿、培育了一个城市发展所需的内生性要素，造就了这个城市的自我生长动力。例如，在古代中国，工商业往往是一个城市发展的内生要素，移民大量进入，则容易带动一个地区或城市的工商业发展、繁荣，具有自我生长机制。例如，在古代重庆城市，明清时的大量人口迁入，使工商业及其赖以支撑的经济作物种植蓬勃发展起来。乾隆重庆《巴县志》卷十《物产》载当时经济作物种类繁多，产量很大，经济价值可观。例如，其中蔬类就有28种，瓜类11种，果属25种，药属、花属，其类甚广，不胜枚举。而麻、水果、桐子树、各类药材等则在经济作物中占了很大比重。这些经济作物的大量培育、种植为工商业提供了原料，使工商业发展起来。例如商业，当时大量加工的手工业产品及土特产品通过重庆及峡江流域，来往于四川、陕西、两湖、福建、贵州、云南、江西、河南、河北、广东等地。三江总汇，水陆通衢，商贾云集，百物萃聚；各种土特产货物或贩自四川西藏等地，或运往江西、河南、河北、广东，水牵云转，万里贸迁，由此使重庆的商业城市体系开始初步形成。在现代城市中，不论是美国、欧洲的城市也好，中国现代崛起的城市也好，其科技人才、信息交流、技术传播的城市发展内生要素的增长，也往往是通过大量技术、管理的人才流动、迁徙而实现的。

最后，人口迁徙带来了一个城市的多元文化因素，使城市更加具有活力。城市的生命力在于这个城市的人口素质及其文化的内在活力。而这种活力往往是在多元文化的相互融合、渗透中，不断去粗取精，优胜劣汰而获得的。在一个缺乏流动性的城市中，城市往往呈现出单调、固化的色彩，其发展也往往是缓慢而没有生命力的。因此，作为工商业及文化会聚的城市，流动性，尤其以作为社会发展载体的人口流动带来的信息、技术、文化的流动性，是一个城市发展的重要推动力，也是城市文化五彩缤纷的内涵所在。民国重庆《大足县志》卷二《风俗》记该县“清初移民实川，来者各从其俗，举曰婚、丧、时祭诸事，卒视厚籍通行者而自为风气。厥后客居日久，婚媾互通，乃有楚人遵用粤俗，粤人遵用楚俗之变例”。各地移民迁居重庆，加强了重庆风俗与楚、吴、越、闽等地文化风俗的融合，导致“流庸浮食者众，五方杂处，风俗大变”的情况，从而引起了重庆地方文化习俗的渐变和城区的发展。再如抗日战争时期，重庆作为抗战大后方的战时首都，大量人口的迁徙与集聚，使重庆城市文化又一次发生了极大变化。当时许多来自长江中下游地区如苏、浙、沪等地的“下江人”和鄂、湘地区的两湖人，使楚、吴、越各地的文化风俗与重庆的本地文化习俗相融合，使源自苏、浙、沪的“下江文化”渗透到人们的生活之中。“下江文化”和巴渝文化相结合，使重庆城区的社会生活氛围与文化风气不仅有着传统的地域因素，也具有苏、浙、沪、楚的多元文化元素。这种各地文化习俗的融合，就使重庆的文化风气更加具有着五方杂处、文化习俗并存的多元化趋向及现代气息，加速其向现代化城市转化的趋势。从清末到现今，重庆城区市民的社会生活方式，仍然有着上海、广州等沿海城市的格调和模式。

（作者信息：李禹阶，重庆师范大学教授、
四川大学历史文化学院博士生导师）

注 释

［1］《汉书·地理志》（第6册），中华书局1962年版，第1063页。

［2］《后汉书·郡国》（第12册），中华书局1965年版，第3507页。

［3］《华阳国志校补图注·巴志》，上海古籍出版社 2008 年版，第 20 页。

［4］《四川通志·重庆府》，巴蜀书社 1984 年版，第 126 页。

［5］《四川通志·重庆府》，巴蜀书社 1984 年版，第 1126 页。

［6］《抗战时期重庆的经济》，重庆出版社 1995 年版，第 327 页。

［7］汪受宽：《西部大开发的历史反思》，兰州大学出版社 2009 年版，第 312 页。

移民城市、移民文化与城市文化气质和形象的构建

人类具有追求适宜自身生存的自然和社会环境的天性，因此，自古以来中华民族的发展史，在一定意义上就是各民族迁徙、交往和融合的历史。在古代中国，就有“湖广填四川”“麻城孝感乡”“客家移民”几大著名的移民史实。[1]古代城市中的人口流动较乡村频繁，在一定意义上也是移民迁徙的结晶。

近代以来，城市更成为一个地区乃至国家的经济、政治、文化、交通枢纽。工业化革命导致城市数量急剧增长，规模不断扩大，几乎所有城市人口主要由城市扩张或由城市以外迁入，因此，城市史在一定意义上就是移民史，城市文化包括着移民引入的文化。

中华人民共和国成立后，特别是改革开放后，随着中国经济的快速增长，工业化、信息化、城市化的迅速发展，中国各区域崛起了一些新兴的移民城市。正如有学者所言的那样：移民是一个地区和国家最具进取心的群体，因此，一些受移民影响大的城市在形塑城市文化形象和精神气质之时，把移民文化作为重要的源头活水。

在中国语境中，何谓“移民城市”？何谓“城市移民文化”？城市主政者与社会各阶层为什么认同城市移民文化？城市移民文化的底蕴载体何在？移民城市如何建构其文化形象和精神气质？本文就此问题作一初探，以就教于方家。

一　何谓“移民城市”？

城市尤其是近代以来的城市与移民有密切关联，但并非所有城市都可以称为“移民城市”，也并非所有城市都有显形的“移民文化”。

笔者认为，所谓“移民城市”是指原有生活地域在自然、人文环境具有较大差异的人群大规模、远距离迁入一个传统城市（或城镇）而兴起（或复兴）的新型城市。之所以这样定义，是移民城市应以三个方面来观测和衡量：

第一，能否产生新的文化样态。具有相同或相近的自然和人文环境的人群，近距离迁移形成的城市，虽然其市民的生产、生活方式发生了变化，但因缺乏来自不同区域人群的文化碰撞、融合而难以产生新的文化样态。而承载不同文化样态的人群之间往往有一定的地理距离。

第二，移民的数量和质量能否塑造（或重塑）城市文化气质。所有城市都曾经是移民不断迁入而形成的，但城市发展到一定历史阶段，就会形成相对稳定的规模，产生自身的城市文化，新的移民不再是城市发展的主要动力和精神源泉。因此，这些城市如果依靠向周边拓展、扩张或通过原有城市人群相近的同质文化人群的补充而得以扩张，亦不能被视为“移民城市”。同时应该看到，城市新移民在同一时代所具有的较高层次的教育、文化、职业素养对城市气质的形塑和提升具有重要意义，也对这些新移民较快地融入城市具有重要价值。

第三，移民能否有效适应和融入所在城市。一个城市能否包容、接纳新迁入的人口，决定城市新移民能否有效适应、融入城市，从而决定了新移民是短时期工作以谋生，还是能够落地生根，长期定居发展。如果城市中虽然有大规模的外来人口工作和生活，但他们因主客观原因难以融入所在城市、流动性强、对城市没有认同感，这样的城市亦不是真正的移民城市。

基于以上三点考量，笔者将移民城市分为“广义的移民城市”和

“狭义的移民城市”两种类型。

广义的移民城市即指接受较高水平教育、具有较高文化素养、具有专门知识和技能的人群较大规模地迁入一个具有悠久历史文化传统积淀的城市而兴起或复兴的城市，在中国内地，这类广义的移民城市中北京、上海是代表。北京是中国的政治、经济和文化中心，城市文化传统深厚，但新中国成立至1979年前，接纳了来自全国各阶层的新移民，有人称之为“政治移民”，改革开放以来，北京的经济、科技、文化辐射力不断强化，来自全国乃至全球的经济和文化精英纷至沓来，移民达300万人，使得北京在政治和文化中心的基础上，更得以成为技术研发和文化创新的城市。上海自近代开埠，是一个真正的移民城市，但它到新中国建立，已经形成了自己的海派城市文化气质，改革开放后的400万新移民给其城市注入了新的活力。

狭义的移民城市即指原有生活地域在自然、人文环境具有较大差异的人群大规模、远距离迁入一个传统乡村或城镇兴起的新型城市。如广东深圳、新疆石河子就是此种类型的移民城市。

二　何谓移民文化?

国内学术界对移民文化的内涵、特征已有较为深入的研究。张然在比较普遍的意义上研究了移民文化，他认为：“移民文化是移民社会产生的观念形态文化，即移民社会中人们的精神活动及其产品，主要包括伦理道德、宗教、哲学、艺术、政治法律思想、教育思想等成分。”它在结构上表现为两大基本层次：一是移民心理，二是直接反映移民心理的各种社会意识形式。冒险、拼搏、开拓、进取的移民精神是移民文化最显著的特征，同时移民文化还具有开放性、兼容性、先导性等特征。[2]

周大鸣在解释沿海地区海外移民动机时提出了“移民文化”的假设，他认为：“所谓‘移民文化’就是认为‘移民’成为某个地区和群体共享的社会文化资源，营造出一个向外移民的氛围。”他认为此种移民文化具有几个特征：一是抛却传统的安土重迁理念，持续地向外移民成为新传统；二是早期的移民是流寓式的，今天则是永久性移民；三是“移民与否是侨乡判断成功与否的标准”；四是“形成公开的或地下的移民渠道和组织”；五是“移民文化一旦形成，将代代相传”。[3]

刘志山则对当代中国最有代表性的新兴移民城市深圳的“移民文化”进行了分析概括，他提出了“特区移民文化”的概念，他认为，深圳特区移民文化是在特区移民中产生的思想意识、伦理道德和价值观念，是对特区人生活方式、行为方式和精神状况的反应，具有试验性与创新性、开放性与兼容性、经济性与产业性、大众性与实用性的特征，在这个文化土壤之中孕育出了“开拓、创新、团结、奉献”的深圳特区精神。[4]

以上三位学者分别从不同视野和角度对移民文化进行了理论探索，他们都主张移民文化是精神和心理层面的观念文化形态。张然认识到了移民文化的共有特性，但国内外的移民现象普遍而复杂，他在定义“移民文化”时只关照到了移入地的移民社会文化，而没有关注到移出地社会的移民文化现象。周大鸣和刘志山则从不同的移民群体分析何为“移民文化”，周大鸣分析的是移民对迁出地的文化影响，而刘志山则剖析移民对迁入地的文化作用。此外，上述研究也未重视物质形态的移民文化，对于中国的侨乡社会和著名的移民城市而言，最近若干年来在形塑城市文化形象、凝练城市精神文化气质方面，往往从有形的移民物质文化入手，以物质文化承载、展示、传播城市移民精神文化。

笔者以为，移民文化是因移民跨区域、跨国界大规模迁移而在移民迁出地和迁入地形成的物质文化和观念文化的总和，移民物质文化和观念文化相互作用、相互促进，移民物质文化是移民观念文化作用于移民的产物，是移民物质文化生产的精神动力，移民物质文化是移民观念文化和精神文化的载体。

三 移民文化与城市文化气质和形象的构建
——以江门市为例

改革开放后，随着中国经济的持续高速发展，国内城市大都注意塑造自身的文化形象，提升城市文化内涵，以增强城市的综合竞争力，20 世纪 90 年代，各地城市美其名曰：“文化搭台，经济唱戏。”到了 21 世纪，随着各个城市经济实力的大幅度跃升，对城市文化实力提升的需求更加急迫，而且文化产业和文化事业在经济发展中的贡献所占比例有了很大增长，以旅游业为例，国内外游客到了一个城市，主要是欣赏当地的传统特色文化，而不是风格雷同的现代化高楼大厦。各个城市也更加注重自身的城市文化气质和城市形象的构建。深受移民迁出或迁入影响的城市，把移民文化与城市文化气质和形象的构建结合起来，重塑城市文化、城市形象和城市精神。

广东江门市及其所辖的台山、开平等县级市是通过移民文化形塑城市文化气质、文化形象和文化精神，提升文化竞争力的典型案例。

江门市及其下辖的台山、开平市并非移民城市，而是受国际移民（即华侨华人、港澳乡亲）经济、文化影响的城市。江门市所辖的地理区域，俗称“五邑”，是指台山、开平、新会、恩平、鹤山五个县级区域，这是因风俗、人情相亲相近而产生的一个文化地理概念，在清代民国，台山、开平、新会、恩平的海外华侨最先将这四县称为“四邑”，江门设市后，有很多客家人的鹤山纳入地级市江门市的行政区划，因此这五个县级区域合称“五邑”。鸦片战争以后，五邑地区跟其他东南沿海地区一样，产生了大量的国际移民，而又因为该地区的华侨华人主要前往北美、澳大利亚等地区，因此成为国内著名的“美洲华侨之乡”，该地诞生并走出了冯如、陈少白、司徒美堂、骆家辉、赵美心等知名的美国华侨华人。

30 年来，江门持续不断地以移民文化形塑城市文化形象。广东成为改革开放的前沿，随着国家对侨胞政策的调整，华侨华人、港澳同胞成为改革开放的重要参与者。1984 年，江门建市后，江门的主政者将五邑籍的港澳乡亲和海外华侨华人作为经济和文化发展的重要推动力量，在城市文化形象塑造上，不断强化“侨乡”概念、“侨乡特质”。经过数十年的苦心经营，其文化形象已经基本确立。其主要的举措是：

1．树立“中国第一侨乡”城市形象品牌

20世纪90年代，一些从事区域文化研究的学者建言献策，提出江门要鲜明地打出“中国第一侨乡”的旗帜，这只是从城市形象构建的视角出发而非完全基于严密学理论证。他们认为，从海外华侨华人的绝对数量来说，江门五邑的总人数并不是最多，但是，“中国第一侨乡”的形象策划并非没有学理依据：

第一，江门五邑的华侨华人主要分布在北美和澳大利亚等发达资本主义国家，因此他们传播回来的文化具有鲜明的中西文化兼具、亦土亦洋的特征，在中国几大著名侨乡中，是最具外显文化特征的侨乡。

第二，从海外江门五邑籍的华侨华人与国内人口之比看，几乎相等，所以在五邑侨乡有“海外海内两个江门”“海内海外两个台山”之说。

第三，老一代国家领导人在视察台山等地时，曾说过台山是“中国第一侨乡”的话语。因此，虽然“中国第一侨乡”的说法不一定能够为学术界所普遍接受和认同，但并非是无源之水、无本之木、空穴来风。

第四，从城市文化品牌的营销规律和策略来看，相似的城市特色文化并非一地所独占，关键是谁更具有战略眼光，抢占城市文化形象品牌的制高点。譬如，一般认为，“中国瓷都”毫无疑义应该非江西景德镇莫属，但实际上，在新时代的城市形象塑造上，没有危机意识，往往会被后来者居上，因此发生了十年前著名的江西景德镇与广东潮州的“中国瓷都之争”。有评论如是说：最近，“中国最大的镇”——景德镇的人民很搓火。为啥？2004年4月12日，国轻工业联合会、中国陶瓷工业协会将“中国瓷都”的称号授予了广东潮州……潮州忙不迭“戴帽”，景德镇“一时间”愤怒，都不是无缘故的。这说明“瓷都”的“帽子”是有价值的……说到底，潮州瓷业的大发展是干出来的，不是靠举“硬纸壳”举出来、靠挂“薄铜片”挂出来的……明此道理，景德镇人何怒之有？那种人们啧啧称奇的稀世珍品，那份珍藏在人们心底的神圣荣耀，岂是什么机构能够“授予”的，岂是打什么官司能够打出来的？[5]

应该说，江门市塑造“中国城市第一侨乡”的策略在丰厚的侨乡移民文化土壤上结出了硕果，其理念基本上在政、商、侨、市民、传媒和与其城市有关联的民众之中得到了普遍认可。

2. 挖掘、创新侨乡移民文化载体

“中国第一侨乡”品牌要有显示度高的物质载体呈现。21世纪初，江门市委、市政府先后启动了侨乡文化两大建设工程：“开平碉楼与村落”申报世界文化遗产和筹建江门五邑华侨华人博物馆。经过八年时间的挖掘、修复、保护和论证，2007年6月28日，在新西兰基督城召开的第31届世界遗产大会上，一致通过“开平碉楼与村落”列入《世界文化遗产名录》，成为中国第35处、广东第一处世界文化遗产，从此，华侨和侨眷创造的文化“祖产”受到全人类的尊重。[6]

几乎同一时期，江门五邑博物馆的筹建开始，在10年时间里，从海内外征集到四万多件华侨华人文物。2010年，时任中共中央政治局委员、中宣部部长的刘云山参观展览后评价说：“国内同类的博物馆我看过很多，你们这儿建得最好！”[7]上述两大以移民文化为核心的文化工程在国际和国家层面得到认可。

申遗成功后，“开平碉楼与村落”迎来了旅游业的兴旺，广东亦将开平碉楼作为广东文化、广东形象的主要标志之一，广东旅游界提出了“广东旅游看碉楼”的口号。江门五邑华侨华人博物馆开馆以来，每年的游客数量达到二三十万人之多，成为江门市城区旅游的最重要的景点。

3. 构建新的侨乡移民网络的常态化文化联络、交流机制和平台

江门市为了擦亮“中国第一侨乡”品牌，由政府主导，构建了新的侨乡移民网络的常态化文化联络、交流机制：“中国（江门）侨乡

华人嘉年华”和“世界（江门）青年大会”，这两项活动均两年举办一届。嘉年华的会址固定在江门市区，已连续举办了五届，世青会则在包括江门、香港、澳门在内的世界江门五邑华侨华人聚居地轮流举办，已在江门、马来西亚沙巴、澳门举办三届，2014 年 12 月将在香港举办第四届。嘉年华一般配合旅游活动，其宗旨在“展示江门五邑侨乡迷人的风采、独特的侨乡文化和丰富的旅游资源，加强世界华人的沟通与联系，让境外华人了解中国、了解侨乡，让世界关注中国、关注江门，让侨乡江门走向全国、走向世界”，而世青会则专门着眼于华人移民的新生代精英分子，其举办初衷是，在这个优秀的青年群体中，虽然有的久未闻乡音，有的甚至从未踏上过故土，但他们与先辈们一样拥有一颗热忱的爱国之心。他们始终向往着故乡的明月，始终关心着家乡经济社会各项事业的发展，关注着世界江门籍同胞的发展，并希望能够搭建一个沟通世界、凝聚五大洲江门青年的平台。

经过数十年的努力，江门以侨乡文化为核心的城市文化气质、形象构建已初见成效，正如《江门日报》一篇报道所描述的那样：

> 提到江门名片，最响亮的就是“中国第一侨乡”，这也是江门最显著的特色。祖籍江门的海外华人华侨、港澳台同胞超过 376 万；全市归侨、侨眷约 200 多万，是全国归侨侨眷和海外侨胞最多的地级市之一。江门的侨乡文化底蕴深厚，独具特色，拥有全国最早、最多的侨刊；极具侨乡特色、融会中西文化的开平碉楼，也成为广东首个世界文化遗产项目。
>
> 事实证明，侨力是一种强大的生产力资源，江门加快发展离不开“侨”字。没有华侨华人、港澳台同胞的热诚关心和大力支持、帮助，江门的经济发展就没有那么快。可以说，江门因侨而发展，因侨而闻名全国，闻名海外。[8]

其实，由地方政府、民间团体主办的各类宗亲会、全球同乡组织的恳亲大会经常在跨国移民群体之中进行，就在本文完稿的前一天，第四届台山籍乡亲恳亲大会在台山举办，中央有关部门、广东省和江门市的高层领导亲自参加会议，会议首次设立“振兴台山突出贡献奖”，台山市委书记谢伯欣在会上说：“正是有了广大旅外乡亲报效祖国、建设家乡的激情和行动，才有了台山改革开放跨越发展的良好势头，才有了家乡日新月异的棉苗。”[9]表明此类会议在国家和地方层面均有重要的文化意义。

正因为有侨乡与海外移民的天然跨国联系，江门市等广东侨乡充分运用此种联系，并建立有效的常态化情感交流机制和平台，使得新中国成立前已经形成的华侨华人举办公益事业传统在改革开放后得到更大的弘扬，据统计，海外侨胞、港澳同胞向广东捐款捐物折合人民币超过500亿元，涉及教育、卫生、体育、基础设施等领域，占全国侨捐六成左右，仅江门市的侨捐就突破60亿港币。我们在广东侨乡各个城市穿行，以捐献者题名或命名的楼宇、学校、道路桥梁、医院等所在皆有，在全国的城市文化中，移民文化十分醒目、突出。

以上论述表明，无论是移民城市还是非移民城市，只要深受移民文化的影响，均可将移民文化纳入城市文化气质和形象的构建元素。然而，如果此种移民在地域、国家乃至国际上具有典型、引领的示范意义，其构建城市文化气质和形象的正效能愈高，如深圳作为中国改革开放的象征意义，江门作为中国民众顺应全球化趋势以世界为人生舞台、兼容中西的文化开放心态，等等。移民文化以物质形态和观念形态两种方式存在，在城市文化气质和形象的构建中，必须重视可视、可感、可参与的物质载体，同时，应着力以移民文化为源头活水，凝练独具特质的城市精神。

（作者信息：刘进，五邑大学侨乡文化研究中心教授）

注　释

[1] 郭一丹、梁音：《“移民文化与当代社会”学术研讨会综述》，《社会科学研究》2009年第2期。

[2] 张然：《论移民文化及其特征》，《深圳大学学报》（人文社会科学版）2001年第1期。

[3] 周大鸣：《移民文化：一个假设?》，《江苏社会科学》2005年第5期。

［4］刘志山：《移民文化与深圳精神》，《特区理论与实践》2005年第2期。

［5］《观“中国瓷都”之争》，原载《光明日报》，光明网：http：//www.gmw.cn/01gmrb/2004-08/02/content_ 69029.htm。

［6］张国雄：《碉楼申遗成功及其意义述评》，李卓彬主编：《中国华侨历史博物馆开馆纪念特刊》，中国华侨出版社2014年版，第195页。

［7］《春华秋实，文明开花——中共中央政治局委员、中宣部部长刘云山在江门调研纪实》，《江门日报》2010年11月15日A01版。

［8］《“中国第一侨乡”名不虚传》，《江门日报》2010年7月10日第3版。

［9］《全球乡贤聚宁城，恳亲联谊话乡情》，《江门日报》2014年11月29日第1版。

《不适之地》中移民文化身份困境探析

引　言

继《疾病解说者》（*Interpreter of Maladies*）大获全胜后，茱帕·拉希里（Jhumpa Lahiri）（1967 年—）的第二部短篇小说集《不适之地》2008 年一经出版即登上《纽约时报》畅销书的榜首，并获得弗兰克·奥康纳国际短篇小说奖（Frank O'Connor International Short Story Award）第一名。这部由八个短篇小说构成的集子既不是以印度的异域风情见长，也不是以复杂曲折的情节著称，而是以透过日常琐事观察人物复杂性格取胜。它围绕着失落、孤独和欲望等人类共通的心理体验，诠释了东西方文化差异对成功和成熟的定义。无论是《地狱—天堂》中的朋友，《权宜之选》中的夫妻，《纯属好意》中的姐弟，《别管闲事》中的室友，还是《海玛和卡西克》中的故人，彼此间都存在着微妙而无法言说的关系，使得文本具备细读和思考的价值。

同名短篇《不适之地》把这种寻常生活带来的强大力量发挥到了极致。它讲述了一个祖孙三代间波澜不惊的家庭故事。在美国长大的印裔女儿露玛与丈夫和孩子平静地生活在西雅图，爸爸的短暂到访引来了女儿种种微妙的心理变化。作家用一种娓娓道来而又令人无法抗拒的方式诉说着父女间的猜度、误会以及体谅，没有激烈争执、没有痛哭流涕，也没有款款深情，让文字带着一种契诃夫式的毫不张扬的静默之美。这篇小说中，拉希里依旧恪守本分，执着地探索移民和同化的主题。三代移民对故土的眷恋、疏离或忘却，在美国这块梦想之地承继的欲望、自由和不羁，这些情感相互碰撞和博弈，每个身处其中的人都不由得会追问自己究竟是谁，自己是否有能力去主动选择身份？

女作家曾在小说集的开篇引用了《红字》中的一段话，向纳撒尼尔·霍桑致敬："倘若世世代代都在同一处不再肥沃的土地上反复扎根，人性就会像将马铃薯种在这片土地般无法繁茂茁壮。我的孩子们已经诞生在他处，即便我能力所及、掌控得了他们的命运，他们也将在不适之地扎根。"[1] 千千万万印度移民渴望用智慧和勇敢在美国这块"不适之地"扎根，并期待枝繁叶茂的一天，但其中经历的挣扎、蜕变和失落似乎异常艰辛而且永无尽头。

一 三代移民的身份认同特征

《不适之地》中，露玛父女都属于"人力资本移民"（human-capital immigrants），即移民中的高学历专业人士。父亲在美国攻读了生物化学博士，退休前在一家制药公司上班。而露玛生在新泽西，在东北大学完成了法学专业，辞职前是一位体面的律师。露玛三岁的小儿子阿卡出生在一个典型的跨族婚姻家庭，带着美国本土小男孩身上的所有特征。这样的祖孙三代无形中见证了 1965 年开始的第二次美国移民潮的特征。

1965 年美国国会通过的《1965 年移民和国籍法修正案》（*the 1965 Amendments to the Immigration and Nationality Act*，以下简称 1965 年移民法）废除了民族配额，代之以国籍为分配原则，它同时强调了移民的技术和文化素质，被认为是美国移民制度上具有里程碑式的法律。露玛的父亲正是这次移民潮的一分子，他们无须从底层的体力工作开始奋斗，而是在专业技术、管理和金融领域就职。据统计，从 20 世纪 70 年代至 2002 年，美国为专业人才设置的 H1B 签证中的一半给了印度人（姬虹，2008）。文中，露玛的父亲经济独立，很容易接受西方人的生活方式和理念。小说一开始就写道："过去一年中，他参观了法国、荷兰，最近还去了意大利……每次一走就是两三周，有时长达一个月。"[2] 丧偶后的父亲似乎在精神上解脱了一般，尽情享受着旅行带来的乐趣，并在旅途中邂逅了同乡人班奇太太，这位寡言而西化的知识女性对他有很大吸引力。当他与女儿谈起工作问题时，会严肃告诫她经济上自力更生的重要性，希望女儿不要像一般印度女人只做个称职的家庭主妇。但是，这位在美国生活了半生的花甲老人依然反对女儿选择美国人作丈夫，保持着进屋脱鞋的家乡习惯，情不自禁地教外孙用孟加拉语从一数到十。尤其在面对是否跟女儿一起生活的问题上，他渴望在情感上被女儿所需要，能像千万印度人一样享受天伦之乐，见证孙子步入中年。不难发现，父亲这一代印度移民在社会经济方面迅速融入了美国主流社会，同时对“母邦文化”有着深刻认同和依赖，它所代表的伦理、宗教、饮食都构成了他们内心沉重的负累，他们通过各种方式拒绝文化本源被西方文化所湮没。

与父亲不同，露玛出生在美国，在多元文化环境中成长，期冀尽快完成去印度化的历程。虽然母亲曾坚持在家中与她用孟加拉语交流，但现在不过剩下只言片语。她在上中学的时候，就坚持暑假去餐厅收拾碗盘，这在她的印度亲戚的眼里简直是件丢脸的事情。她不顾父母反对，坚持嫁给了美国人亚当，惹得母亲反复说：“追根溯源，你为自己感到惭愧，为印度人这个身份感到惭愧。”[3]以露玛为代表的第二代移民希望选择自己想要的生活方式，摆脱传统带来的桎梏和牵绊。他们的认同发展轨迹，最初是远离（甚至是故意抛弃）父母祖国的文化，希望彻底美国化，成为美国人。但是，正如露玛在生下阿卡的时候，母亲曾对她说：“他是你的骨肉做的。”[4]父母和家乡亲人的耳濡目染让露玛在潜移默化中打上了民族的烙印。这一点集中体现于她对父亲去留问题的矛盾心理上。一方面，她害怕父亲介入自己的家庭生活会带来诸多无法想象的不便，这一担忧毫无疑问是受到新大陆赋予她的自主与独立精神影响；另一方面，她身负印度传统的规矩，认为有义务也有必要邀请鳏居的父亲共同生活。当她惊喜地发现父亲的短暂停留为家庭生活带来便利和温暖时，坚定了恪守孝道的主张。但令她始料不及的是，父亲已然规划了自己的人生。于是，父亲远走了，留下了孤独的女儿，留下了无限的怅惘和失落。

如果说父亲和露玛对族裔文化是欲罢不能或身不由己的话，那么三岁的阿卡则完全不同。这个满口英语、习惯吃速食品、随心所欲发脾气的小家伙俨然是个美国人。关于那位曾苦心培养他孟加拉传统的外婆的记忆，阿卡也只限于无所谓地淡淡一句“她死了”。这个只有一半孟加拉血统，甚至没有一个孟加拉姓氏的小男孩在美国的土地上能否茁壮成长，只能交由时间来验证。

正如斯图亚特·霍尔（Stuart Hall）所言，文化身份“属于过去也属于未来。它不是已经存在的超越时间、地点、历史与文化的东西。文化身份是有源头、有历史的。但是，与一切有历史的事物一样，它们也经历了不断的变化。它们绝不是永恒固定在某一本质化的过去，而是屈从于历史、文化与权力的不断‘嬉戏’”（罗钢、刘象愚，2000：209）。这三代移民经历了并正经历着文化身份的追寻、融合和蜕变。

二　身份嬗变之源

遥远的东方古国印度虽然与美国同样曾有着被英国殖民的历史，但21世纪的美国在经济、文化或军事实力上已然不是地球上任何一个国家可以抗衡的。毫不夸张地说，这块移民蜂拥而至的“流着蜜和奶的地方”承载着印度三代移民的梦想。但因为各自成长经历和所处环境不同，他们对自身的文化定位和认知也有很大差异。父亲虽然脱离了原生环境，但“他者”的身份难以抹去；露玛的“中间人”角色让她不断经历着文化的疏离和困惑；阿卡的这个“自我”身份与“美国人”的概念注定会大不相同。《不适之地》在情节上独具匠心地安排了露玛的母亲及丈夫的离场，然后用波澜不惊的语气、平实朴素的文字为这祖孙三代构建了一个不同于印度或美国的“第三空间”，让他们在这里坦陈情感的危机，处理认知中的差异，然后鼓起勇气继续上路。文中并没有后殖民主义背景下的喧嚣，没有9·11事件带来的恐怖与暴力，只有家庭生活的一个个片段。家庭在她的作品中“既是与个人现实生活密切相关的社会单元，也是心理层面的归属感，还是文化身份的迷茫感”（王丽亚，2013：6）。这种围绕家庭生活延展开的描述让读者感同身受的同时，也在悄无声息地告诉我们究竟是哪些深层因素促成了这种身份的嬗变。

首先，跨族婚姻是个不可回避的问题。1965 年移民法规定：“以家庭团聚为基础，已获永久居留权移民的配偶处在优先次序的前边，所以在成年移民中已婚比例比较高。”（姬虹，2008：100）露玛父母这一代人几乎与他们来自加尔各答的朋友一样，丈夫有份体面的工作，妻子在家里操持家务、照料子女。于是，传统的饮食习惯、固定的社交圈子、礼节性的回国省亲让家庭氛围大致维持着与印度国内差不多的状态。因此不难理解，露玛的爸爸对妻子鲜艳的纱丽和额上的朱砂痣产生了审美疲劳，而对班奇太太的纯西方打扮变得无法抗拒。反观露玛这一代人却拥有了宝贵的自主权。她上学时就偷偷和美国男人交往，最终不惜与父母翻脸，坚持嫁给了美国人亚当。较之印度裔男性，白人对女性表现出更多的体贴和尊重，比如，亚当会在能力范围内取悦妻子和丈母娘，而父亲几十年来却从未夸赞过母亲的厨艺或者带母亲单独度过假。除此之外，通过嫁给一个本土人来彻底完成西方化的进程，正是许多像露玛一样的二代移民暗存的期望。

其次，性别差异决定了移民的身份体验不同。多年来，种姓制度一直涵盖印度社会的绝大多数群体，妇女在家庭和社会中的地位低下。露玛的妈妈一辈子都被调教服侍丈夫和养育儿孙。她曾苦苦警告露玛，如果嫁给亚当，会有离婚的危险。母亲认为这个婚姻简直是巨大的灾难，在印度，妇女再婚被认为是极不光彩的事情。而父亲完全是一家之主的作风，只会通过抱怨别人家的东西难吃，才间接表示出对妻子手艺的欣赏。妻子去世后，他狠心地卖掉了旧有的住宅，抹掉了共同生活过的痕迹，从未在女儿面前表露出丧偶的痛苦。最终，露玛发现了父亲写给班奇太太的明信片，内心一阵悲凉，在她看来，父亲对母亲表现出的喜新厌旧和对自己表现出的薄情寡义让自己成为一个没有家的人。这种女性的独特体验生动地展现出与母体分离的孩子无助的呐喊：我究竟是谁。

最后，对根文化的了解和认知影响了自我文化身份的构建。拉希里本人生在伦敦，父母均为孟加拉裔印度移民，两岁随家人来到美国，在罗德岛的金斯敦生活。她记得幼儿园时，老师常常为了发音方便只称呼她的小名（Jhumpa，而不是 Jhumpa Lahiri），这段经历对她影响很大，后来她回忆说：我经常会为自己的名字感到尴尬……那种感觉好似因为自己的存在而给他人带来了痛苦（Benjamin，2007）。这种对身份的矛盾心理也激发了她的创作灵感，在其长篇小说《同名人》（*The Namesake*）中有所体现。名字是一个人文化身份的象征，在这难以确定归属的名字背后，反映的是印裔移民文化归属感上的缺失，隐喻着他们在文化身份探寻上艰难而寂寞的旅程。对父亲而言，加尔各答代表着乡愁、血脉和自己的归属，相伴一生的依恋、愧疚和伤感都能够借追求梦想和成就为名。但露玛不同，故国文化意味着什么？几句蹩脚而羞于出口的孟加拉语，母亲留下的218件纱丽，还是自己端到丈夫面前简单粗糙的印度料理？换个角度来看，对根文化缺乏深刻认识和体悟的她有望成为被美国人承认的"美国人"吗？答案依然是否定的。于是，她的身份就像一个无解的谜题，困扰和折磨着自己，只能留给周遭世界去任意解读。

总体而言，人们更倾向于从种族、民族、宗教的角度来界定一个人的身份，而不仅仅是价值观的认同。无论"露玛们"多么彻底地融合到美国主流文化中，一个有色人种很容易被当作"外人"。

三　永恒的"适"与"不适"

移民美国的十大来源国中，印度2005年位居第4位（次于墨西哥、中国和菲律宾）；2000年，在美国所有外来移民集团中，印度裔移民数量居第3位（次于南非和英国），家庭总收入居第2位（次于南非）（姬虹，2008）。上述统计数据说明，印裔移民无论在数量和富庶程度上都名列前茅。换句话说，大部分受过高等教育的专业人士在经济上完成了同化（assimilation）过程，迈进主流社会。《不适之地》中的主人公受过良好教育并有体面职业，无须为生计发愁。父亲手里的钱直到死还绰绰有余；露玛多年以来，每星期工作50小时，薪水达6位数。他们与美国本土的中产阶级一样，在宾夕法尼亚和西雅图的郊区有自己的住宅。经济富足的前提下，他们渴望平等地融入社会生活的方方面面。

但在露玛心里，虽然如愿辞去工作，换了漂亮房子，第二个小宝宝即将到来……但没有任何事情能让她感到快乐。是什么原因使得衣食无忧、家庭美满的露玛失去了快乐的能力？贤惠的母亲原本是女儿寄托温情和思念的源头，她的突然离世使得露玛感到孤立无援；一贯独立的她通过努力拥有了令人艳羡的工作，却沦落得与印度妇女没有两样，围着家务打转；在布鲁克林来往的朋友随着自己搬到西雅图而逐渐断了联系，丈夫因为工作原因要常常出差。以梦想和成就为名在这样的国度打拼和奋斗，但到头来得不到真正的安宁和踏实。对露玛这样的二代移民来说，表面的同化根本不成问题，但涵化（acculturation）的过程却异常缓慢。美国著名人类学家赫斯科维茨（Melville. J. Herskovits）在 1936 年首先对涵化做出了定义，它是指由个体所组成的而具有不同文化的民族间发生持续的直接接触，从而导致一方或双方原有文化形式发生变迁的现象（Buenker，2005）。印度文化和美国的新教文化这两种异质文化在露玛他们身上相互摩擦、碰撞与作用，导致这个相对处于从属地位的群体产生了被边缘和被疏离的感觉，没有归属感和认同感，幸福指数低。结果导致，“双重文化身份使这些印裔美国人成为游离于两种主流文化之外的精神孤儿”（高玉华，2009：52）。《纽约时报》曾这样生动地评述拉希里的故事带来的独特体验，“犹如在慢镜头下观看不同的植物的生长状况。每一种植物虽有其固定的生长周期，但有些会冲破环境限制，向外传播，有些则从内部崩解”[5]。显然，内心经历这种挣扎、找寻和博弈所付出的艰辛远非物质财富的积累过程所能相比。

小说中，涵化这种异质文化间横向影响的过程集中体现在父亲的去留问题上。从物质条件来看，露玛在西雅图的新家宽敞舒适，还配有父亲钟爱的花园；从实际需要而言，露玛即将迎来第二个孩子，沉重的家务需要有人分担；从情感需求出发，母亲的过世使得露玛和父亲陷入孤单和伤感的情绪当中，而一周的相处使得祖孙三代其乐融融；从印度文化传统看，子女尽孝道侍奉独居的父亲正是主流观念。上述种种因素使得父亲与女儿一家同住成为顺理成章而皆大欢喜的事情。但在这片“不适之地”几十年的生活经历已经多多少少改变了每个个体以及整个族群的文化身份及他们之间的相互关系，即使有着亲缘关系的人也绝不例外。在露玛眼中，从实用性角度来说，父亲远不如母亲在家里发挥的作用大，很可能会变成一种额外的负担和责任；从美国本土观念来看，“核心家庭”（nuclear family）关系简单，矛盾和纠纷少，露玛不希望父亲随时随地以一种她已经不习惯的方式出现在生活中。而父亲从理性角度来说，更愿意摆脱传统家庭的桎梏，尽情享受自由时光，甚至想尝试一下黄昏恋；从感性角度来看，这种表面上的被需要似乎伤害了自尊心，他不愿去配合女儿这种自私的想法。于是，美国核心价值观中的个性自由和自力更生在父女身上凸显。而最不能忽视的是，父女间沟通的模式、频率和深度都远远不够，从而造成了误解的一再发生。而这种沟通现状也是由印度家庭的传统观念决定的。父亲一贯是家中的绝对权威，露玛不能也不愿直接挑战；母亲去世后，父亲是带着少许愧疚和讨好心理来到女儿家小住，旅途的“艳遇”似乎又给他平添了几分底气不足，所以也显得吞吞吐吐。结果，整篇小说中，父女间不多的谈话，既流露出小心翼翼，又掺杂着些许抗拒，他们害怕承认，血浓于水的亲情无法琢磨，赖以为生的根文化渐行渐远。那么，我们是谁，我们是对方的谁，我们又是这个生长之地的谁呢？

毋庸置疑，美国是世界上最大的移民国家，这些移民不但成就了美国的繁荣，也带来了诸多的问题。他们如何实现和谐共生成为各国学者研究的重心。跨国主义（transnationalism）理论就是其中之一。简言之，跨国主义就是形成和维系原籍国和定居国之间的多层社会关系（Basch，1994）。对印度裔中产阶级移民而言，跨国主义已经成为一种“生活方式”，涉及经济、社会、文化各个领域。比如小说中露玛的父母定期举家回加尔各答看望亲友就是典型的跨国主义实践。而印度裔作家茱帕·拉希里一系列以移民为主题的小说，反映分散与重组中的家庭的日常生活和悲欢离合，也是跨国主义文化实践的一种表现。从自身体验以及本族群的生活经历出发，拉希里们利用他们的社会关系以及不同和多重的身份来调试和抵抗他们跨国场域中遭遇到的艰难处境和主流意识形态（潮龙起，2007）。女作家似乎在用这种方式向一直向往和崇敬的根文化致敬，向与自己有着相同血脉的同胞传递温暖和力量。其实，新移民对故土文化和异质文化的双重疏离，正是在生存环境的不断变化中追求新的文化定位，形塑新的文化身份（陈涵平，2010）。

美籍阿富汗裔作家卡勒德·胡塞尼（Khaled Hosseini）（1965年—）曾这样评价拉希里的小说，“以优美却轻松的方式诉说角色之间的困惑、遗憾、疏离和失去；最重要的是，赋予人性安静与新的意义”。[6]移民在美国这片新大陆上的生活还将遇到各种“适”与“不适”，于是，追寻与重建的脚步就不会停止。无论根文化的烙印是否会越来越淡，多重文化身份盘根错节、互相缠绕的事实却难以改变，拥有了一份安静的力量和成熟的态度或许更加重要。

（作者信息：宫玉波，北京交通大学语言与传播学院英美文学研究所所长、教授、博士；柳青，国际关系学院外语学院讲师）

注　释

［1］茱帕·拉希里：《不适之地》，施清真译，上海译文出版社 2011 年版，第 2 页。

［2］茱帕·拉希里：《不适之地》，施清真译，上海译文出版社 2011 年版，第 3 页。

［3］茱帕·拉希里：《不适之地》，施清真译，上海译文出版社 2011 年版，第 26 页。

［4］茱帕·拉希里：《不适之地》，施清真译，上海译文出版社 2011 年版，第 40 页。

［5］茱帕·拉希里：《不适之地》，施清真译，上海译文出版社 2011 年版，第 62 页。

［6］茱帕·拉希里：《不适之地》，施清真译，上海译文出版社 2011 年版，第 74 页。

城镇化背景下劳务移民可持续生计调查

——以宁夏为例

引　言

生态脆弱和经济贫困之间有着强烈的耦合关系，因此在生态脆弱地区继续使用传统扶贫方式的效果并不明显。同时，日益引起人们重视的生态环境问题也为政府组织大规模移民提供了有力的理由，这就是生态移民的由来。宁夏是我国最早进行生态移民试点的地区之一。1999—2010 年，宁夏地区已累计投入 46.21 亿元，对 16.08 万名存在着用水难、出行难、生产生活条件艰苦的山区困难群众实施了生态移民。多年的生态移民实践虽然使宁夏的贫困状况有了很大程度的缓解，但截至 2010 年，宁夏境内仍然还有近 150 万名贫困人口，其中 35 万名人居住在交通偏远、干旱缺水、自然条件极为严酷的干旱山区、土石山区。为彻底解决这些极端贫困人口的脱贫问题，宁夏政府计划在十二五期间投资 105.8 亿元，采取开发土地集中安置、适度集中就近安置、因地制宜插花安置、劳务移民无地安置和特殊人群敬老院安置五种方式，对这 35 万名极端贫困人口进行搬迁。

“劳务移民无地安置”（以下简称劳务移民）是十二五期间生态移民安置方式的一种新的城镇化安置模式，是指“对务工能力较强或收入主要来源于务工的家庭，在城市或工业园区实施无地安置，并享受城市社会保障政策；对经过培训具备一定务工能力的，在农业产业基地、城市边缘安置，重点扶持移民务工就业”。十二五期间宁夏将安置劳务移民 86510 人，占移民总数的 25%。劳务移民安置模式改变了从“农民到农民”的传统安置模式，从农民直接成为市民。如果这种移民安置方式可以取得预期效果，那么劳务移民可能是一种最节约土地、效率最高的移民方式（因为城市的容纳能力要远远高于农村，而农民也可以用最短的时间实现城市化）。

然而，作为一种全新的移民安置方式，劳务移民们在安置地能否长久就业，就业后其收入能否维持生计是劳务移民能否成功的关键所在。因此，作为一种政府主导的移民安置方式，政府应在移民就业安置和社会保障等重要方面提供支持，使移民的物质生活条件能够随着社会的进步而提高。本文拟在农户生计可持续文献的基础上，从移民迁入地和迁出地两个层面，分析劳务移民方式对移民生计可能造成的影响，在此基础上探索了劳务移民生计可持续的保障机制，以期为政府顺利推进劳务移民项目提供有益的政策建议。

一　城镇化安置下劳务移民可持续生计的影响

1. 可持续生计

所谓“可持续生计”是指“某一个生计由生活所需要的能力、有形和无形资本以及活动组成。如果能够应付压力和冲击进而恢复，并且在不过度消耗其自然资源基础的同时维持或改善其能力和资本，那么该生计具有持续性”。按照英国国际发展部（The UK Department for International Development，DFID）的框架，可持续性生计框架中生计资本包括自然资本、金融资本、物质资本、人力资本和社会资本五种资本。DFID 可持续生计框架把农户看作在一个脆弱性的背景中生存或谋生；资产的状况决定于占优势的组织机构、程序规则及其变革过程，同时又决定了行为主体（农户）应对这些程序背景的能力，并影响着农户的生计策略（配置与使用资产的方式），以实现所期望的有益成果或状况，满足他们的生计目标。生态移民作为生态保护和地区发展项目（转化结构与过程范畴）可能在四个方面影响到移民的可持续生计：资产、生计产出、脆弱性、生计策略和活动。其中，前三者是状态变量，生计策略和活动是过程变量。也就是说，农户所具有的资产、生计产出、脆弱性在生态移民以前就存在一个水平，通过生态移民的实施，三者的数量和质量可能发生变化；对于生计策略和活动来说，生态移民的实施可能带来农户的观念、信息结构、可选生计途径的变化，从而农户面临现有条件将做出生计策略，并根据这些策略去实施的生计活动可能也发生变化。如果通过搬迁，移民的生计资本有效地提高，那么我们就认为移民生计具有可持续性。

2. 城镇化背景下劳务移民生计现状及存在问题

劳务移民调查地点选取宁夏惠农区银善小区和大武口沐恩新居。调查样本总量 126 户，其中惠农区银善小区 61 户，占样本总量的 48%；大武口 65 户，占样本总量的 52%。下面我们将从移民对其拥有的生计资本的感受程度（即满意度）方面反映他们的生计现状。

（1）自然资本现状及存在问题

“自然资本”是由自然资源、生命系统和生态构成的资本形式，是自然资源资本化的表现形式，可以从空气质量、生活用水设施两个方面反映。

调查显示，对空气质量“非常满意”的占样本总量的 1.6%；“满意”的占 60.3%；“一般满意”的占 21.4%；“不满意”的占 15.1%；“非常不满意”的占 1.6%。对空气质量感觉一般的和不满意的主要是因为移民迁出区属于山区，空气质量好；而迁入区因距离工业区比较近，导致空气质量相对一般，对空气感觉不好的人群老年居多，他们认为老家比迁入区的空气要好得多。调查显示，对生活用水设施“非常满意”的占样本总量的 8.7%；“满意”的占 82.5%；“一般满意”的占 6.3%；“不满意”的占 2.4%；“非常不满意”的占 0%。可见，移民对生活用水的满意度达到 91.3%。

（2）金融资本现状及存在问题

金融资本是指农户可以自主支配和筹措的资金，主要包括农业生产收入、工资性收入、转移收入、借贷款等。

调查数据显示，调查样本中有非农收入的 175 人，占家庭成员总数的 32.77%。其中从事第二产业的占非农就业人数的 11.54%；从事第三产业的占61.15%；其他占27.31%；非农就业人员开始打工年限最长57年，最短1年，平均工龄3.51年；打工途径主要是通过自主应聘和亲友介绍，占88.37%；全年平均打工200天，每天9.5个小时；工资形式以计时为主，平均每小时收入11元。

从劳务移民的贷款能力看，近5年借过钱的73户，占有效样本总量的58.87%；多数是向亲戚借钱，且86.15%借钱“不需要抵押”贷款；借钱金额最少1000元，最多250000元，平均借钱27450元；从借钱用途看，用于“生活支出”的44户，占有效样本总量的61.11%，用于“教育及其他投资”的有38户，占38.89%。没有借过钱的有效样本51个，在急需500元的情况下，认为“很容易就能借到”的31个，占有效样本总量的64.58%；认为“还可以就能借到”的15个，占31.25%；认为“不容易借到”的2个，占4.17%；在急需500—3000元钱时，其中认为“很容易就能借到”的14个，占有效样本总量的29.17%；认为“还可以就能借到”的21个，占43.75%；认为“不容易借到”的9个，占18.75%；认为“借不到”的4个，占8.33%；在急需3000元以上的情况下，其中认为“很容易就能借到”的2个，占有效样本总量的4.55%；认为“还可以就能借到”的18个，占40.91%；认为“不容易借到”的19个，占43.18%；认为“借不到”的5个，占11.36%。

劳务移民后，移民的金融资本结构发生了变化：过去占主导地位的农业生产性收入没有了，取而代之的是外出务工收入（务工收入有可能多于或少于过去的总收入，但一旦失业，务工收入将为零）；转移性收入也将随着农业生产的退出而消失；另外，由于缺乏抵押物和联户担保的基础，移民们在搬迁后也很难获得正规金融机构的资金支持。因此，劳务移民们在搬迁后可能的金融资本只有其外出务工收入及其储蓄，这将使得其收入结构相对比较脆弱。而从移民支出情况看，移民们在迁入区将面临着支出大幅度增加的状况：例如过去家庭食品消费如粮食、蔬菜和食用油等主要依靠自己生产，而现在基本上依靠市场外购；加上移民们搬进楼房后，取暖费、电费、水费、物业费、垃圾处理费、餐饮等项目支出导致生活消费支出大幅度增加，进而可能导致其金融资本的减少。

（3）物质资本现状及存在问题

物质资本是指长期存在的生产物资形式，如机器、设备、住房、家庭基本设施等。移民们迁入的多为城市、产业园区或产业基地，具备务工的基本物质条件；移民们在政府的帮助下与企业签订劳务用工合同，基本上可以保障移民的生计。除此之外，政府还免费为每户移民建设周转房一套，户均40平方米，由移民租住（无产权）。

调查显示，在126个样本中对住房条件“非常满意”的占样本总量的5.6%；“满意”的占69.8%；“一般满意”的占10.3%；“不满意”的占14.3%；“非常不满意”的为0。

调查发现，移民对住房的整体满意度达到75.4%，可接受程度达到85.7%。结合问卷访谈内容可知，对住房不满意的主要原因是房屋面积小，移民家庭人口众多，三世同堂现象普遍，居住十分拥挤；其次，部分房屋有漏雨、裂缝现象。

对家庭基本设施“非常满意”的占样本总量的1.6%；“满意”的占84.9%；“一般满意”的占12.7%；“不满意”的占0.8%；“非常不满意”的占0%。移民对现有家庭基本设施满意度达到86.5%，满意度很高，不满意占极少数，主要原因是本次调查对象是迁入一年多的移民，生活刚稳定，家里设施不完善，但仍对未来充满期待。

（4）人力资本现状及存在问题

人力资本是指通过教育、培训、保健等方式获得的、凝结在劳动者身上的技能、学识、健康状况的总和。人力资本决定着移民个体使用其他生计资本的能力和水平，是其他四种生计资本相互转化提升的关键因素。因此，劳务移民中人力资本的存量和增量尤为重要，而这也恰恰是劳务移民最薄弱的环节所在。在126户调查样本中，小学及小学以下文化程度的266人，占有效样本总量的57.58%，初中文化程度135人，占25%，高中及高中以上文化程度的87人，占12%。参加技术培训的104户，占样本总量的52.94%。从培训内容看，参加机械操作技能培训的占样本总量的43.55%，参加服务类培训的占33.87%，参加建筑类培训的占6.45%，其他占16.13%；从参加培训时间看，劳务移民参加培训的天数最多180天，最少1天，平均培训30.75天。调查数据显示，移民文化程度普遍偏低，技术培训效果差，4050名务工人员就业困难。

（5）社会资本现状及存在问题

社会资本是指社会主体（包括个人、群体、社会甚至国家）间紧密联系的状态及其特征，其表现形式有社会网络、规范、信任、权威、行动的共识以及社会道德等方面。可从社会风气、社区治安状况、关系网络和公共参与四个指标反映。

①社会风气

对迁入小区社会风气“非常满意”的占样本总量的0.8%；“满意”的占52.8%；“一般满意”的占24.8%；“不满意”的占20.8%；“非常不满意”的占0.8%。移民普遍认为迁入区的风气较好，但满意度仅为53.62%，认为有打架和赌博现象的分别占36.7%、26.8%。出现这种现象的主要原因是大部分人待业在家，没处打工，经常聚在一起玩牌，而出现个别不和谐的现象。

②社区治安状况

对小区的治安状况“非常满意”的占样本总量的0.8%；“满意”的占56.3%；“一般满意”的占10.3%；“不满意”的占20.6%；“非常不满意”的占11.9%。通过调查可知：迁入区的村子治安相对较好，有32.5%的人员反映有偷盗现象。

③关系网络

劳务移民平时交往的对象主要以自家人、亲戚和邻居为主，占有效样本总量的96%，其中交往的主要原因是亲戚之间的情谊往来、互相帮助，占有效样本总量的81.7%，其次是为了打发时间，占18.3%；在朋友交往的过程中，67.5%的移民认为人品好、性格投缘比较重要，认为能够互相帮助比较重要的占5.6%，27%的移民认为人品好、性格投缘、能够互相帮助都比较重要。

④公共参与

对于小区的公共事务，从参与集体活动情况看，小区偶尔组织集体活动的占有效样本总量的89.6%；从不组织集体活动的占10.4%，经常组织集体活动的占40.8%；其中有68.4%的人认为所组织集体活动是真心为民的，认为是应付差事的占31.6%。

二　提升劳务移民可持续生计的政策建议

1. 移民自身方面

（1）注重技能培训，提升自身素质和能力

营造移民的信息获取能力、从业技能、学习能力、沟通能力和维权能力等自我发展能力的社会氛围，是移民生计可持续发展的重中之重。政府帮扶是一种推力，是以农户自身动力为前提的，推力不能代替动力。没有内生动力的贫困是扶不起来的。在脱贫致富过程中，要让农户切实认识到，市场经济条件下，生活水平的提高，主要是自己的事情。应以积极的态度面对搬迁遭遇的困难，要在困境中看到希望，在积极配合政府实施各项措施的同时，加强自我的学习能力，提高自己的职业技能。充分利用政府给予的就业政策，大胆地尝试，发扬吃苦耐劳的精神，结合当地政府的政策和资源，合理开展养殖业、种植业等农业生产，寻求适合自身发展的方式，积极创收，为脱贫而努力。

（2）鼓励移民务工、勤劳致富，逐步消除移民“等、靠、要”思想

扶贫重扶志。通过对致富发家能手的宣传，在村民中形成主动发展的正气，政府在解决了移民群众初到搬迁地所难以克服的困难以后，要在移民村逐步取消特殊的扶持政策，恢复与川区农民同等的政策，推动移民群众提高自我发展的自觉性和主动性。

2. 政府方面

长期看，劳务移民的可持续生计需要政府从两个方面大力扶持：一个是移民就业服务体系的构建，另一个是移民社会保障体系的构建。

（1）“劳务移民无地安置”模式下移民可持续生计保障机制的构建

①构建劳务移民就业服务体系，提升移民人力资本和社会资本水平，提高其收入水平

劳务移民首先是贫困人口，因此，移民搬迁后面临的首要问题是

生存问题。在政府的安排下，这些移民可以在前期进入所在地的产业园、产业基地就业，但在现代企业制度下，企业要自负盈亏，企业效益好的时候，可以满足政府要求安排移民就业，而在企业效益不好的情况下，移民由于自身素质低于城镇居民将面临着失业的风险。因此，构建移民就业服务体系，加大移民培训力度和时间跨度，才有可能有效地解决移民就业问题。

扶持当地具有比较优势的劳动密集型产业发展。通过对全国国情和宁夏区情的调查，从顶层设计宁夏区域经济发展的主导产业和区域布局分工，在此基础上，有针对性地搬迁具备迁入地区产业发展要求的移民，从而提高劳务移民与地区产业的对接的可能性。

鼓励移民自主创业。破除移民“等、靠、要”的思想，从能力上提升移民的素质，而不是政府大包大揽。对一些人力资本较高、能力较强的移民，应在信息提供、政策审批、降低就业门槛等方面为其提供方便，鼓励其自主创业。只有树立了自力更生的信念，移民才能在遇到失业等困难的时候积极想办法，依靠自己的能力提升自己的生活水平，保证其生计的可持续发展。

培育移民迁入地社会资本。社会资本是一个地区和谐稳定的基础，因此，政府应创新社区管理方式、重建移民社区社会资本，为移民在迁入地的生产和生活提供方便。

②构建劳务移民社会保障体系，减少移民的后顾之忧

劳务移民搬迁后将面临如何保障自己及家庭的未来生活的问题，这涉及子女教育、养老、医疗、失业多个方面。

移民子女的受教育问题。选择劳务移民安置方式的多为青壮年劳动力，因此其子女在安置地的受教育问题将是劳务移民的“近忧”。为此，政府应协调迁入地教育部门，增加教育基础投入，让每一个移民子女都能享有与当地学生同等的受教育机会。

建立移民就业培训基金，促进移民技能培训长效机制的形成。移民就业是一个长期的、动态的过程，需要地方劳动部门常抓不懈地管理，也需要持续的资金支持，为此，建议在劳动管理部门设立移民就业培训基金，推动移民技能培训长效机制的构建。目前大多数国家都设有专门的国家就业财政补贴，有的国家如德国还设立专门的就业培

训基金，英国还设奖励基金专门奖励技术培训工作突出的单位。在我国正处于发展阶段、整体经费比较紧张的情况下，探索劳务移民培训基金的设立、来源、运行机制将是一个有意义的尝试。

构建移民失业、医疗、养老等社会保障体系。失业有饭吃、生病有医看、衰老有人养是每个人对未来的期望。作为贫困人口，劳务移民直接从农民转变为市民，他们失去了土地的依托，也失去了养老的保障。因此，从政府的职能出发，构建移民失业、医疗、养老等社会保障体系是政府义不容辞的责任。

（2）“劳务移民无地安置”方式下移民可持续生计保障机制的实施构想

以上我们从近期移民就业和远期移民社会保障两个方面构建了劳务移民无地安置模式下移民生计可持续保障机制的框架。我们注意到，无论采取什么样的政策，这些都离不开经费的支持和保障，而概算这些保障措施所需的资金，构建有效的政策“福利包”才能解决移民的“远忧”和“近虑”。

“福利包”的第一项内容是最低生活保障制度。相比于城镇居民，移民的收入仍然比较低、且相当部分来自非正式部门，其就业面临着很大的不确定性。因此，劳务移民的社会保障应该是移民丧失就业收入后所进行的社会救助。按照十二五宁夏生态移民规划，将有 8 万人选择劳务移民，按照户均 4 口人计，将有 2 万个家庭迁入城镇。按照每家 2 个劳动力算，将有 4 万劳动力进入当地劳动力市场。假设有 20% 的移民劳动力可能面临再就业问题，那么将有 8000 个移民需要最低生活保障救助。按照 2011 年宁夏最低生活保障标准（从 2011 年 4 月 1 日起，银川市、石嘴山市最低生活保障补助每人每月 265 元，吴忠市、固原市、中卫市每人每月 245 元；四市平均最低生活保障补助为每人每月 255 元），届时，财政每年将需要支出最低生活补助金 204 万元。

“福利包”的第二项内容是就业培训基金。前文已提及，一个劳务移民与城镇劳动力平均受教育水平之间存在着四年的差距，这四年的受教育水平差异就是移民的就业培训成本。如果按照每年每人 1000 元培训费用计，户均培训 1 人，政府需要每年为此投入 2000

万元。

"福利包"的第三项内容是保障移民子女受教育权利。按照宁夏十二五生态移民规划，劳务移民后按照户均1个学龄儿童计，届时将有2万学龄儿童进入当地的义务教育体系。假设政府需要为每个学龄儿童投入1000元，那么政府每年需要为此投入2000万元。

以上福利内容的概算资金至少每年需要4384万元，人均投入600元/年（这其中不包括政府为移民建房的一次性投入13.5亿元——政府为每户移民修建了40平方米的周转房，参照城市廉租房标准均价1690元/平方米，每套房屋造价6.75万元成本计算，此项政府需支出13.5亿元）。这样就可以基本解决劳务移民的"远忧"和"近虑"。

（作者信息：东梅，宁夏大学经济管理学院教授）

参考文献：

[1] 杨云彦、赵锋：《可持续生计分析框架下农户生计资本的调查与分析——以南水北调（中线）工程库区为例》，《农业经济问题》2009年第3期。

[2] 黎洁、李亚莉、邰秀军：《可持续生计分析框架下西部贫困退耕山区农户生计状况分析》，《中国农村观察》2009年第5期。

[3] 史俊宏：《基于PSR模型的生态移民安置区可持续发展指标体系构建及评估方法研究》，《西北人口》2010年第4期。

[4] 谢旭轩、张世秋、朱山涛：《退耕还林对农户可持续生计的影响》，《北京大学学报》2010年第3期。

“水客”与华南移民社会

——粤东客家地区的历史人类学考察

“水客”是一个特殊的又不为人们所熟知的群体，它的原意是指船夫、渔夫。“水客”一词，较早见于晋代左思《蜀都赋》中的“试水客，舣轻舟”诗句。后逐渐演变为专门到处采购货物及代人带信送款的商人。明清以后，随着大批中国人移民南洋，因沟通家乡与南洋两地联系的需要，一部分海外华侨开始替其他华侨传书信带钱款，久而久之便成为水客，直到20世纪五六十年代仍活跃在我国东南沿海省市的广大侨乡。但在不同的侨区，水客的作用与地位也各不相同。就以前广东省的四大侨区（潮汕、梅州、广府、海南地区）而言，水客在潮、梅地区最为活跃，作用也最为显著，尤其在20世纪30年代以前的兴梅客家地区，是侨汇输入的最主要渠道，为当地侨乡的社会发展作出了巨大贡献，也是华南移民社会的一个重要社会文化现象。本文试以粤东客家地区为例，对客籍水客的历史、贡献以及对客家社会变迁等方面作一粗浅论述，敬请方家指正。

由于水客不太为人们所熟悉，目前水客研究还未引起足够的重视，专门的水客研究的论著非常的少，其研究的现状远远滞后于水客的重要地位和显著作用，而且目前健在的水客与相关资料非常之少，使得水客研究变得日益迫切。然而，水客作为华侨的一部分和侨乡的一个独特现象，又是在非现代化的时代背景下的一个产物，深入研究水客，既可以重塑水客历史，展现华南乡村社会与海外华人社会的另一个侧面，从新的角度来考察、审视华侨史研究，丰富有关研究成果；又是我们理解明清以来华南社会的一个重要且又为人们所忽视的环节。水客研究还有一定的现实意义，目前广大客家地区经济尚不发达，但客家地区有着丰富的华侨资源优势，可以借鉴水客的历史经验，打好“侨牌”，吸引侨资、外资。

一　水客概况

1. 水客的产生和发展

水客是何时产生的？为何又会出现水客？饶宗颐先生在其主纂的民国《潮州志》中谈到侨批业的起源时，他说：“溯批业之起源，乃由水客递变，潮州对外交通远肇唐宋，昔年帆船渡洋，一往复辄须经岁。华侨信款率托寄于常川来往水客。其信函俗名曰批，今虽改称曰信，但侨民信款常相联寄，合信款而言称为批，其收款之人回信即名曰批。”饶先生虽然提到侨批业源自水客，然而并没有提及水客何时产生的问题。简言之，可以说水客出现于海外华人产生之后。那时由于银行业不发达，邮电往来亦不方便，在南洋谋生的广大中国人带钱、带物回家或书信往来十分困难。于是海外华人中的一些人便自愿带信带物回国，并从家乡带侨眷和亲人出国，从中获取一定数额的报酬。人们称这些人为水客，“水客”由此便应运而生。由于水客解决了海外华人社会的一大问题，因此深受广大华侨和侨眷的欢迎，一经出现，便遍布于国外各大小商埠，并成为一种专门职业。

具体而言，水客产生有两个主要因素在起作用。第一，明清以后，客家人移民海外的性质、特征，也就是因家乡生活艰难而单身过番谋生，在国外作“旅居式定居”。过番的大都是年轻男子，其父母、妻子儿女均留在国内，正如梅县客家俗语所言：“断家不断屋。”他虽然身在国外，但因其亲属不在身边，原有的家庭结构没有发生变化，因此与国内的关系十分密切。这就使得海外的客家人需要寄钱、寄物、寄信回国，以赡养家人、传递信息。第二，客家地区银行业、邮电业的严重滞后。此外，梅县交通运输业十分落后，梅县山多岭陡，荒村僻壤，地形复杂，而且托带钱物的人多、款项也琐碎，这些均对侨汇的流通、发放提出了很高要求。水客恰恰能发挥吃苦耐劳、人地熟悉等优势而胜任这一项工作。

2. 水客的身份与素质

水客本身就是华侨，海外华人移民，水客长期往返于海外与家乡，充当两地沟通信息、互通有无的使者。水客并非人人都能胜任，他需要具有一定的素质与要求。第一，他必须为人诚实可靠，有信誉，否则无人敢将钱物托付给他。这是最重要的一点。第二，要有吃苦耐劳的精神。如上所述投递的艰难以及出海的险恶，不仅要与恶劣的自然条件作斗争，还要应付复杂、动荡多变的社会环境，如抗日战争时日机轰炸等。客家地区的“过番谣”对过番的艰辛与险恶有深刻的描写，“至嘱亲友莫过番，海浪抛起高过山。晕船如同天地转，舱底相似下阴间”。第三，要有丰富的知识与阅历。水客走南闯北，不仅要对我国传统文化、伦理道德、民俗风情有较深的认识，而且也要对海外国家的历史文化、语言等有大致了解。比如，走泰国的水客要会泰国语，走印尼的要会讲印尼语，还要求对当地国的民土人情有所了解，否则一不小心触犯了其民俗习惯，可能会带来许多不便甚至是杀身之祸。

3. 水客的活动与经营方式

水客的活动，俗称走水，从时间上说，一般一年走二趟或三趟南洋，有“大帮”和“小帮”之分。出国时以农历一月、三月、五月、九月为大帮，三月、七月、十一月为小帮；回国时，则以五月、八月、十一月为大帮，二月、六月、十二月为小帮。所谓大、小帮之分，主要视水客走水时间对侨眷、华侨的作用大小而定，如五月、八月与十二月分别为中国传统三大节日端午、中秋和春节，这既是人们喜庆欢乐之时，亦正是最需要用钱之际。相比而言，一年中水客最多走三趟水，因为时间紧张，水客每次走水并非帮一两个人带钱物书信，而是要广泛收集，等积聚到一定数目才动身，而且路途遥远、险恶，回到家乡又要整理、发放东西，因此走水一趟要很长的一段时期。另外也是为了与其他水客错开时间，以免生意相冲突、撞车。从活动的地点看，水客一般多在同县、同乡、同村，甚至同姓、同族之间。例如，在粤东重点侨乡梅县南口镇，陈姓的水客多来往于印度、泰国、巴基斯坦等国家，而潘姓水客则更多地活动在印度尼西亚、马来西亚等国，这是因为该镇陈姓海外族人主要侨居于印度、泰国，而潘姓的海外族人以侨居印度尼西亚、马来西亚的为多，这使得水客活动似乎有一个潜在的势力范围。这是一种常态，但也有例外。比如梅县南口水客陈凤如在家乡陈姓与潘姓两族矛盾很深，争执械斗的情况下，也常带潘姓族人出洋，而没有引起本姓宗族的反对与不满。[1]这同时说明了水客的身份已经发生了变化，在某种意义上他已经超出了宗族与地域的圈子。

水客作为一种职业，必须有利可图，否则就没有必要，也就不可能存在这么长的时间。水客是如何赚钱，其经营方式如何？据调查，最普遍的情况是，水客帮华侨带钱物书信回国，华侨付给水客一定的茶水费与脚力钱。此外，还有几种赚钱的途径。一是靠货币异地汇兑率差价赚钱。据调查访问与官方档案记载：“水客代侨胞驳回信款，出于国际币制不同及为便利安全起见，常由南洋汇至香港后再转汇国币回梅。此向来之办法也。”水客收取华侨信款时，根据当时的汇兑率适当收高一些，到家乡发放又降低一些，这样一高一低其中就有不少利润。二是水客将侨胞托带的钱款先行挪来购买当地便宜而家乡又紧缺的“洋货”，如布匹、胡椒，然后运回家乡卖，卖完后再把钱款交还侨属。三是水客返南洋，除代侨属带信物外，还顺便将家乡的土特产如干咸菜、民间草药等带到南洋卖给华侨，从中获取一定的费用。每当侨属从水客手中拿到海外亲人寄回的钱物时，有的会拿出一小部分酬谢水客，这叫作“顺风”。由于几头得利，所以多数水客收入不菲，一待年老便回到家乡颐养晚年，买地建房，还有开店经商的，成为乡村的富庶人家。

4. 水客的组织和人数

随着水客从事人数的增加，其作用也日益显现出来，所以也引起政府当局以及民间人士的重视，因此感到有必要成立一个组织以加强管理。20 世纪 30 年代在汕头成立了南洋水客联合会，1933 年梅县成立了该组织的办事处，1950 年梅县地区的水客组织成立南洋水客公会。水客队伍逐渐壮大，经梅县侨务科查实核准营业的水客就有 530

多人，实际充当水客的人远不止此数字。核准营业的水客还须由当地政府工商侨务部门颁发“水客证”，此证即为水客之证明，如遇困难，在法令许可范围内可凭水客证请政府协助解决。此外，政府也对水客提出一些要求，比如，水客出入国均应登记，回国登记限抵本县五天内，不办理登记手续者，当按情节予以处理。由于水客这种职业所获利益较为可观，因而吸引更多人从事水客。

二　水客的作用

民国粤东客籍乡贤梁伯聪在《梅县乡土二百咏》中说：“一年大小两三帮，水客往返走海港。利便侨民兼益己，运输财币逐家乡。”表明水客主要起到一个沟通南洋与家乡的桥梁、纽带作用，互通有无，促进两地经济、文化的交流，有利于中国内地社会经济的发展繁荣和人民生活水平的提高，此为其一。其二，水客还对海外华人社会有一定作用与影响。它的出现有利于解决海外华人社会出现的一些社会问题如赌博、吸鸦片、嫖娼等，促使海外华人社会稳定繁荣、健康。概括来说，水客的作用主要体现在携带钱、物、人、信四个方面。

1. 携带钱款，即侨汇

客家地区有句俗话“番邦挣钱家乡用”，道出了客家人出海过番的目的就是挣钱养家糊口。所以钱是海外华人请水客带回的最重要的东西。一个水客每次带回的钱，多者有一两万元，少者也有六七百元。如果收取的钱款不多，通常水客可能将钱带在身上亲自带回交给侨眷；如果数额较大，则在侨居地交给某个汇兑庄、银号，由其开具一张凭证，然后在这个汇兑庄在家乡开设的分店凭证取款，这样既安全又便捷。侨汇的汇入最直接、重要的作用就是维持侨眷、侨属生活，有利于社会稳定。据民国三十年出版的《梅县要览》和《梅县概况》记载，梅县侨乡在抗日战争前后70%以上的侨眷靠华侨汇款接济。民国二十八年全县侨汇总额为5000多万元，民国二十九年达

7000 万元，而在这一时期，梅县地区侨汇的注入方式主要是水客和信局，可见水客之于客家地区人们的生活、生产乃至社会稳定有着举足轻重的影响。

2. 带人

水客带出南洋的人，从与海外华侨的关系上看，主要是其父母、妻子儿女与其他亲戚朋友等；从性别上看，有男性也有女性。为什么要强调水客带出洋去的人的性别呢？这一点很重要，特别是年轻客家女性对海外华人社会有着非常大的影响。这部分女性主要有两类人，一类是海外华侨留在国内的妻子；另一类是海外华侨请水客帮忙介绍的对象。因为早期的客家华侨多为单身独自外出，有的虽在家乡结了婚，但是单身出洋，到达侨居地后，他们夜以继日地工作，强度高、危险性大的劳作，又没有健康的娱乐环境，加上没有父母等亲人的监督，使他们逃避了传统道德标准的压力与束缚。于是在这种男性占绝大多数的社会里，女性人数的不足造成对她们的强烈需求。由于语言不通、风俗习惯不同，还有一个原因是与当地妇女通婚会延长他们的契约期限，加重负担。比如在印度尼西亚，当地资本家规定凡是与爪哇土著妇女通婚，男的要加服役二年，女的三年，通婚成了套在海外华人头上的另一层枷锁。客家籍劳工们与当地妇女通婚并不多，他们中的大部分只好去逛妓院，在那里寻找短暂的欢乐。鸦片、赌博与嫖妓使得广大海外华人变得憔悴和萎靡不振，也不再寄钱回国，成为海外华人社会的一大隐患。另外，出于对华夷通婚与文化融合的恐惧，大多数海外华人所在的宗族组织意识到，如果不阻止华人和南洋土著妇女血统的混血化的趋势，那么有关宗族组织的原则将遭到破坏，最终导致华人认同感的丧失。[2]在国内外两股力量的推动下，一大批华人妇女在水客的引导下来到南洋，与劳工们团聚或成亲，组织一个相对完整的家庭。值得注意的是，水客还带出了一大批事业有成、名气卓越的著名侨领、侨贤。如著名的锡矿大王姚德胜就是由家乡一个叫余宗仁的水客带出南洋的，然后又在一个老水客的介绍下在一家锡矿做工，并由此发家成名。前泰国客属总会理事长刘荣芳也是经水客的牵线搭桥才到达泰国，开始了新生活。

3. 带物

水客携带的物品分两种：一种是海外华侨托付带回的所谓“洋货”；另一种是国内侨眷请水客带出海外的家乡土特产。水客带回的东西主要有衣服、鞋子、帽袜、发油、文具、自行车以及白膏药、万金油、高丽参、西洋参、蛇石等。带出去的东西主要是土特产，如咸菜、柿饼、梅菜、畲坑的菊花茶、南口的黄皮豆干以及南洋紧缺且实用的布惊仁、仙人草、郑仕隆喉风散等客家中草药。这些东西既可食用或治病，又可表达分隔海内外的父子、夫妻、兄弟的思念之情，睹物如见人，思乡、思亲之情油然而生。还可分送给其他亲朋好友，并作为一种信物表明水客将所托带的钱物书信已悉数转交。所以这些水客携带的物品已远远超出了它的本身价值，表达了一种深厚的亲情与乡情。

4. 带信

书信在旧时通信不畅、交通落后的情况下，对于国内外的亲人互相了解各自的情况有着不可替代的作用。特别是在动乱年代，兵荒马乱，分隔重洋的亲人互相惦记、牵挂，有时一封信比任何金钱、物品还珍贵，真可谓是“家书抵万金”。许多海外华侨和侨眷在收到水客带来的亲人的书信后都十分激动，对水客万分感激，有的是看完水客带来的家信后而含笑离开人世的。不少客家山歌反映了水客在传递情感、交流信息中的重要性。《十望亲夫》情深意长地唱道：“五望亲夫爱发财，你要记稳妹言语。每逢水客爱搭信，见信好比见人归。”“妹送亲哥上火船，汽笛一响割心肝。下番系有水客转，搭银搭信报平安。”

三　水客与侨乡社会变迁

水客把海外的一些新奇物品、文化思想和生活习俗等带回国内，带入家乡，使得当地社会特别是侨乡社会的生活方式与社会风气发生了某种程度的变化，变得逐渐有“洋味”了，这种经水客引进的海外思想与物质实物导致了当地社会的变迁。

1. 促使新事物、新行业的出现

水客从海外带回不少新鲜东西，如吃西餐用的刀叉、手电筒、录音机、自行车等，这些东西都曾对当地产生过较大影响，有的被直接利用，有的被移作他用，其功能与含义发生了某种程度上的差异。比如自行车，较早也是由水客从海外传入。客家地区，自行车又称单车或脚踏车，骑起来既快捷省力又能载人载物，比独轮车、板车等先进了很多，是交通工具的一大进步。在客家侨乡掀起一股买自行车、学骑自行车、用自行车的风气。更重要的是，自行车改变了以往靠肩挑、脚力和独轮车、大板车运输的历史，成为新中国成立前梅县短途运输的主要工具。此外，由于不少海外华侨托水客回国帮忙物色对象的需要，照相业在侨乡社会也随之应运而生。通过一张相片，海外华侨便能看到水客为其物色的女子长相，真真切切。在这种市场需求下，不少侨乡墟市有照相店，有的甚至有两三家。

2. 扩大传统婚姻形态与社会、经济关系

客家地区传统的婚姻形式有很多，大行嫁、童养媳、等郎妹、招赘婚等。有了水客后，在某种程度上直接导致了新的婚姻形式产生。以客家地区为例，海外华侨考虑到语言、习俗等方面的相通融合，多愿意娶家乡女子为妻。于是往往会委托水客回乡帮忙物色对象，水客回乡后，便四处打听，如遇到合适的女子，将女子相片带出，待华侨觉得满意便委托水客带出南洋。有的华侨则只要女子及父母同意，不管长相、身材，则全权委托水客带出南洋成亲。这种新的婚姻形式就是“隔山娶亲”或“隔山讨”。水客业因此又相应出现了“包作媒人、包护至南洋完婚”的“喜事双包热”，水客也具有了“媒人”的特殊身份。隔山娶亲婚姻还有另一种类型，即海外华侨因考虑到自己长期在外，家中缺乏劳动力，年老的长辈无人照料，或者其田地房屋等产业无人看管，于是也托水客在家乡帮忙找一女子成亲。这种隔山娶亲，有的不举行婚礼，有的虽然举行，但由于新郎不在家，则由一

只大公鸡代替与新娘拜堂。成亲后，男方或一两年回一次，或五年、十年回一次，有的终身没有回来过，其妻子至死都没有见过丈夫一面。这种隔山娶亲的夫妻双方是有名无实，特别是对妇女摧残很大，是一种落后的婚姻习俗。正如客家山歌唱道："日头一出照四方，唐山隔番路又长。鸳鸯枕上无双对，日里盼夫夜思量。"但由于隔山娶亲所娶的女子多为穷苦人家，而男方一般付了较多聘金给女方，以后又常寄钱回来，家婆待她也好，以感情笼络她。所以有些隔山娶亲婚姻形式的婆媳关系反而较好，还有媳妇因此舍弃出洋的感人事例。

水客的出现，还促使侨乡产生了新的社会关系。在中国传统社会，族缘与婚缘的社会关系十分活跃，作用最为突出。例如，生活、生产互助方面，堂亲、宗亲、族亲居第一位，姻亲占第二位，朋友占第三位。水客出现后，侨眷与水客发展成为一种新的社会关系，并与广大侨眷、侨胞发生着密切联系，侨眷、侨胞与水客形成一个前所未有的社会圈子。

费孝通先生说："我们社会中最重要的亲属关系就是这种丢石头形成同心圆波纹的性质。以己为中心，像石子一般投入水中，和别人联系成的社会关系，不像团体中的分子一般，大家立在一个平面上，而是像水的波纹一样，一圈圈推出去，也愈推愈薄。"用"社会圈子"一词，似乎个人把所有的关系当成资源加以动员利用，不同的社会圈子或社会关系在互助中的角色、地位与作用是不同的。伴随着水客这种新的社会关系的产生，在客家侨乡又产生了新的经济关系。在传统社会中，一个人的经济圈子基本上是与社会圈子重合的。水客的出现为民间借贷等经济关系提供了另一种可能与途径，很多侨眷都曾向水客借过钱，有的则以"水客从南洋转水带钱回来"为保证，于是水客在这里又演变为一个担保或有信誉的象征符号。债主考虑到水客的身份与性质，一是有信誉，二是有一定财产，有担保的资本，因此多愿意借钱出去。正因为如此，水客在广大侨乡更赢得人们的普遍尊敬，无论男女老少均尊称水客为"某某伯""某某叔"，水客在侨乡社会具有相当好的声誉与较高的地位。后随着水客的消失，这种伴随水客而生的社会关系和经济关系也随之消失了。

3. 社会风气的变异

由于长期耳闻目睹，很多人心目中尤其是青少年自小就对南洋心怀向往，因而在侨乡社会形成了“男子一长到十七八岁就走南洋”的社会风气。在客家侨乡地区，很多家庭都仅留下一个儿子守家，其余的随父出洋。不少客家女子也因贪图海外的安逸快活，多愿意嫁南洋客，结果一些不法之徒利用人们的这个出洋的迫切心理，以出洋为诱饵欺诱、拐骗客家女子。此风愈演愈烈，引起政府的高度重视，并张贴公示，提醒国人不要受骗上当。据《民锋报》1942 年 6 月 1 日报道：“嫁女出境宜慎：松口女多慕虚荣外嫁南洋客，此路因抗战而阻，一些二三十岁待嫁女被一些无业游民甜言蜜语，以国币三千元，名为纳妾，实为转卖河源、惠州、江西等地。”又如蕉岭县旧时有水客四五十人，汇兑庄一二十家，这些水客和旧式钱庄在侨汇输入、沟通侨情等方面起了重要作用，对当地社会风气带来了一定影响与冲击。据 1950 年 10 月 7 日《兴梅日报》载：“蕉岭各圩镇农村，人民币已大量流通。五六年来蕉城与新铺镇一般群众，多以港币、大洋、米粮作为交易的工具。现在已大大扭转这种轻币的思想，渐渐使人民币成为城乡交易的主要媒介。”此外，水客还引起客家侨乡社会风气的奢靡、铺张。不少侨眷侨属不事劳作，养婢女、雇长工，全家人以“打麻雀”赌博过日子，贪图享乐，尽情挥霍，十分逍遥自在。

4. 侨乡社会经济的晴雨表

抗日战争前的客家侨乡地区经济主要来源于南洋华侨之侨汇，而侨汇如何回国，皆赖水客之力也。在客家重点侨乡之一的松口，南洋未通以前，人们无事可做，衣粗食粝，且常有不得食者，足见其经济之艰难。后海禁大开，人们相率以趋南洋，每年由水客带回巨额侨汇。松口之民遂皆熙熙攘攘，生活奢华，且以地方殷富，闻名于岭东。其富者建居室，辟园圃，动以十万八万元；其次修房屋，营坟墓，亦动以三千五千元计。其他如做生日、捐功名、娶媳妇、做福首，踵事增华，恣情挥霍，为数不胜其数。其风气之流弊，导致抗战爆发后侨汇受阻，但松口人衣食之费，应酬之礼，媚神之举，装饰之物，不特不加节省，反日见奢华。[3] 水客和侨汇还关系到客家侨乡社会的市场繁荣、经济活跃，例如一到年关，如遇水客汇款未到，则市面冷淡萧条；若水客与侨汇一到，则市场顿形活跃，各行各业均呈兴旺之势。因为有侨汇之注入，客家侨乡地区“虽生产无多，而于货财之集散，及消费额则颇大，金融周转亦极多活跃”，“各侨乡因侨胞之众多，侨汇之殷繁，故汇兑商店亦复不少”，当时在梅县设银庄经营汇兑业的有大生庄、永德庄、陈富源、商业庄等。因水客与侨汇而随之带来一系列的社会问题，如松口春节以来，因侨汇涌到，部分不法商人便乘机操纵，暗中买通黄金银圆，影响市场动乱。侨汇注入正常则可，倘若侨汇一旦中断，则侨乡人民生活无着，小孩无法上学，初则游手好闲，继而群集为窃，成为社会一大公害。[4]

（作者信息：周建新，深圳大学文化产业研究院
执行副院长、教授、博士）

注 释

［1］谭伟伦、房学嘉：《粤东三州村落文化》，香港中文大学出版社 2002 年版，第 11 页。

［2］颜清湟：《新马华人社会史》，中国华侨出版公司 1991 年版，第 205 页。

［3］柢园：《松口经济恐慌之原因及其救济方法》，《松声杂志》1926 年第 2 期。

［4］周建新：《民间文化与乡土社会：粤东梅县五大墟镇考察研究》，花城出版社 2002 年版，第 25 页。

挑盐客：赣闽粤边区移民文化网络中的职业群体

赣闽粤边区盐粮古道的开辟使粤盐北输和赣粮南运成为可能，这些古道形成了地区间互通有无的商贸网络与移民纽带。由此形成了区域性经济民俗系统，在赣闽粤地区产生了大量以挑运盐粮为职业的人——“挑盐客”（也叫“挑盐工”或“挑客”）；他们在粤盐赣粮间的交易和运输过程中形成了独特的盐粮文化。

一　挑盐客、盐粮古道与区域移民文化网络

1. 挑盐客概况

赣闽粤边区挑盐客的产生与发展源于商道的开辟。众所周知，自唐朝张九龄首开大庾岭商道以来，赣南在南北交通及经济文化交流中的重要地位日益突出。其处于沟通南北交通的大庾岭的北端，是岭南与北方进行物资交流和人员往来的重要通道，岭南钱粮、香药的上供，都是由大庾岭商道进入南安军、虔州，然后通过赣江、长江、大运河，最后输送至都城。当时赣、粤间产品交换的最重要和最大宗的物质，莫过于广盐。[1]根据文献与现有研究成果可知，至少在北宋初，赣民利用秋、冬田事间歇期“资盐于广”已经成为习惯和传统，南宋后期甚至一度曾出现“岁秒空聚落”和“动以千百为群”，结伙相伴往返赣、广间贩盐的盛况。这些庞大的盐子群商，逐步在赣、粤、闽间开创出以赣南为中心的两条主要的私盐运输路线：一条是赣州、汀州与循、梅州交界处，转运惠州盐、潮州盐；另一条是南安军与南

雄州交界处，即通过大庾岭商道转运经南雄州陆运的广州盐。于是以挑担运输食盐为职业的挑盐客应运而生，他们活动于赣南、粤东地区的交通要道上。

挑盐客的身份多种多样，按照工作时间划分可分为：长期挑盐客和兼职挑盐客。按照工作性质划分可分为：挑担工和小盐商。按照性别划分可分为：男性挑客工和挑盐妇。“女劳男逸”的客家社会，造就了客家妇女勤劳、坚韧的精神。粤东客家挑盐妇本身就是居住在粤东地区，长期往返赣南与粤东，充当运盐运粮工作的挑工。她们多为已婚妇人，家境较贫或男性出外务工，家中需要经济来源。

挑盐客的工作并非人人都能胜任，因此只有具备了一定的素质与要求才能担当这项任务。相较而言女性挑盐客显得更加不易。第一，要有过人的胆识和吃苦耐劳的精神。首先，赣闽粤边区盗贼较多，往往要有过人胆量应对突如其来的事件。“两广素称多盗，兵戈不息，供馈实繁，其饷用之资，类取给于盐利之税，皆榷纳于桥关。粤东负海滨，山盗会诸匪，甲于他省，公用以缉匪为大宗。”其次，过重的货物是挑盐客所面临的问题，客家山歌就提到过：“见妹扁担百二三，阿哥心头着下惊。心想同你伐多少，又见人多唔敢声。”[2]最后，恶劣的自然环境，复杂的社会环境都是其必须面对的。第二，较为紧密的联系网。粤盐赣销，赣粮粤卖需要其有紧密的联系网，才能够获得当地相关的售卖信息，从而获得更好的报酬。第三，熟悉当地文化。例如赣南地区的语言，因此在挑运过程中需要逐步掌握所途经地区的语言与风土民情。

挑盐客的工作，从时间上看，一般都是 15 天左右，前后参加有上千人。他们成群结队地一起将食盐运送至赣南。挑盐工的收入来源主要为：第一，雇主支付。《兴宁县志》记载：“自乐昌运至田头水脚银五钱二分。”[3]“平远县，本县食盐自广济桥过关，载至三河，在县贸易者，雇民船载至坝头，另募夫挑运发卖其坐派解京盐钞银，除拨镇平外，三十五两九钱两分六口零。丑口原系潮府广济桥盐利代纳千，天启二年口届奉。”[4]粤东地区的县志均有相关脚夫、挑担工工钱的记载。第二，粤盐入赣。兴宁向食潮州广济桥盐饷无定额，康熙三十三年桥商按县泒引，始定兴宁额引三万一千九百九十五道零，饷银一万一千二百七十七两零，时江西负贩肩挑者多集与宁桥商，见兴宁能销盐，遂执成说以定额盐课，遂浮于正供矣。[5]南乡人和埠忍废县民仍旧自赴广东乐昌县西河埠贩肩运回便民卖食。[6]第三，赣粮入粤。粤东挑盐客的经济收入来源渠道主要是雇主支付、贩卖食盐以及带粮入粤。这样，促使盐粮文化发展的国家政策、劳动力来源以及商贸交换机制得到了各方面的确认。

2. 粤赣盐粮古道与挑盐客职业山歌的产生

（1）大庾岭商路——梅关古道

在江西和广东交界的崇山峻岭之中，蜿蜒着一条古道，鹅卵青石铺路，两旁或灌木野花突兀，或林荫夹道掩映，古朴而陆离，沧桑而厚重，这就是曾经在历史上起过重要作用的大庾岭商路，今人称为梅关古道。

大庾岭，位于粤赣边界，距江西赣州府大庾县城12公里，距广东南雄县城30公里，自唐代张九龄开凿以来，到五口通商前，一直是中原与广东乃至海外商贸的两条主要商路之一。“元明清三代，纵贯中国南北的大道，无过于此。”万历二十三年（1595），意大利传教士利玛窦，由广东进入江西旅行时，曾经这样描述过大庾岭商路的盛况：“翻山的道路也许是全国最有名的山路”，“许多省份的大量商货抵达这里，越山南运；同样地，也从另一侧越过山岭，运往相反的方向，旅客骑马或者乘轿越岭，商货则用驮兽或挑夫运送，他们好像不计其数”。清人认为闽粤交往有三条大的通道：“省之南顾，则赣州为一省咽喉，而独当闽粤之冲，其出入之路有三：由惠州南雄者，则以南安大庾岭为出入；由潮州者，则以会昌筠门岭为出入；由福建汀州者，则以瑞金隘口为出入。”史载：“雍正五年丁未，潮州米贵，每日千余人在筠门岭及周田墟搬运，本邑米复大贵”，“乾隆六十年乙卯四月间闽广搬运，米价腾昂，每升六十文”，地方官因此把米贵归之于“接壤闽粤两省，运去米谷甚多，以致本地米缺价贵”，赣南则从广东运进食盐，清代赣南大部分时间食广盐，据文献记载，至少在北宋初，庞大的私盐商贩逐步在赣、粤、闽间开创出以赣南为中心的两条主要的私盐运输路线：一条是赣州、汀州与循、梅州交界处，转运惠州盐、潮州盐；另一条是南安军与南雄州交界处，即通过大庾岭商道转运经南雄州陆运的广州盐。

南宋以后，中国商品经济活跃，作为南北物质交流重要通道的梅岭，开始出现更多商人的身影。明人形容梅岭商道的繁华景象说："商贾如云，货物如雨，万足践履，冬无寒土。"万历年间，著名的传教士利玛窦越过大庾岭时，亲睹梅岭繁忙景象，记述说："旅客骑马或者乘轿越岭，商货用驮兽或挑夫运送，他们好像是不计其数，队伍每天不绝于途。"众多的商旅为大庾岭两边的大余县和南雄县提供了巨大的就业机会。可以肯定，大余和南雄至少从明代，甚至更早就有一支训练有素的"路夫""担夫"队伍，他们负责为过往商旅提供运输服务，吃苦耐劳，数量庞大，有近十万之众。明代两边的路夫为了争夺生意，经常械斗，"杀伤狼藉"，后来南安和南雄知府商议在距南雄 70 里处设立关口，双方货物在此地"博换"，也就是相互交换，各取所酬，并刻石定制，从此双方相安无事。

清政府实行闭关锁国政策，乾隆二十二年（1757），规定广州"一口通商"，外国商船只能至广州港停泊交易，梅岭更为重要，商业更为繁荣。梅岭古道一路店铺林立，据说下雨天不带伞，可走几公里而身上不会淋湿。梅岭古道已完全是一条繁华的商道，如今的梅岭，尽管没有了两边络绎不绝的店铺和房舍，也没有了来来往往的商旅，但是天高岭峭，点缀着夫人庙、六祖寺、望梅亭等古迹，让人发思古之幽情。梅花尽开，古道幽深，成了游客向往的旅游胜地，也一直见证着盐业古道的悠久历史。

（2）玉水古村道与挑工山歌

玉水古村位于梅县城东镇梅城东北部。客家挑盐客的运盐队伍多途经此地。据史料记载，明末至民国数百年来，粤东客家地区盐丰粮缺，江西多粮少盐，粤赣两地商人纷纷前往产地贩运盐粮。由于彼时粤赣两地交通不便，大山横亘，水路不通，两省通商多走山路，货物由劳力肩挑肩负，挑盐大军悄然涌现。粤赣两地客家人，用自己的脚步和肩膀，挥洒着汗水，开辟了这段近 200 公里长的盐粮贸易古道。这段粤赣盐商古道的起点在潮汕地区，当地海盐走水路逆韩江而上，运至大埔三河坝后转从梅江而上，至梅县东山码头后，改为陆路由挑夫肩挑北上，从玉水村经梅县大坪、平远石正进入江西流车、寻乌，至江西筠门岭后进会昌县城为终点，全程约230公里。挑担人的艰辛换来了“粤盐赣销，赣粮粤卖”的现象，从而催生了粤赣盐商古道。

在客家地区，流传着这样一首山歌：“挑担阿妹苦难言，一步唔得一步前，挑得重来挑唔起，挑得轻来又没钱。”这首山歌透露了另一史实——盐商古道上挑担者大多为客家妇女。当时客家地区教育普及较好，男性多为读书人，少从事体力劳动；另外，梅州是侨乡，当时男性多结伴到南洋打工，只有妇女和老幼在家，为了维持生计，客家妇女就选择了挑盐这个副业。她们一般从梅州各地盐仓每人挑盐100斤左右，二三十人结伴而行，风雨无阻，沿着岖崎曲折的山道往江西方向慢慢前进，每天走30—40公里。为了安全，她们一般天亮便出发，下午4时便找沿途驿站歇息。彼时，挑盐成了许多客家人最大的副业，亦是一个家庭重要的收入来源。由于货币交易不发达，挑担者很少领工钱，大部分妇女选择要米。据史料记载，抗日战争时期，梅县还活跃着一支妇女挑担大军。因日寇的严密封锁，粤赣及西南诸省的食盐，曾一度依赖闽南沿海供给，内销的千百万斤盐大部分依靠粤赣边区客家妇女人力运输；从闽粤交界的韶安、黄岗、饶平、高陂沿韩江、梅江而上，再经盐商古道进入江西，每天有成千上万的妇女，成群地搬运盐，一担一担越过高山峻岭，一站一站地接过去。由于客家挑盐客队伍的不断扩大，古盐道上的“盐”文化也逐渐变得浓厚，建立了许多驿站与盐业当铺。

1949年之后，伴随交通逐渐完善，挑盐客逐渐淡出人们的视野。走的人少了，路也就慢慢消失了。曾经深深印着客家妇女脚印的小道，被苔藓覆盖，渐渐沉睡。近年来，这段沉睡了几十年的盐商古道开始苏醒。在古村落保护和开发声高涨的今天，与其他地区的很多古村落一样，玉水古村逐渐恢复生机，先后获得广东“古村落”“中国传统村落”的称号。2009年5月，玉水村进行旅游开发规划，打造客家古村观光休闲文化旅游区和客家乡村生态休闲旅游区。对于生活于现代化的人而言，这段蕴藏着粤赣生命线，融客家人亲情血泪史的盐商古道，变成了对先辈的纪念，也是对未来生活的一种警醒，因而焕发出独特的魅力。

二 挑盐客与赣粤盐粮文化传承

赣粤盐粮的流通，不仅仅为赣南地区供给食盐，也促成了赣闽粤经济区的形成。同时粤东挑盐客的大量存在也为粤盐业文化的传承作出了突出的贡献。主要表现在：

1. 盐业山歌与故事的流传

客家人爱唱山歌，粤东客家挑盐客很好地发扬了这一传统。在运输粤盐的过程中，也积极展示其卓越的歌唱才华，留下了许多流传广泛的关于挑盐人生活的山歌，传承了盐业文化。例如上文所提及的“见妹扁担百二三，阿哥心头着下惊。心想同你伐多少，又见人多唔敢声。山歌又好声又靓，画眉难比妹歌声。上岗过坳唱一首，百斤担子也嫌轻”。“一条担竿肉软软，对面来个涯心肝。身上衣衫涯做个，纽扣系涯亲手安。”另外，黄火兴编著的《梅水风光》记载：

> 旧时，梅县某地有个女山歌手，很会打情打景唱山歌，1943年闹饥荒，为生活所迫为盐商老板挑盐担上江西。此歌手人性温驯，且有几分姿色，但为人慎重，故虽然善歌而不随意出口。盐商老板闻说她是一个歌手，但从来没有听她唱过一首山歌，有意试试。有一天歇宿至江西筠门岭某旅店，盐商老板知道这个歌手正在这里，便过来相访，请她唱条山歌听听，她想了好久才笑道：“老板，我若唱出一条山歌来，你有何打赏?!”老板道：“你若能打情打景，唱一首山歌，脚钱加一倍!”歌手道：“好!要说话算数!”老板道：“我们都是乡亲，难道还不讲信义吗?”于是，歌手随口唱道：“老板讲话也内行，知得盐担几斤两。知得脚子几辛苦，唱条山歌有打帮。”老板一听，眉开眼笑。便道：“做得，确实名不虚传！请你再唱一首，要说明挑盐担的苦处。”女歌手随口道：“好!”一首山歌又唱出来：“讲着凄凉涯最凄凉，担竿络索准眠床。人人问涯样般睡，牙牙呲呲到天光!”大

家一听都拍手叫好。老板不敢食言，结果以两倍工钱算给了她。[7]

粤东地区盐业山歌记录了客家挑盐客的真实生活，丰富了客家挑盐客的日常生活的同时，也使得一大批盐业纪实的资料流传于世，丰富了粤东盐业文化。挑盐工的队伍之中，不乏客家妇女的身影。在“女劳男逸”的客家社会里，挑盐妇承担起了养家糊口的重任。“挑担阿妹苦难言，一步唔得一步前，挑得重来挑唔起，挑得轻来又没钱。”一首在客家地区广为流传的山歌展现出了客家挑盐客的心声。近年来，大量的客家山歌作品皆以客家挑盐客为题材，讲述其辛苦工作的事实。他们为盐业的运输以及粤盐文化的传承作出了很大的贡献。

除此之外，还有很多歌谣作品也传承着盐业文化，如粤东明代人江振沛身为东莞沙井人（现在深圳宝安福永镇沙井村），有感于盐丁的苦难生活，创作了《鹾海谣歌》[8]：

遐陬赤子难衣食，砍山煮海劳筋力，煎熬辛苦无奈何，彼思出作而入息，场予逃亡取疲偿，县当里甲纳秋粮，饥寒切骨难怜悯，憔悴一身当县场，夫妻劳勩生息少，刑枯精耗多殇火，聚领惟拒足额求，催科正巧多流殍，岂知水接东西江，则坏国初赋有常，一丁岁办二小引，户有三丁共贴帮，条科罪犯煎盐律，役满宁家应计日，盐丁生本是平民，终日煎办无优恤，县籍秋粮科灶田，场单据亩又税盐，灶盐两税丁重役，例免徭差杂泛编，困穷救死常不赡，重敛横差欺莫办，累朝恩例付空言，吏缘为奸遂成渐，逼迫纷更损大和。忽惊地底出只鹅，奸雄相率偷生汁，岁岁汉池频弄戈，廉明赖有东湖老，援拯深恩同再造，类编恩例恤盐丁，玩法群奸尽除扫，天假临场鲜待御，痛察盐丁发深虑，奏将盐引减价银，焦枯重喜逢甘两，余生复逢林宪佥，职司盐法重垂怜，摅总再为医民瘼，奏疏详明达席前，聪明览奏应矜惕，轸念舆情生感情。钦承真切转鹾司，务令残喘除心匿，奈何行法遇非人，自叹盐丁生不辰，户口伪增为足额，混差民灶不相分，重磨叠窖火消索，悍差催盐如虎恶，冻雀何心恋纥于，愤飞都向生处乐，逃移接踵嗟时变，势若千钧悬一线，比邻无复报晨鸡，荒林每见巢春燕，严霜凛冽转阳春，玉烛春台郑父心，洞焰间阖回死力，讴歌从此遇呻吟，肺肝铭缕恩公德，入观枫宸应指曰，心悬烛影逐只旌，口碑鹾海千秋勒，愿公报政早迁乔，薇垣亟返使星轺，甘霖大沛苏群稿，试采重生赤字谣。

此外，一些诗词作品也记载了煎盐灶户的艰苦生活，如《盐丁叹》：[9]

煎盐苦、煎盐苦，煎盐日日遇阴雨。爬碱打草向锅烧，点散无成孤积卤。旧时叔伯十余家，今日逃亡三四五。晒盐苦、晒盐苦，皮毛落尽空遗股。晒盐只望济吾贫，谁知抽笄无虚土！年年医得他人疮，心头肉尽应无补。公婆枵腹缺常餐，儿女全身无全缕。场役沿例不复怜，世间谁念盐丁苦？盐丁苦、盐丁苦，盐丁苦事应难数。豪商得课醉且歌，总催得钱歌且舞。盐丁苦状类圈羊，群恶宣骄猛如虎。何时天悯涸辙鱼，清波一挽沧溟溥！

灶户生活如此之悲惨，所以当时灶户逃亡的现象就如同军户逃亡一样，成为必然的趋势。灶民养计无生，在逃亡的过程中挺身为盗的困苦情形，又再次出现了。

2. 盐烹传播与粤赣盐粮文化网络

随着粤东盐业的发展，对盐烹文化的传播也起了一定作用。在原始社会，随着石器、陶器和铜器等烹制工具的相继出现和使用，原始烹饪方式不断优化，特别是“煮海为盐”的出现和酿酒术发明后，原始烹饪进入了新的发展时期。夏商周时期，中原乃至中国饮食文化进入初步形成时期。烹饪的基本套路和基本章法也开始形成。这一时期的粮食作物主要有所谓“五谷”（稷、黍、麦、稻、菽）和粟等；调味品主要有所谓五味（盐、米酒、米醋、饴糖、姜）和椒（花椒）等。客家人烹制菜肴，除了善用其他菜系常用的水烹、油烹、汽烹、火烹外，还精于古老的石烹，并首创了盐烹。东江盐焗鸡就是采用盐烹的一道客家名菜。

烹制盐焗鸡兴起于粤东客家地区，与赣闽粤边区食盐流通有直接关系。南宋以前，闽西、赣南人的食盐，都由福州、漳州陆运而来，号称“福盐”。运盐山道漫长崎岖，运盐人肩挑手提，费时费力，食盐价格自然昂贵。这一状况引起了一个关切民生的长汀知县、著名法医学家宋慈（1186—1249 年）的高度关注。他亲自走访民间，开展市场调研，发现广东潮州海盐丰富，而从潮州溯韩江、汀江水路运食盐来内地出售，其销售成本将大大降低，销售价格自然要便宜很多。于是，宋慈以知县名义呈请改运福盐为潮盐，并开辟了一条从潮州经韩江至梅州，再由梅州经汀江至汀州，由汀州至赣州的新盐道。此道一开，赣闽粤客家地区盐业勃兴，盐道沿途“盐馆”林立，特别是东江地区，因盐业经济发达而带动的其他商品贸易也日趋繁荣。东江客家人就是在这种大的历史背景下发明了盐焗鸡的。

正宗东江盐焗鸡采用东江地区特产“土项鸡”（又称三黄鸡）为原料。所谓项鸡，指的是下过蛋的母鸡。将项鸡杀好、洗净后，在鸡身内外擦遍盐和酒，稍晾干，再用荷叶或香蕉叶包好，外裹上一层毛边纸。然后将适量的盐炒热至暗红色，把包好的鸡埋至盐中，盖紧锅盖，用微火使锅内的盐保持一定的温度焗鸡。焗鸡时间视盐的多少和灶火的大小而定，因此，盐焗鸡的火候掌握甚为关键。火候不到开包，需要再焗；火候过头，肉质老化，其风味自然逊色许多。有经验的师傅往往凭感觉一次开包成功。恰到好处的盐焗鸡是皮脆肉嫩，风味独特。

关注客家饮食文化的一位日本学者曾于 1979 年在广州拜访了全市唯一的客家菜馆——东江饭店。来自东江地区兴宁县的该饭店主人介绍，饭店开办于 1946 年，原名为宁昌饭店，因长期坚持经营东江客家特色菜而享誉广州市，后来干脆改名为东江饭店。30 多年来，饭店烹制的菜肴能代表东江客家菜的特色和制作水平。其中，为顾客普遍认可和称道的有十道名菜：盐焗鸡、梅菜扣肉、酿豆腐、八宝福全鸭、上汤牛丸、炸肉卷、糟汁咸鱼、东江园蹄、七彩什锦煲、红烧海参。同年，该日本学者到梅县实地调研，抄录民间宴席菜单，名列榜首的也是东江盐焗鸡。可见，盐焗鸡在东江客家地区的名菜地位。作为此区域文化的代表，地方的饮食文化也见证了粤东盐粮流通的这段经济历史。

赣闽粤边区盐粮古道系统作为沟通岭东和赣南的重要经济通道在渐次开通之后，当地的客家人民中也随此过程产生了一个独特的职业——挑盐客。其中，相当一部分为女挑客。她们为了家庭的温饱而肩挑盐粮奔疲于粤赣两地的山道之上；在此过程中甚至有许多人付出了生命。正是有了这样的货品交换和联系来往两地人民的道路网络后，极具地方特色的粤东客家盐粮挑工文化也逐渐发展起来，并成为地方文化的重要代表。将挑盐客特有的职业山歌和盐烹制食纳入区域性经济民俗系统的视阈，可以从宏观和微观两个方面更深入地、更系统性地理解地方性知识与文化。

（作者信息：周琍，深圳大学学报编辑部教授）

注　释

[1] 郭秋兰：《宋代赣南盐子狱的地域社会背景分析》，《历史文献研究》第30辑，第94—101页。

[2] 黄火兴：《梅水风光》，广东音像出版社2005年版，第63页。

[3]（清）郭树馨、刘锡九等纂修：《兴宁县志》，光绪元年刊本，第606页。

[4] 故宫博物院编：《广东府州县志——嘉应州志》，乾隆十五年镌，第471页。

[5] 黄火兴：《梅水风光》，广东音像出版社2005年版，第63页。

[6]（明）江振沛：《嵯海谣歌》，康熙《新安县志》卷十二《艺文志》，第85—86页。

[7] 故宫博物院编：《广东府州县志——嘉应州志》，乾隆十五年镌，第384页。

[8]（清）郭树馨、刘锡九等纂修：《兴宁县志》，光绪元年刊本，第602页。

[9]（明）曼叟：《盐丁叹》，康熙《新安县志》卷十二《艺文志》，第87页。

香港社会道德文化建设的分析与展望

一

“原田每每，舍其旧而新是谋。”正是回归后港人的现实道德文化建设问题和对其未来可能之前途的强烈关注，成为本文写作的问题意识。当下香港尽管从主权意义上已彻底完成了从英国殖民统治向“一国两制、港人治港、高度自治”的伟大历史转折，但以我国本土价值标准，而非西方价值标准为取向的道德文化建设却还在路上，且任重而道远。原因在于：回归前，香港作为一个以华人为主的移民社会，尽管中国传统文化对港人有较大影响，但“在中国传统与西方两种文化、两种价值观念的碰撞中，由于中国文化纯粹由民间自发保留，西方文化与价值观念则是由政府全方位推动，经过100多年努力，西方文化与价值观念显然取得了胜利，占据了上风”。回归后，由于“在国际范围内，社会主义国家被认为落后于资本主义国家……港人对于‘一国两制’的信心始终不足。因此，回归后中国内地在价值观念上要影响香港人也不容易，阻力非常大，在香港仍然是西方价值观念及‘两制’观念占上风”。[1]因此，如何从中华民族伟大复兴与香港未来发展趋势的双重视野来把捉住回归后港人道德文化建设这一历史命题的内在逻辑与可能之向度，这是关涉现时代所有港人“安身立命”的身份识别与价值认同的关键问题。

现代新儒家唐君毅先生在其文化哲学著作《人文精神之重建》中提道：“本书杂论中西之文化思想，总不免挂一漏万。但是中心思想，则依于人当是人、中国人当是中国人、现代世界的中国人亦当是现代世界的中国人之信念。”[2]唐先生从人的角度探究现时代中国人“应当如何”的问题，即当代中国人该如何在传统道德与现代伦理中进行承接与转换，在道德上有生活根基地而不是概念式地赶上时代的步伐与节奏。唐君毅先生从道德层面对当代中国人“应当如何”问题的思考，为香港主权回归后探究港人如何进行身份识别与道德认同提供了致思方向。按唐君毅先生的逻辑，香港回归后，港人面临的终极命题在于：从伦理道德层面确立“现代中国香港人”这一伦理价值主体身份。换言之，港人必须在殖民文化与后殖民文化、西方文化与中国本土文化之间的历史博弈中开辟出一条适合香港自身道德文化重建的现代化新路，从而历史性完成“现代中国香港人”的伦理价值主体构建。

哈贝马斯说得好：“为了从理论工作中得到一些东西，人们首先必须做一些为理论而理论的工作。”[3]看来，为了能够从理论工作中获得某种收获，对回归后香港道德文化重构问题进行一些理论研究是必要的。人们必须看到，香港回归后，法学界、政治学界、经济学界等领域的专家学者对香港问题关注较多，也取得了较多的研究成果。遗憾的是，目前伦理学界对回归后香港道德文化的理论研究现状与港人的道德文化实际需求之间产生了时代差。今日之香港，正经历着全方位“结束过去，开辟未来”的伟大变革。随着英国殖民统治在香港的终结，以宗主国为价值取向的殖民道德文化对于确立“现代中国香港人”的主体身份无疑丧失历史与现实双重合法性，由此必然导致港人道德生活世界和伦理观念世界处于两不着边的困境之中：一方面，能够适应于“现代中国香港人”的普遍的道德规范尚未建立；另一方面，殖民道德业已连根拔起，必然遭遇边缘化的命运。仔细打量不难发现，自香港回归后，香港人的道德精神生活就一直处于游离不定状态。因此，如何从道德制高点上确立“现代中国香港人”的道德文化自信？当今香港道德文化建设“如何是路，如何不是路”便成为紧迫的实践性课题。

二

回归后，香港出现了一系列社会动荡，甚至社会撕裂的事件，从表面上看，是围绕“一国”与“两制”展开的政治论争，但从根上看，实则是围绕中西两种道德文化而展开的价值博弈。笔者以为，从伦理道德层面判断，香港社会当前（甚至可能延续一段历史时期）正在发生的一切用一句话概括就是：香港回归后，由于中西方两种伦理价值体系在香港社会的共同存在，且相互竞争博弈，导致香港不同社会阶层与不同社会群体在竞争性的中西伦理价值体系中进行艰难抉择，从而引发了全社会在道德文化方面的系统性冲突。可见，正确理解和准确把握当前香港社会伦理价值体系，这既是重建香港社会道德文化的历史前提，也是现实需要。

在重建香港社会道德文化的过程中，鉴于目前西方伦理价值体系在香港社会依然占据主导地位这一客观现实，有必要对西方伦理价值体系在香港社会中的地位与作用进行纲要式的价值评估。

当前，西方伦理价值体系之所以在香港社会占据主导地位，背后的深层逻辑在于：西方伦理价值体系优于中国本土伦理价值体系，而此种“优于”则建立在西方社会历史进程进步于中国社会历史进程。在此方面，黑格尔算得上第一个在哲学上最系统、最精致地把人类历史描写为一个“进步”过程的人。马克思称颂道：“黑格尔第一次——这是他的巨大的功绩——把整个自然的、历史的和精神的世界描写为一个过程，即把它描写为处于不断的运动、变化、转变和发展中，并企图揭示这种运动和发展的内在联系。”[4]接着，有孔德的三段式社会进化论，把人类历史分为神学、玄学、实证三个阶段。1859年达尔文发表《物种起源》，达尔文的生物进化论给此前已存在的社会进化论以空前的推动。斯宾塞先后于1857年发表《论进步》，1864年发表《生物学原理》，把生物进化论引入社会进化论，认为人类社会与生物界一样“物竞天择，适者生存”。1877年又有摩尔根发表《古代社会》，提出以“技术”为衡量标准的三段式社会进化论，将人类社会分为野蛮、蒙昧、文明三个阶段。

事实果真如此吗？其实，就整个人类历史进程来说，社会进化论已经越来越证明其对社会发展进程缺乏足够的解释力，西方文明中心论也越来越显示出其狂妄与霸道。著名哲学家罗素曾说过："就我们现在的知识来看，从进化论中根本不可能正确地推导出乐观主义哲学来。"社会变迁理论大师吉登斯也多次声称要与社会进化论彻底决裂，并说道："猎犬号的航行标志着将西方人带向与形形色色的异域文化发生接触的征程。西方人将这些文化分门别类，都归入一个无所不包的图式之中，西方在这个图式之中自然是位于发展的顶峰。进化论图式今天尚无摆脱这种种族中心主义的迹象。在西方的社会科学中，你上哪儿能找到一种分析图式，将传统印度或古代中国看作是一个最高的发展阶段？抑或就此而言，把现代印度或现代中国视为最先进的社会？"[5]

纵观上述西方各种版本的进步论或社会进化论，可以总结出其中的两个共同性的东西。一是社会变迁过程中的"时间直线性"。其实，在人类大部分文化形态中，人们对时间的感知，更多是循环式的，以自然昼夜季节的周期变换为基础。而社会进步论是一种直线型时间观，把人类社会丰富的社会历史形态归纳到一条时间的直线上，实际上是西方现代人企图把握时间、掌控"历史"的一种人为抽象；二是人类同一的世界主义。社会进步论基于一种不分种族、作为同一整体的"人类"概念：全人类的社会都将普遍必然经历这种"进步"或"社会进化"。就是说，人类无论种族、地理、历史和文化，都具有同一的理性，同一的善恶美丑标准，同一的物质和精神文化要求，都将经历同一的"历史规律"，于是导向一种世界主义。以上两方面的共同性归结到一点就是：主张人类社会变迁方面的"西方文化中心主义"。因为所有上述社会进化论都是以欧洲当时的"文明"为标准去衡量其他社会。所以，社会进步论其实只是一种西方中心的世界主义。

1840年鸦片战争后，中国国门洞开，中西方文化发生激烈碰撞与冲突。基于中国沦为半殖民地半封建社会的历史事实，西方文明比中华文明优越与先进一跃而成为国民的主导性意识。因此，自一百多年前严复翻译的《天演论》将西方社会进化论传入我国的那一天起，社会进化论立刻就成为一代代中国人主导的社会历史观和思维定式。“《天演论》出版之后，不上几年，便风行到全国，竟作了中学生的读物了。读这书的人，很少能了解赫胥黎在科学史和思想史上的贡献。他们能了解的只是那（优胜劣汰）的公式在国际政治上的意义。在中国屡次战败之后，在庚子、辛丑大耻辱之后，这个‘优胜劣汰’的公式确是当头棒喝，给了无数人一种绝大的刺激。几年之中，这种思想像野火一样，燃烧着许多少年人的心和血。‘天演’、‘物竞’、‘淘汰’、‘天择’等术语都渐渐成了报纸文章的熟语，渐渐成了一种爱国志士的‘口头禅’。”[6]香港社会一直处于中西方文化交流碰撞的前沿，加上长时期接受英国殖民统治，以英国价值理念为核心的西方文明在香港无疑占据绝对主导地位。由此，对香港而言，长时期以来人们想当然地以为，香港道德文化建设这一现代化事业其实只是在进步论语境下的一个西方式的命题。于是，在香港这个独特的地域，本土的伦理价值体系与西方发达国家的伦理价值体系之间存在的只有“差距”而不是“差别”，香港社会在道德文化建设上的现代使命就是缩小这些“差距”，实现与西方在伦理价值标准上的“同一”。一旦香港社会接受这种“西方中心主义”的社会进步观，那整个香港回归后道德文化建设的道路也只能换算成如何“西化”、怎样“西化”的问题。

然而，香港社会是否有足够的理由相信这一点呢？至少到目前为止，人类有限的经验还没有充分证明这一点。因为这种“以极为简单的公式化的过去断定未来，这种做法的准确性不会超过蹩脚的气象预报，但却有天命般不容置疑的架势。这种立论的绝对性，隐含着极端的排他性。一旦与权力结合，必然导致对别的生活方式的限制与控制，这已为20世纪血腥的历史所证实”。[7]相反，香港社会倒有充分的理由与信心认为，回归后香港社会的道德文化重建应该存在着更多的、新的可能性，因为人类社会以往的历史已经充分证明了西方模式下社会进步观点的荒谬性，正在进行的人类社会变迁过程也在一步步驱散以上迷雾。

三

至此，为明晰香港回归后道德文化建设可能之方向，有必要对西方价值标准主导下香港社会的道德文化进行必要的学理检视。化约地讲，由于西方文化自古希腊起就一直受到历史悠久的理性主义的长期浸染，就此必然导致西方价值标准主导下香港社会的道德文化属理性主义道德文化。然而作为理性主义传统下的香港道德文化，它也决定性地走不出道德理性主义的泥潭，必然演变成道德文化上的道德理性主义。汉斯·昆讲道："第二次大战刚结束，特奥多尔·阿多诺和马克斯·霍克海默尔就曾将现代自身问题化这点分析为'启蒙的辩证法'。而今天，这一现代的自身问题化早已成了共有的知识财富：理智很容易突变成不理智……自然科学和技术的有限的、可分的、独自的有理性，并不等于整体的、不可分的合理性，即并不等于真正的、合乎理智的理性……现代的自然科学的思维与工业技术的思维，从一开始就证明了它在建立普遍的价值、人权以及伦理的衡量标准上的无能。"[8]

正如以西方中心主义为准则的社会进化论并不代表人类文明的未来一样，西方理性主义道德文化也同样不是香港未来道德文化建设的不二选择。自被殖民以来，西方道德理性主义主导下的香港道德文化必然具有如下两方面的根本性缺陷。

其一，将道德文化中的道德知识绝对化。欧洲现代化以来高扬理性的旗帜，将理性走向了绝对化的地步，坚信人类凭借理性之光能够认识外在世界，他们对达到知识的确定性是深信不疑的，在认识论上坚持绝对真理观，走向了彻底的理性主义。表现在道德文化上，就是坚信这样一个绝对真理：人类可以从根本上消除道德纷争（即人们之所以存在道德纷争是由于人们还没有获得相应的道德知识，犹如苏格拉底所说的"知识即美德"含义），获得如几何学一样为大家一致接受的确定无疑的道德知识，从而为人们的行动提供绝对性、唯一性的指导。这在斯宾诺莎的著作《伦理学》中得到最好不过的体现。斯宾诺莎的《伦理学》并非论述一般经验伦理的书，他展示给读者的“伦理学”不是一般的“伦理谱系学”，也不是“伦理规范学”，而是“伦理几何学”。在斯宾诺莎眼里，世界上的一切都是已经被决定了的，一切事情都可以去理性研究、证明。人是自然的一部分，所以人和其他自然事物一样，遵循自然的共同规律。所以，以“人的情感”（斯宾诺莎的论点）为研究对象的伦理哲学也应该用普遍的自然规律和法则去理解，因为它们也有一定的原因。因此他在写《伦理学》时，几何学成为构造“伦理学”的主要方法，他把人的思想、情感、欲望等也当作几何学上的点、线、面一样来研究。于是在斯宾诺莎的《伦理学》里，他完全将伦理学的命题几何化，其意在建构“合理存在的伦理总体”。无独有偶，休谟伦理学巨著《人性论》其实也是在努力尝试为道德文化建立“科学之科学”。换言之，休谟的企图就是想在道德领域建立类似于牛顿在物理学领域建立了牢固的科学那样牢固基础。在休谟看来，人性是道德文化的牢不可破的基石。他论述道：“在我们的哲学研究中，我们可以希望借以获得成功的唯一途径，即是抛开我们一向所采用的那种可厌的迂回曲折的老方法，不再在边界上一会儿攻取一个城堡，一会儿占领一个村落，而是直捣这些科学的首都或心脏，即人性本身……在试图说明人性的原理的时候，我们实际上就是在提出一个建立在几乎全新的基础上的完整的科学体系，而这个基础也正是一切科学唯一稳固的基础。”因此，休谟的《人性论》就是“建立一门和人类知识范围内任何其他的科学同样确实，而且更为有用的科学”。[9]问题在于：以斯宾诺莎与休谟等为代表的西方伦理学家们为道德哲学建立绝对知识的企图能否实现？回答当然是否定的。

其二，坚持道德文化中的线性进步观。西方道德理性主义坚信依靠理性的力量，人类道德文化会不断地、全面地进步。在西方道德理性主义者看来，科学进步对于人类道德文化的进步起着重大的推动作用，因为科学是理性的一项典型的事业，它是不断积累、不断进步的。科学的发展不仅成为社会发展的重要手段，而且科学发展的模式也成了社会道德文化进步的模式。因此，西方道德理性主义者的另一个信念就是：坚信人类社会的发展，是一个道德全面进步的过程。人类不仅可以依靠科学更好地改造自然，而且可以更好地安排社会。所以，西方道德理性主义对人类道德文化的发展，总是充满着乐观向上的精神。事实上，现实的道德文化的进展是一个曲折发展的过程。在此方面，非道德理性主义者展示了与道德乐观主义相反的悲观论调。尼采明确表示："人类没有进步，它甚至从来没有存在过。"[10]海德格尔对技术的本质进行了反思，认为世界被置于技术的控制之下，"技术统治的对象化特性越来越快，愈来愈无所顾忌，越来越遍及大地，取代了昔日所见和习惯所为的物的世界的内容"。这样，人的人性和物的物性都成为"市场上可以计算出来的价值"[11]。后现代主义者在道德历史观上，反对把道德发展史看成是一个连续的、进步的过程。福柯在包括道德史观在内的整体历史观上的理论观点最具有代表性。他说："不连续性曾是历史学家负责从历史中删掉的零落时间的印迹。而今不连续性却成为了历史分析的基本成分之一。"[12]福柯认为，应摆脱诸如起源、传统、影响、发展和演进等标示连续性的概念，应关注的就是诸如界限、决裂、分割、变化、转换等标示不连续性的概念。必须声明的是：尽管本文作者并不完全赞同后现代主义者对道德理性主义的评判，但有一点是明确的，那就是人类必须对道德知识的本性保持必要的清明，不要在线性进步观主导下陶醉于道德进步的历史虚幻中。

正由于香港道德文化在西方价值标准主宰下具有如上两方面的根本缺陷，现在香港的主流道德叙事方式要么是从西方道德文化看香港道德文化，要么是从香港昨日道德文化看今日道德文化，或者从香港道德文化看中国内地道德文化，很少从中国内地道德文化看香港道德文化。这说明了什么呢？至少直接反映了两方面的问题：其一，生动地展示了近代以来中西方道德文化在香港的较量与冲突；其二，暗含着西方道德文化优越于、进步于中国本土道德文化。当前，香港围绕特首普选所产生的社会纷争，乃至社会撕裂，直接看是政治问题、"一国"与"两制"问题，间接看是国家认同、民族认同与身份认同等问题，其实终极看，还是中西方价值标准选择问题。由此不难看出，采用什么样的价值标准进行道德文化建设，这是香港包括道德文化建设在内的所有问题的总根子。

四

无疑，香港回归后的道德文化建设绝不能“邯郸学步”，走道德文化“西化”之路，而应该走出一条全球视野下的最切己的“在地化”道路。换言之，回归后的香港，在建制化的殖民道德普遍失效，而新的道德共识尚未形成这一独特历史阶段，道德文化建设如何展开确实属香港道德实践难题。以下几种可能的路径笔者并不赞同：

其一，主张通过“香港道德法律化与香港法律道德化”来重建香港道德文化。

该主张的突出特点在于：希望借助于香港法治社会的力量，来恢复香港道德“收拾人心、型构秩序”功能。它事实上包含两条相向而行的道路，一条是由道德进法律，即将道德法律化；另一条是由法律进道德，即将法律道德化。主张“道德法律化”的学者主要感叹于当今香港道德规范的“无力”，而迷恋香港法律的“有力”，进而以香港法律的“有力”解决香港道德规范的“无力”问题。对此种绝对化的观点笔者表示明确反对，因为这根本不是什么香港道德文化的重建，完全是以香港法律代替香港道德，以香港法律取消香港道德。而主张“法律道德化”的学者其实主要不是关心香港道德文化重建问题，而是出于对西方法律实证主义弊病之克服而寻求道德对法律的“内外强制”。必须承认，法治香港的道德文化重建离不开香港法律，但对于“香港道德法律化与香港法律道德化”此种重建主张，笔者以为不是现实的可能路径，因为道德与法律毕竟在本性上属不同的两大社会规范。

其二，主张通过儒家伦理在香港社会的创造性转换来重建香港道德文化。

该主张的基本理据在于：香港社会是以华人移民为主的社会，香港华人整体保留了儒家文化的核心价值，而儒家文化在开放的香港获得了一种开放的心态，也具备了国际文化眼光。殷海光先生是这方面的代表。在他看来，包括道德文化在内的整个中国文化，在面对西方文化的挑战时，“同化式的本土运动”是文化重建的康庄大道。他说：“这种本土运动主张吸收外来文化，并把原有文化之有价值的要素与所需新的要素合并起来，创建一种新的文化整合。”殷海光反对“五四”式的“现代/传统”二元对立的思维范式，反对简单地以西方进化主义全盘否定中国传统道德的价值，而主张对其采取辩证分析的态度。因而，全盘接受或全盘反对的态度都是错误的。为此，他强调：“我们现在所需的是分析的批评和依适合存在的标准所作的取舍。社会文化的发展是有其连续性的，于是抽刀断水水更流，我们想不出任何实际的方法能将既有传统一扫而空，让我们真的从文化沙漠上建起新的绿洲。”[13]就此而论，中国传统中有许多道德规范和道德文化元素应该且必须继续在香港发挥其积极功能。原因在于他们不是一味强调儒家伦理的历史贯通性，而是主张破除“古今中西”道德之界的藩篱，实现以本土儒家道德文化为基调的不同历时性与共时性道德文化之间的现代“融合”。

其三，主张通过西方道德文化在香港的“在地化”过程来重建当前香港道德文化。

该观点在当前香港社会大有市场，其内在理据在于：坚持西方文化中心主义，坚持西方价值标准指导下的线性社会进化论。该观点主张：在当前香港社会各阶层价值冲突日益显现的历史关键时期，作为受西方文化浸染170余年之久的香港社会，在西方自由、民主、法治等核心价值理念扎根港人精神世界的背景下，香港道德文化建设应该不中断地继续走“将西方道德文化‘在地化’”之路，以克服香港回归后在道德文化建设上的“不适宜”，甚至“冲突与撕裂”现象。正如中国主张全盘西化第一人陈序经感叹道：“折衷的办法既办不到，复古的途径也行不通”，“我们的惟一办法，是全盘接受西化”。[14]对此观点，在人类现代化历史还没有充分展开的当年，误将人类现代化历史进程理解为“西化”之过程，我们可以也应该给予同情式的理解。然而，放在21世纪的今天，随着人类现代化历史的充分展开，以及西方文化自19世纪70年代以来日益暴露的现代性危机，使得现在的人们已经充分认识到这样一个浅显的道理与常识：人类的现代化不是一元的，而是多元的，即“现代化”绝不等同于“西化”。

五

由此，为确立回归后香港道德文化建设的可能路径，必须在理论上明确这样一个基础性前提，即所有用于道德文化建设的道德理论资源完全建立在经验材料的基础上，道德文化知识属于地方性知识。在香港社会的今天，一些道德准则之所以经常被当作道德制高点的普遍真理而搬出来，主要原因在于语言的暴力。一些人认为，只要高举着“正义”“人权”“民主”“自由”与“法治”等语言大旗，他们就理所当然地占据着香港道德的“制高点”，并附带获得了一种所谓的“道德的力量”。

本文持的原则性立场是：道德理论与道德实践是两回事。知道应该做什么，这并没有为港人的行动提供任何动机，也没有制造任何动力。所以，港人首先必须消除的是对某些道德话语和道德理论的迷信，尤其是对西方道德话语与道德理论的迷信，因为它们并不能为解决今天港人具体的道德问题提供足够的条件。相反，港人必须从香港回归后的社会具体情境的经验事实中得到确实的理解与现实的把握，从而发现“香港道德的道路”。就此而言，笔者倒认为应该从经验科学的角度，从香港回归后港人的真实性存在出发来探究重建香港道德文化问题。换言之，应该将香港道德文化重建问题与港人的社会生活境遇等经验事实关联在一起。其实，道德从发生学意义看就是人对于生存问题的应对，道德社会属性的获得就是这种“应对”的产物。香港回归后，港人作为经验的社会情境发生改变了，作为“应对”之物的道德文化也就自然改变。

“问题不在于解释世界，而在于改造世界。”因此，今日香港道德文化重建的基石在于港人重整自己的“生活世界”。可以说，没有港人社会生活的重整，就谈不上香港道德文化的重建。从这个角度看，港人社会生活才是其道德文化建设的最终现实根据与源泉，也是重建今日香港道德文化的“活水”。回归后的香港之所以出现系统性的中西方价值标准冲突与论争，其实说到底就是港人过去的那种生活样式、那种“活法”已经出现了整体性的“解构”与“重构”，由此导致港人的“活法”必须做出相应改变，由此引发相应的道德文化也必须随之改变。打个比方说，社会生活有如剧本，而道德文化有如剧目，现在社会生活“剧本”改了，道德文化中的“道德剧目”也要随之而改，这是再自然不过的事实。港人不能拿着新的生活剧本，而上演一些旧的道德剧目。如果这样的话，那就叫“驴唇不对马嘴”。

问题是：港人该如何重整与新的道德文化所需要的生活世界呢？基于文化与经济之间的结构性基础关系，也基于香港是个市场经济高度发达的城市，因此，就重整香港回归后港人道德文化的生活世界而言，关键在于重整港人道德文化的现实基础——经济生活世界。也就是说，没有港人经济生活世界的“再出发”，就不可能有香港道德文化建设的“再出发”。而没有香港道德文化的“再出发”，也就不可能克服当前香港社会出现的系统性“道德文化冲突”，并最终无法重建以“现代中国香港人”为身份识别与价值主体构建的香港道德文化。至于如何重整回归后香港道德文化重建的基础——港人经济生活世界，无疑这又是另外一个重要课题。

（作者简介：傅鹤鸣，深圳大学社会科学学院副院长、教授、博士）

注　释

［1］陈广汉、黎熙元：《当代港澳研究》（第3辑），中山大学出版社2011年版，第51页。

［2］唐君毅：《人文精神之重建》，广西师范大学出版社2005年版，第14页。

［3］哈勒：《与著名哲学家哈贝马斯对话》，浙江人民出版社2001年版，第101页。

［4］《马克思恩格斯选集》（第3卷），人民出版社1972年版，第63页。

［5］吉登斯：《社会的构成》，生活·读书·新知三联书店1998年版，第354页。

［6］胡适：《胡适自传》，黄山书社1986年版，第46页。

［7］张汝伦：《现代中国思想研究》，上海人民出版社2001年版，第85页。

［8］汉斯·昆：《世界伦理构想》，生活·读书·新知三联书店 2002 年版，第 53 页。

［9］休谟：《人性论》，商务印书馆 1996 年版，第 10 页。

［10］尼采：《权力意志》，商务印书馆 1991 年版，第 594 页。

［11］海德格尔：《诗、语言、思》，文化出版社 1990 年版，第 104 页。

［12］福柯：《知识考古学》，生活·读书·新知三联书店 1998 年版，第 9 页。

［13］殷海光：《中国文化的展望》，生活·读书·新知三联书店 2002 年版，第 56 页。

［14］陈序经：《中国文化的出路》，中国人民大学出版社 2004 年版，第 5 页。

城市化过程中的城市文化建设问题及对策

城市化运动的主要方式就是农村居民向城市迁移的过程，这一过程也是迁移到城市的农村居民习得城市文化和生活方式，从而转化为市民的过程，或者说是城市以其特有的文化同化农村居民的过程。因此，城市的文化建设和文化发展与中国城市化进程的正相关性是不言而喻的。

城市本来就是文化的容器，在物质形态上，城市是人类生活和聚居的场所；在精神意义上，城市则是文化的磁体。城市通过各种形式的文化吸引人类的聚居，它为各种力量的聚集、内部交换、储备提供固定场所、庇护所及设施，丰富多彩的人类生活方式。反过来说，文化是城市的灵魂。如果说良好的建筑、先进的设施、优越的环境，是城市具备的硬件条件的话，那么，文化个性、文化风格、文化品位则是它们的软件和灵魂，犹如一个人的精气神韵。城市的特色越鲜明，品牌效应就越强烈，一个具有独特文化品位和品牌的城市都有着巨大的吸引力、感召力和凝聚力。

因此，在一定的意义上，也正是城市多彩多姿的文化吸引农村居民向城市的迁移。在城市发展过程中，若能营造出浓厚的整体文化氛围，如建设具有各种风格的博物馆、美术馆、音乐厅、学校、公园等文化设施，建设具有较高文化品位的住宅，如意大利的文艺复兴式庭院、法国的巴洛克式庭院、英国的田园风光式庭院，再配上园林、绘画、雕塑等现代艺术，使城市显示出浓厚的文化色彩和艺术魅力，就能带动整个城市经济社会的发展。目前中国的城市化运动正如日中天，在这一农村居民向城市迁移的城市化大潮流中，加强城市文化建设，成为经济社会发展的重要方式，关注城市文化建设，则成为学界的一个热门话题。城市文化建设包括什么内容，应处理好哪些关系，如何解决当前存在的突出问题，都值得深入探讨和研究。

一　城市化过程中文化建设需要处理的若干关系

城市文化是通过城市的建筑园林、文化艺术、民俗风情以及人际交往等方面所反映的整体精神与风貌，是城市的精神特色、市民素质、大众文化、历史遗产、建筑文化、群众文化、网络文化等编织而成的城市图景。城市文化建设是一个复杂的系统工程，包括以上多方面的内容。为了城市文化本身的和谐发展和城市经济社会的健康可持续发展，城市文化建设需要协调处理好多方面的关系。

一是文化建设与市政建设的关系。城市化以城镇的建设和发展为前提，但又绝不仅仅局限于有形的物质设施建设以及人口的集聚。城市化不仅表现在经济乃至建筑意义上的发展，更体现为人的生活在文化、社会等多个层面上文明程度的融合、提升。首先，城市文化建设要尊重历史，没有历史感的城市，谈不上文化的传承。城市建设如同书写一部历史，城市文化是在尊重历史发展的城市建设进程中形成的。在城市化进程的推进中，我国许多地区的城市在很大程度上忽视了对上百年甚至上千年城市遗存的保护，城市建设也因此反映不出历史演变的进程，从而割裂了历史和文化。当前，城市文化建设的首要问题，就是处理好新老城区改造与建设的关系问题。其次，在城市建设中要善于挖掘、利用、发挥和体现特色，从中培育特色城市文化。一个城市只有从历史文化、自然环境和经济基础出发，才能因地制宜地作出科学定位，确立正确的发展方向和模式，从而形成独一无二的特色，更好地在城市文化方面展示自身的竞争力。再次，要让城市文化的个性和特点覆盖市政建设的各个细节。城市文化的落脚点在于其“细节”，城市文化不仅仅体现于城市的宏观规划，更体现于其具体的、精心的细节设计。因此，大到城市规划的制定、完善和实施，新区的建设和老区的改造，小到城市的公园、广场、雕塑、道路以及楼房等每一项建设，都要体现其文化内涵，也即要通过对城市自身历史文化等资源的挖掘和利用，让城市文化的个性和特点覆盖市政建设的各个细节。城市建筑特别是公益性建筑，不但要创特色，更要具有文化震撼力和视觉冲击力，使其成为永久性和标志性建筑。当然，文化建设也不能游离于城市发展建设的中心自拉自唱，而应该努力介入到发展建设的中心中来，在发挥其作用的同时，发展和壮大自身。尤其是在一个功能定位已经十分明确的区域性城市环境中，文化的发展更要与该城市发展方向紧密结合，同唱一台戏，并用文化来突出城市的个性，强化城市的功能。文化建设应从城市的实际出发，发挥自身优势，综合利用城市自然的要素、人工的和社会的要素，创造与建设独特城市文化，提升城市形象。

二是历史传统与现实发展的关系。文化传统是特定民族在历史实践活动中创造和积累的文明成果，它或者表现于物质载体，如建筑、雕塑、生产工具、生活用品；或者表现于语言文字；或者表现于抽象的性格、能力、民族心理、思维方式、生活方式、价值标准；或表现于各种知识信息的积累、储存。一个城市若抛开长期积淀的历史文化，就会给人以轻飘浅薄的感觉，其知名度、凝聚力和辐射力也因此会大打折扣；但同时，若不注重创新和发展，也会失去生机和活力。因此，现代城市必须从传统和现代化两方面汲取精华，使文化内涵得以提升，其中一个不可回避且亟待解决的问题就是文化资源的开发与保护。欧洲的城市总是那样充满魅力，中世纪的建筑比比皆是，哥特式、拜占庭式，与现代建筑交相辉映。在街头漫步，不经意间就能看到某个名人的故居、某个事件的发生地、某个品牌的制作工艺，永远保存得那么完好，犹如历史从未远去。甚至一个只有几百人上千人居住的小镇，也能以自己独特的文化魅力在欧洲占有一席之地。欧洲人把民族和地区独有的文化视为自己的生命，尽力去使她永葆青春活力，长盛不衰。牛津和剑桥是欧洲最古老的大学，有 800 多年的历史。他们的学生每年在泰晤士河上举行划船比赛，这项赛事已举办了 150 多年，除非遇上战争，从来没有停办过，已经作为一项独特的文化体育赛事而享誉全球。欧洲城市保护传统的做法值得我们效仿和学习。我国在城市文化资源的开发与保护上，一方面是资源闲置，另一方面是资源紧缺，存在着明显的不平衡。在资源的利用方面缺乏灵活有效的机制，存在三多三少现象：对有形资源重视多，对无形资产利用少；对现有资源使用多，对潜在资源挖掘少；对自家资源管得多，对盘活资源协商少。在新型城市的发展建设过程中要解决好这些问题。

三是合理借鉴与特色发展的关系。城市文化建设既要充分尊重文化发展的普遍性，适应全球化的浪潮；又要在国内外各城市之间的相互借鉴中，充分保持和发挥区域优势和自身特色。一方面，必须具有开放的胸怀，吸收世界和全人类优秀的文化成果，广泛开展各种文化交流，汲取种种不同的文明精华。开放不仅意味着向外开放，也意味着向内开放，能够开放地吸引各种人才和资金、项目。一个城市的开放程度，不仅象征着经济上的成就，也是一种文化的品格。另一方面，全球化绝不等于一元化，更不等于殖民地化，全球化是要求各个民族都以自己独特的民族精神加入到全球化的行列中，来丰富全球化。越是有益于人类的民族品格、民族情操、民族韵味，全球化越是欢迎，越是高举。美国城市学家雅可布斯认为“多样性是城市的本质”，她指出产生多样性的四个条件分别是：居住、商业、教育等功能相混合；街区要短小；要保留一定的老建筑；建筑和人口要具有一定的密度。雅可布斯理想中的城市文化带有浓厚的怀旧情调，但她主张的城市多样性的特点非常适合拯救大城市的市中心老城区。我国的许多城市历史悠久，文化底蕴深厚，具有鲜明的特色和区域性优势，拥有大量的名胜古迹以及各具特色的地方建筑，在新型城市的城市化过程中要保护和发挥这些特色和优势。

四是文化产业与公益文化的关系。从文化活动的参与者等因素加以综合考虑，城市文化建设可从三个层面展开：文化市场建设、文化精品工程建设和文化扶贫工程建设。文化市场建设应走产业化道路，这就需要加强对文化产业发展规律的研究，完善文化产业环境，创新文化市场机制，从而保证文化市场的健康发展。文化精品工程的直接或短期经济效益可能不明显，但却具有巨大的社会效益，在保护历史文化遗产、提升民族综合素质、促进社会进步等方面都具有重大而长远的意义。对此，政府应加大政策倾斜力度，集中组织力量，增加资金投入，在人力、财力、时间等方面予以充分保障。文化扶贫工程是指在城市化进程中，必须特别关注两类弱势群体，一是城市原有的中低层居民，他们的生活结构常遭到破坏，被挤到城市的边缘，二是伴随建设高潮涌入城市的农民工，他们在物质层面的困窘已引起了政府的高度重视，最低生活保障制度的实行就是明证，但他们在文化层面的贫瘠则尚未引起政府的足够重视，因此，他们很难真正融入扩张后的城市，常常是作为廉价劳动力游离在真正的城市生活之外。文化扶贫工程应主要面向这两类群体。这一工程必须纳入公益文化建设体系之中，政府作为投资者和组织者，应将其作为一个重点加以考虑，有针对性地加强公共文化设施建设，并通过引导、教育和培养等途径，切实提高这两类群体的文化自觉意识，使他们产生参与文明健康文化活动的需求，并且有条件实现这种需求。文化精品工程建设关系着城市文化品位的提高，文化扶贫工程建设则关系着城市文化空白的填补及社会的稳定，它们分别在两端推动着文化产业的发展。和谐的城市文化既需要阳春白雪，也需要下里巴人。

五是城市文化与农村文化的关系。由于城乡二元社会结构，沿袭乡土传统的农村文化与城市现代文化在地理纬度上相互隔离、时间纬度上同时并存。不同的文化特质和不同的经济基础，形成农村不同于城市的生活方式。城市化率的提高和城市规模的扩大是与大量的农村人口转变为城市人口相伴的，这种转变不能只停留于表面上的身份变化。事实上，农村居民的真正城市化，最根本的是实现文化形态的转型。我们不能简单地将城乡文化的交会、融合，看成是将农民改造为城市人、城市文化同化农村文化的过程。一个正常、健康的城市社会，必然是多种文化群体平等相处、协调发展的。因此，提高城市文化的整体水平，关键在于根据不同社会群体的特点，鼓励和支持他们不断提升自身的文化水平。为此，必须防止两种偏差：一种是城市文化将农村文化“殖民化”；另一种是因农村文化的固守性而导致文化贫困现象。只有兼容并蓄、取长补短，才能促使两者之间的良性互动，从而形成具有崭新内涵的城市文化。

二　我国城市化过程中文化建设的问题

由于未能深刻认识城市文化与城市发展的关系，加上市场因素、体制影响和强势文化的冲击，当前我国很多城市在发展中未能正确对待和处理城市文化建设中的多重关系，许多城市不是深化自身的人文历史，而是浅薄化自己的文化内涵，在城市经济突飞猛进的同时，文化建设出现了诸多问题。

一是城市精神的衰落。城市精神是城市文化的核心价值，通过对城市精神的概括和提炼，可以使更多的民众理解和接受城市的追求，转化为城市民众的文化自觉。但是，今天一些城市重视城市建设的物质层面，而忽略了城市中人和精神文化存在的现实，在进行规划时仍将城市的功能定位于组织生产、流通的消费城市、生产城市这一传统的模式上，导致在城市设计上片面追求“大工程”“大项目”“大规模”“大手笔”，盲目追求超大型城市，一窝蜂地搞“国际性大都市”，由此带来了诸如城市公共设施缺位、绿地减少、道路拥挤、环境恶化等不和谐的城市问题。城市热衷于搞“形象工程”，盲目追求“标志性建筑”的数量，实际上是重经济发展，轻人文精神；重建设规模，轻整体协调；重攀高比新，轻传统特色；重表面文章，轻实际效果；重局部功效，轻长远目标，表现出对文化传统认知的肤浅和对城市发展前途的迷茫，最后就是“人”的湮没。

二是城市记忆的遗忘。城市记忆是在历史长河中一点一滴地积累起来的，是一座城市文化价值的重要体现。但是一些城市在所谓的“旧城改造”“危旧房改造”中，以商业化的运作和大拆大建的开发方式，使一些积淀丰富人文信息的历史街区被夷为平地，一座座具有地域文化特色的传统民居被无情摧毁，一处处文物保护单位被拆除和破坏的事件也屡见不鲜。由于忽视对文化遗产的保护，导致城市记忆的遗忘，进一步造成城市文化空间的破坏、历史文脉的割裂，社区邻里的解体。

三是城市特色的消失。城市的面貌和特色是历史的积淀和文化的凝结。一个城市的文化发育越成熟，历史积淀越深厚，城市的个性就越强，特色越鲜明，品位也就越高。但是，今天一些城市在规划建设中简单抄袭、模仿、复制，致使城市街区布局雷同、风格相仿，人们感到自己的城市愈来愈陌生，别的城市却愈来愈熟悉。现在我国城市的外观建设基本上一样，普遍存在着山地城市与平原城市大同小异，沿海城市与内陆城市互相抄袭，发达城市与落后城市指标趋同等现象。高楼大厦林立，高架天桥跨过马路，可谓“千城一面”“万镇一色”，特色鲜明、富有个性的城市越来越少。

四是城市形象的低俗。美好的城市形象可以唤起市民的归属感、荣誉感和责任感。但是，一些城市已经很难找到层次清晰、结构完整、布局生动、充满人性的城市文化形象。城市建设者不顾政治、经济、历史、文化、风俗、习惯以及地理环境等建设条件上的差异，盲目搞大、中、小城市“一刀切”，热衷于建设大广场、大草坪、景观大道、豪华办公楼和“标志性”建筑，把城市建设片面理解为扩宽道路，建造高楼大厦，栽花种草，致使一些城市建设只积极追求城市外延外表，而忽视了城市最基本的要素应该是功能环境、品位质量、形象内涵和吸引力。大量新建筑不是增强而是削弱了城市的文化身份和特征，使城市景观变得生硬、浅薄和单调。

五是城市环境的恶化。好的城市环境不但可以保证人们的身体健康，而且可以激发人们的积极性和创造性。但是，今天一些城市环境面临着一系列突出问题：空气污染、土质污染、水体污染、视觉污染、听觉污染；热岛效应加剧、交通堵塞加剧、资源短缺加剧；绿色空间减少、安全空间减少、人的活动空间减少。同时，城市改造中的大拆大建造成巨大的能源、资源浪费和环境污染，错位、超载开发也使不少文化遗产的背景环境出现人工化、商业化趋势。

三　当前我国城市文化建设的着力点

城市发展如何摆脱物质与欲望的控制，以更加符合人性的尺度、人与自然和谐的标准来提升人生存的动力与质量，是当代城市建设者需要认真反思和对待的。结合上述问题，笔者认为，当前加强城市文化建设的着力点是：

一是构建城市文化精神。城市文化精神是城市文化积淀和人文精神的总和，是支配市民价值取向、行为方式、心理导向的精神力量，城市文化精神是城市文化的结晶与核心。城市文化精神不是与生俱来的，也不是一劳永逸的，它是这个城市千百万群众在富有创造性的、多姿多彩的社会实践活动中培育和生长起来，并随着城市的发展而不断丰富和完善的。城市魅力源于城市形象，城市形象有赖于城市精神的支撑。从这个意义上说，塑造城市文化精神的过程就是提升城市品位的过程。当前，城市文化发展的根本任务，是要构建新时代的城市文化精神。树立起以“八荣八耻”为核心，以加强社会主义核心价值体系建设为根本，以构建和谐社会为目标的城市主流文化价值观，为凝聚力量、推动发展提供精神支撑。

二是打造城市文化特色。城市特色是城市文化的标志。城市文化特色是城市在形成发展中所具有的自然风貌、形态结构、文化格调、历史底蕴、景观形象、产业结构和功能特征的总和。每个城市由于地域、人类活动、发展历史的差异，从整体形式上表现出各自强烈的个性。创造城市形象，就是创造城市的个性化差异，创造人们对城市的整体识别性。我国有一大批风景名胜、古都名城、外贸商埠、交通要隘、文化圣地、名人故里等经过历史的沉淀，大多已成为我们今天颇具特色的历史文化名城，如北京的巍峨、西安的古朴、苏杭的灵秀、桂林的奇逸、拉萨的神秘、成都的悠闲、大连的大气、珠海的浪漫、青岛的优雅、厦门的温馨，等等，其城市特色无不令人流连忘返。欧洲各国各地区的城市各具特色，如英国伦敦有著名的哥特式代表性建筑大教堂，法国浪漫之都巴黎有着经久不衰的街头艺术，意大利水城威尼斯是文艺复兴时期诗歌和绘画的摇篮。打造城市特色要从历史文化、自然环境和经济基础出发，因地制宜地作出科学定位，确立正确的发展方向和模式。在城市文化建设中，可以考虑树立城市文化品牌，聘请形象代言人，塑造城市文化标志性建筑物，突出城市的人文与历史文化特点。

三是提升城市居民素质。这是城市文化建设的根本。城市市民综合素质不仅体现了一个城市全体市民的教育水平、道德风貌、精神状态、健康与预期寿命等人文状况，而且反映了一个城市人力资源的开发水准以及人才资源的数量与质量等智力状况。市民作为城市的主体，其观念、行为、精神风貌最能反映所属城市的文化。因此，一个城市要想实现城市的目标，不仅要将城市综合竞争力作为自己的发展主线，而且要确立市民综合素质作为城市综合竞争力的发展核心这一新观念。

四是发展城市大众文化。在所有的文化类型中，以广播、电视以及在大众中广泛传播的报纸和印刷品为代表的大众文化，是与城市特性结合最紧密的一种文化，大众文化天然地就是城市的一种文化。在当代中国城市，大众文化是一道引人注目的文化景观，大众文化消费已成为城市居民最重要的精神生活需求。如果说古代的城市更多的是一种政治、宗教和军事象征的话，近代工业化以后的城市则是经济和文化的中心，是社会先进思想的集散地，它代表了一种先进的生产方式和生活方式。由此可以说，城市是生产大众文化的温床。在当代中国城市，大众文化已经成为了城市引人注目的文化景观，大众文化消费已成为城市居民最重要的精神生活需求，诸如商业电影、电视剧、流行歌曲、畅销书、休闲报刊、卡通漫画、广告、时装表演、营利性体育比赛等，完全融入了人们的日常生活，是当今人们在日常生活中可感知的主要文化样式。随着生活水平的提高，城市居民对大众文化的要求会越来越丰富多样。但是大众文化娱乐化的消费取向、世俗化的文化形式、市场化的文化运作、快餐化的文化特征，需要法制来规范和保证，只有这样，才能构建和谐共荣的现代城市文化格局。

五是营造城市和谐生态。城市是人生活的场所，满足人的需求应作为文化建设的首要出发点。在生态文明取代工业文明的今天，为了短期经济利益而破坏自然资源和文化资源的做法理应为城市领导者和建设者所唾弃。而关注人性和自然的需要，致力于协调人与自然的关系，在开发建设之前，将有利于维护自然、社会、生态系统完整性的区域保护起来，是城市可持续发展的必然选择。

（作者信息：何良安，中共湖南省委党校教授）

农业转移人口市民化：基于文化融入的视角

农业转移人口市民化是指农村转移到城市的人口，在经历城乡迁移和职业转变的同时，获得城镇永久居住身份、平等享受城镇居民各项社会福利和政治权利，成为城镇居民的过程。农业转移人口市民化并不仅仅意味着将农业户口改为城镇户口，而是有着丰富的内涵。它是农业转移人口在取得城镇户籍的基础上，在政治权利、劳动就业、社会保障、公共服务等方面享受城镇居民同等待遇，并在思想观念、社会认同、生活方式等方面逐步融入城市的过程。农业转移人口融入城市，有经济、社会和文化三个依次递进的层次，只有心理文化适应了，才说明农业转移人口完全融入了城市社会。

一　文化融入是农业转移人口市民化的根本标志

农业转移人口进城不仅是空间上的流动，更是现代意义上的“文化移民”。一个群体从原住地迁移至新住地必然会有自然环境与社会环境的改变，从而要求在语言、风俗习惯、人际关系、生产和生活方式等方面作出相应的调整和适应。最初研究者大多从刚性政策方面考虑落实和维护农业转移人口权利，以改善农业转移人口的城市生存状态，而随着农业转移人口进一步市民化，笔者发现，由于城乡长期的二元差距形成了不同的文化模式，农业转移人口要想真正融入城市，成为城市主流，文化适应才是内在的核心和深层问题。这里所说的文化适应包括了对城市价值观、生活方式、行为规范、语言乃至服饰打扮的认知、习得过程。

流动人口适应城市生活，实际上是一个社会化的过程，必须具备三方面基本条件：首先是一份稳定的职业；其次是这份职业带来的经济收入及社会地位能形成一种与当地人接近的生活方式，从而具备与当地人发生社会交往，并参与当地社会生活的条件；最后由于这种生活方式的影响与当地社会的接触，使其可能接受并形成新的与当地人相同的价值观，即文化上的融入，包括了农业转移人口内化城市文化价值观念、生活方式、在心理上获得认同，在情感上找到归属。可见，文化融入是农业转移人口真正融入城市的标志，因此，只有完成文化融入才算完成了真正意义上的适应过程，才算在真正意义上融入了城市。

二 农业转移人口城市文化排斥的表现形式

1. 农业转移人口难以在城市扎根

移民理论认为，在市场经济和人口自由流动的情况下，人口迁移的主要原因是人们可以通过迁移到新的环境获得更好更多的就业机会，以此改善自身和家庭的生活条件。我国是一个农业大国，农业人口一直处于主体地位，改革开放以后，随着城镇化的快速发展，城镇与农村的分化越来越大，国家取消限制人口迁移的政策后，大量农业人口为了获得更好的生活条件，纷纷迁移到城市从事非农生产，成为农业转移人口。根据国家统计局抽样调查结果，2013 年全国农业转移人口总量26894 万人，比前一年增加633 万人，增长2.4%。

我国的农业转移人口绝大多数也都是以改善生活条件为目的的，但他们中的大多数人却无法通过自身努力改善自身的生活条件，特别是在当前城镇房价高涨的情况下，很难在城市买房居住，无法获得一个稳定的栖身之所。根据国家统计局对 2013 年农业转移人口的调查显示，全国仅0.9%的农业转移人口在务工所在地购买商品房（见下表）。在没有稳定住房的情况下，农业转移人口就无法为自己在城市博得一席之地，无法真正在城市扎根生活，年复一年的只是候鸟式的生活方式，像是无根的漂泊者，在城市上空飘浮。

2013 年外出农民工住房情况统计表　　单位：%

指标	单位宿舍	工地工棚	生产经营场所	与人合租	独立租赁	务工地自购房	乡外从业回家居住	其他
合计	28.6	11.9	5.8	18.5	18.2	0.9	13.0	3.1
直辖市和省会城市	30.4	14.9	5.9	21.6	20.4	0.7	3.2	3.0
地级市	33.0	10.9	5.8	20.5	19.9	0.9	6.4	2.7
小城镇	23.0	10.4	5.6	13.9	14.9	1.2	27.3	3.8

资料来源：《2013 年全国农民工监测调查报告》。

2. 农业转移人口对城市生活缺乏适应性和归属感

农业转移人口在农村出生和成长，形成了农民特有且根深蒂固的生活方式和价值观念，即便是在城市生活之后，这种长期形成的文化观念和行为方式也难以改变。再加上农业转移人口缺乏参与城市生活的话语机制，大部分农业转移人口的生活圈依然局限在老乡等活动范围之内，与乡村文化保持着紧密联系。这种深入持久的文化影响使得农民进城后产生种种不适应性。这种不适应性表现在多个方面，如不自信、不喜欢与市民交往、不习惯城市的冷漠人情与规则意识等，有一种“局外人”和“异己者”的心理。有学者对广州、深圳、东莞等地新生代农业转移人口的调查表明，63%的外来务工人员不同程度存在“我不属于这里”的感觉。莫顿的文化失范理论认为，当社会文化所塑造的渴望成功的期望值与社会成员能够实现成功的现实之间存在着较大差距和矛盾时，就会出现一种“结构紧张”状态，社会矛盾和冲突就会激增。农业转移人口目睹了城市的繁华，却无法通过自身努力融入其中，就会出现心理落差和失衡，甚至出现报复社会等极端行为。根据中国社会科学院对五省市进城农业转移人口的研究，64%的农业转移人口认为社会“非常不公平”和“比较不公平”。

3. 市民对农业转移人口存在偏见和歧视

“中国的‘城里人’基本上是一个不开放的人口群……对于计划经济体制通过剥夺农民而提供给他们的种种好处却留恋有加，以至那种特权意识和身份优越在他们的躯干和意志之中积淀成了一种社会惯习。”[1]许多市民就是带着这种习惯来对待农业转移人口的，表现为偏见和歧视。偏见是团体冲突的结果，以不充分的信息为依据对其他人或群体形成错误的看法。如部分市民刻板地认为农业转移人口素质差、没文化、不讲卫生、不遵守交通秩序。歧视是对人以不平等的眼光看待，是一种人格上的不尊重，根源于双方的利益冲突。市民群体对农业转移人口的歧视贯穿于生活交往的诸多细节之中，在态度、行为和语言上表现为不尊重、不信任、侮辱、鄙视，将农业转移人口视为二等公民。

三　影响农业转移人口文化融入的主要因素

1. 城乡文化差异的投影

由于中国长期处于城乡隔离状态，在断裂的社会中，城乡之间已经越来越具有两个时代或两个文明的含义，城市文明和乡村文明逐渐形成两个相对独立甚至相互排斥的系统，这种差异通过城乡之间的价值观念和行为方式表现出来，这正是农业转移人口市民化面临的深层次文化障碍。早在20世纪20年代，著名的城市社会学家沃思发现：“城市已形成自身特有的城市心理，与乡村心理迥然不同。城市人的思维方式是因果论的，理性方式的；而农村人的思维方法则是自然主义的，幻想式的。城市与乡村在当代文明中代表着对立的两极。”[2]因为中国长期实行的户籍制度限制了人口的大规模流动，城乡文化之间存在的差异因没有碰撞也就相安无事，而随着大批农业转移人口的城市转移，农业转移人口所带有的乡土文化与城市的现代文明必然要发生碰撞，文化差异便会逐渐显露出来，不同的文化心理、价值观念以及行为方式必然会引起彼此的不适应和不认同甚至引发文化冲突，导致农业转移人口出现心理上的困惑和迷茫，在社会交往中常常有自卑、紧张、无所适从的表现，影响了农业转移人口对城市的美好向往，也因此影响他们的城市融入意愿。

2. 制度导致的文化排斥

在城乡二元结构体制下，农业转移人口为中国的工业化和城市化的发展作出了巨大的贡献，但却因其农民身份，无权享受城市市民所能享受到的一切体制内的资源及为城市市民而设置的各种福利保障，城市的这种“经济接纳、社会排斥”让农业转移人口处于一种边缘化的尴尬境地。在本身就有身份优越感的市民眼中，外来的农业转移人口不仅挤占了城市有限的资源，还带来一系列城市环境和社会治安问题，影响了城市生活的秩序和质量，这势必引起他们对农业转移人口的身份歧视和文化排斥，而这种歧视和排斥遭遇利益冲突时会更加明显和激烈。2012 年年底，上海本地市民与被本地人称为“蝗虫”的外来农业转移人口在网上因异地高考问题而引发的激烈辩论就是这一问题的突出表现。据国家发改委城市和小城镇中心城市舆情室统计的数据，有 46% 的网民表示支持异地高考政策，但京沪地区本地市民反对呼声超过 95%。在这种排斥性的制度而导致的文化排斥中，农业转移人口很难培养出对城市的认同感和归属感，为了生存，他们只能在与城市和周围环境的抗争中艰难地生存，而无法自然地融入城市社会生活之中。

3. 农业转移人口自身文化资本匮乏

法国社会学家布迪厄将资本具体划分成三大形态：经济资本、文化资本和社会资本，并进一步指出文化资本的积累不仅能够使自身素质能力得到提升，促进自我发展，在一定条件下还能够转换成经济资本。[3] 所谓文化资本，既指由人们长期内化的禀性和才能构成的生存心态；也指由合法化制度所确认的各种学衔、学位；还指那些已经物化或对象化的文化财产。农业转移人口难以融入城市文化的一个重要原因正是缺乏竞争必要的文化资本。农业转移人口并非精英移民，田野式的生存环境，较低的文化水平、职业技能缺乏，使农业转移人口缺乏竞争意识和竞争必备的素养。而新的文化环境要求移民掌握新的技能方式和非正式知识，城市生存要求农业转移人口掌握更为现代的技能和较高的素养。因此，在精英云集的城市社会中，农业转移人口总是被文凭和技能的门槛挤到较差的职业和行业中。差的行业和职业意味着较低的经济收入和较低的自我评价，因此，农业转移人口无法实现生活方式的城市化转变，实现自我价值，反而陷入城市社会和自我的双重排斥之中。

四 促进农业转移人口城市文化融入的路径选择

1. 优化新生代农业转移人口融入市民文化的社区环境

城市社区是人们交流互动和人际交往的组织载体，也是具有地域性纽带的利益共同体，更是农业转移人口城市融入的重要平台。城市文明和市民文化，应该属于所有居住于、就业于城市里的人们，而不只是拥有当地户籍的市民。文化交流和互动，是促进不同文化群体和谐相处的根本途径。随着城市化进程的不断迈进，城乡文化的同质性不断增强，文化融合度不断提升。在社会心理和文化层面上认同、接纳并与农业转移人口和谐相处，更多地需要城市社会成员的观念转变、价值反思和心理再构。因此，在城市社区建设过程中将农业转移人口纳入社区管理范畴，可以从根本上改变农业转移人口与城市相游离的状态，消除他们游走在城市边缘的孤独感，保障他们平等享有参与社区文化生活的各项权益。同时充分考虑辖区内农业转移人口的规模、特点和文化需求，营造积极、主动、宽容、和谐、接纳的市民文化氛围和社区文化开放体系，合理布局和优化配置社区文化场所、设施和服务，构建以依托社区文化功能为载体的农业转移人口文化服务平台。它通过改变农业转移人口对生活地域的自我认同，在角色、身份、生活模式、归属感和认同感方面对二元结构性制度规定实现渐进性的超越。将有利于削减彼此之间思想上、心灵上、文化上和人格上的差异，帮助农业转移人口培养其市民化意识和现代思维以真正融入城市生活。

2. 着力提升农业转移人口科学文化素质

在文化资本的积累过程中，经济上、精力上、时间上的持续投入都是必不可少的。农民文化教育相对落后，农业转移人口的文化水平也因此较为低下，这对他们的城市适应也产生了不利的影响，构成了其城市融入的制约因素，这也是农业转移人口就业以体力劳动为主和工资收入低的重要原因。农业转移人口培训是一项系统工程，也是一项严肃的政治任务，各地政府要加强领导、统筹规划，各级农业、劳动保障、教育、科技、财政等部门要分工负责、相互协作。各地政府对农业转移人口培训的组织与领导要着重做两方面的工作。一是要将农业转移人口培训纳入当地国民经济和社会发展计划当中，以提高该项工作的重要性，并制定符合实际情况的农业转移人口培训的具体规划和实施细则；二是要成立农业转移人口培训工作的专门领导机构，制定农业转移人口培训的具体政策和年度实施计划，负责协调或处理有关职能部门及各类教育培训机构在农业转移人口培训工作中的关系。给农业转移人口更多充电、学习的机会。城镇化快速发展阶段中农业转移人口是新型劳动大军，输入地用工企业应该为给企业创造利润价值的在职农业转移人口开展职业技能培训。同时，也需要输出地和输入地政府共同担负起为农业转移人口提高自身发展必要的职前培训工作。除此之外，建立健全面向农业转移人口的公共文化服务体系也必不可少，如为农业转移人口播放免费电影，建立农业转移人口工地书屋，城市文化场所向农业转移人口优惠或免费开放等，向农业转移人口广泛普及文化知识，提高农业转移人口适应城市生活所必备的知识和文化素养。

3. 拓宽农业转移人口社交文化平台

农业转移人口融入城市文化，需要冲破原先以血缘、地缘为基础建立起来的生活圈和交际圈，在新的业缘关系基础上，建立起新的社会交际网络，通过与城市市民的互动，融入城市生活。从农业转移人口自身角度看，应突破自卑等心理障碍，积极主动地与市民进行交往，并熟悉城市的交往规则和公共利益，尽快从原来亲情关系、老乡关系网络拓展到工作关系、社区关系等新的交际网络；从城市角度看，社区、企业、党支部等基层单位都要将农业转移人口纳入自己的管理体系之中，共青团、工会、妇联等群众服务性团体要充分发挥自身职能经常举办一些促进市民与农业转移人口相互交流的平台，志愿服务机构、老乡会、各类行业协会等非政府组织要根据自身特色为农业转移人口融入城市提供服务，通过这些组织体系和交流平台建立起农业转移人口与市民之间的沟通联系渠道。

4. 营造开放包容的城市文化

开放包容是现代城市文明的标志，大城市的规模会越来越大，移民的规模也会越来越多，文化包容问题也会越来越凸显。任何一个城市的发展，没有包容开放的城市心态，以敌对态度对待外来人口的做法都只会阻碍城市的发展。深圳作为一个劳务输入大省，取得了经济的快速腾飞，其重要原因就在于深圳多元化的文化特点，使得这个移民城市既保持各自的个性又相互包容、相互借鉴，来自不同背景的人们都可以在这里自由地生活。城市管理者首先要具有兼容并蓄的执政理念，充分认识到农业转移人口为城市发展所作出的巨大贡献，在制定政策的过程中要充分考虑到农业转移人口的利益；从社会层面来说，要充分发挥舆论的教育引导作用，通过加强对市民的教育、依托现代传媒、构建社区文化等方式，在全社会形成一种健康的、开放的、理性的价值评价体系，引导全社会以公平、公正、友善、互爱的姿态来接纳和对待农业转移人口，使其尽快融入城市生活，形成和谐的人际关系；从城市市民来说，要树立现代市民理念，摒弃狭隘的地方保护主义观念，以思想上的尊重、态度上的热情、行为上的友善来对待农业转移人口。

（作者信息：王习贤，中共湖南省委党校期刊社主任、研究员；
贺治方，中共湖南省委党校期刊社副主任科员）

注 释

［1］史柏年：《城市边缘人——进城农民工家庭及其子女问题研究》，社会科学文献出版社 2005 年版，第 79 页。

［2］吴红兵：《多元文化主义视角下对农业转移人口文化价值观市民化的反思》，《法制与社会》2009 年第 11 期。

［3］王小红：《农村转移人员文化资本的缺失及其对社会地位的影响——布迪厄文化资本理论的启示》，《外国教育研究》2008 年第 6 期。

非法外国移民在中国：现状、症结与对策

无论在传统移民国家如美国、加拿大、澳大利亚，还是在非传统现代移民国家如英国、法国、德国等，中国的非法移民问题曾经是影响中国政府与西方发达国家政府之间关系的重要问题。但进入 21 世纪以后，伴随着我国对外开放步伐的加快、经济与社会发展水平的迅速提高，中国已成为一些国家、特别是欠发达国家外迁移民的目标国家。伴随着大量外国移民到来，困扰西方发达国家达一个世纪之久的非法外国移民问题，也在中国产生。但与西方发达国家不同的是，我国既无完善的移民法律体系，也无自上而下的、专门管理外国人的系统的移民管理机构，由此，违法犯罪、危害我国非传统安全的非法外国移民问题在我国愈演愈烈。本文拟就非法外国移民在中国的现状、非法外国移民管控中存在的问题及解决非法外国移民问题的对策，做一初步研究。

一 非法外国移民问题在中国的背景与现状

非法外国移民问题在中国的产生和发展，有着深刻的中国社会发展背景。一方面，日益开放、充满勃勃生机和活力的中国，受到越来越多的包括西方发达国家和发展中国家的外国人的青睐，来中国观光旅行、投资办厂、工作和生活的外国人迅速增长。据公安部出入境管理局统计，到 2012 年 12 月，外国人入出境共计 5435. 15 万人次，同比增长 0. 35%。其中入境 2719. 15 人次，同比增长 0. 23%。外国人入境人数居前十位的国家是：韩国、日本、俄罗斯、美国、马来西

亚、越南、新加坡、蒙古、菲律宾、澳大利亚。入境外国人中，观光休闲1162.90万人次，占入境外国人总数的42.77%。[1]2010年第六次人口普查关于在华外国人的最新数据显示，接受调查和统计的在华工作和生活的外国人已达到593832人。[2]来自世界五大洲的190多个国家，主要分布在我国的中东部地区，尤其是北京、上海和广东等地。另一方面，进入21世纪以来，迅速发展的中国日益成为某些国家，尤其是欠发达国家移民的目标国家。2013年9月世界移民组织发布的《国际移民报告》显示："2011年，中国共居住着68万多名外国人，与10年前相比增长了35%，中国成为越来越具有吸引力的移民目的地国，原因是中国经济的快速增长，以及较低的生活成本。其中，包括来自发达经济体的移民，例如来自韩国、日本及欧美国家，还有台湾和香港地区，'海归'华人。与此同时，南亚和非洲国家也有不少人移民到中国，主要进入中国的外来劳务市场。"迅速发展的中国甚至吸引了某些发达国家的移民。正如国际移民组织研究部主任弗兰克·拉克科所说："我们注意到正在出现的一个新趋势，即从发达国家移民到发展中国家，比如从葡萄牙移民到巴西、莫桑比克、安哥拉，或移民到中国等地区。"[3]毫无疑问，中国越来越成为具有吸引力的移民目的地国。

国际移民的一般规律表明，当一个国家或地区成为移民目标国以后，伴随着大量合法移民的进入和移民网络的形成，必然有数以万计的非法移民接踵而至。进入21世纪，中国在成为国际移民的目标国以后，由于我国无论在移民政策、移民机构、移民管理和接纳外国人的民众社会心理上，都缺乏足够的准备，因此，面对越来越多的非法移民，我国相关部门缺乏强有力的法理依据和强力手段，于是，非法移民问题在我国呈现出急剧上升的趋势。在我国，逐渐凸显的非法移民问题主要表现为非法入境、非法滞留和非法就业，即所谓的"三非问题"。从非法移民的规模上来看，由于我国相关政府部门缺乏关于非法移民的统计数据及公开发布，因此，无法统计出全国非法移民的具体数量。但我们依然可以从有关学术研究成果和新闻媒体的报道中，管窥到非法外国移民的规模。据有关部门统计和学者研究表明，2004年外国人在华求职非法打工者增多，每年查处2万起。"2006

年，我国公安机关查处非法入境、非法居留、非法就业的‘三非’外国人3.6万人，遣返出境9560人。此前5年间，全国公安机关共查获‘三非’外国人122690人；此前近10年间，全国共遣送‘三非’外国人6.3万人次。”[4]我国的外国非法移民主要集中在珠三角、长三角、北京和东北地区。

珠三角的非法移民状况以广东、广西和云南的统计数据为例。广东省2007年共查处“三非”外国人7000多人，以非法就业居多，其中拘留审查700多人。最近数年的统计显示，广东省发现和查处的“三非”外国人逐年增多，平均逐年增长率达40%。[5]在广西，来自越南的非法劳工数以万计。据有关部门统计，在2006年，广西靠近边境五县市共有5018对跨国婚姻，绝大多数属于非法移民。据广西崇左市人力资源和社会保障局介绍，2010年在崇左务工的越南人主要在崇左市江洲区，宁明、龙州、大新、扶绥等县以及凭祥市，85%是从事砍运甘蔗，其他的分散在建筑、酒店等行业。崇左市日常农村劳力缺口在3万人左右，到每年甘蔗榨季，缺口达到5万人，这些缺口大多被闻讯而来的非法越南劳工填补。据边防部门统计，仅广西“凭祥市边民与毗邻的越南边民存在不办理结婚登记的有1434对，共生育子女2190人；自1980年至2006年6月底，与越南山水相连、边界线长达184公里的龙州县，非法入境通婚的越南妇女人数达1154人，在中国成婚以后，生育子女共1441人”。[6]在与缅甸果干地区接壤的云南边陲，缅甸政府与果干地区的持续不断的地区冲突，使得数以万计的难民进入中国边界。

长三角的非法移民状况，以上海市的统计数据为例。统计表明，“2003年到2009年，上海共查处‘三非’案件18835起，其中，非法入境案件275起，非法居留案件17180起，非法就业案件1380起。”[7]

北京和东北地区的非法移民状况，以北京和吉林省的统计数据为例。2006年，北京市公安局查处外国人“三非”案件4806起，同比上升1.7%，拘留审查并遣送出境外国人339人，同比上升54.1%。在东北三省，进入21世纪以来，朝鲜连续试射导弹而在国际舞台上日益孤立，于是，来自国际社会的援助、特别是粮食援助大幅度减少，再加上最近几年的旱灾，朝鲜民主主义人民共和国面临着严重的粮食短缺的危机。由此，居住在朝中边境上的大量朝鲜饥民，越过国境管理相对宽松的中朝边境，非法进入中国。据联合国难民署和国际人权组织的统计数据，有多达30万—50万的朝鲜饥民非法进入中国境内。“据统计，2007—2009年沈阳出入境管理部门查处的‘非法居留’外国人占‘三非’总人数的90%，且年均增长20%左右。”[8]

如果上述数据属实，而且推算及其他与我国接壤的边陲省市，我们认为，到2013年12月，在中国内地的非法外国移民至少在60万—80万，而且呈现出持续高速增长的态势。

二　中国出现非法外国移民问题的症结所在

非法外国移民问题的大量存在，不仅影响着我国正常的出入境管理秩序，而且非法外国人日益增长的贩毒、抢劫、强奸、人口走私等社会犯罪活动，也严重威胁着我国的非传统国家安全。那么，管理外国移民不力、造成我国境内的非法外国移民问题的根本症结在哪儿呢?

第一，针对在中国大陆的外国人的管控立法严重滞后，只有一部于2013年7月1日刚刚实施的《中华人民共和国出境入境管理法》，至今尚无一部像德国《新移民法》那样，对外国移民的入境、居留、就业、社会保障、社会融入、难民、非法移民、调查与遣返、技术移民、投资移民、长期居留、入籍等内容进行完整规制的移民法。对外国人的管控，多是基于某一部门或多部门联合的、针对外国移民在中国的某一环节的单一管理规定。如2013年9月实施的公安部的《中华人民共和国外国人入境出境管理条例》、1996年颁布实施的由原劳动部、公安部、外交部、对外贸易经济合作部联合制定的《外国人在中国就业管理规定》、2004年公安部、外交部第74号令、于2004年8月15日发布实施的《外国人在中国永久居留审批管理办法》、2013年10月15日颁布实施的人力资源和社会保障部令第16号《在中国境内就业的外国人参加社会保险暂行办法》、1994年1月31日国务院令第144号颁布实施的《中华人民共和国境内外国人宗教活动管理规定》、1999年1月1日颁布实施的、由国家宗教事务局、国家外国专家局、公安部联合制定的《宗教院校聘请外籍专业人员办法》、《对外国专家局、教育部制定的外国文教专家工作试行条例的批复》[国发（1980）270号]，国务院1980年10月29日颁布的《外国文教专家试行条例》、2007年10月公安部颁布实施的《公安派出所外国人住宿登记》等。而针对外国人的违法、犯罪之惩戒规定，多在《中华人民共和国出境入境管理法》《中华人民共和国刑法》等相关章节中。相关外国人综合立法——移民法的严重滞后，客观上造成了外国人在我国的非法居留和非法就业。

第二，我国现有法律、法规对外国人的非法入境、非法居留和非法就业的非法行为的处罚标准过低，在某种程度上助长了外国人的非法行为。毫无疑问，非法入境、非法居留和非法就业属于危及国家边境秩序与安全和非传统国家安全的严重违法行为，但我国相关的法律法规对外国人在中国的“三非”行为的处罚标准过低。目前，针对外国人在中国的“三非”行为适用的法律，主要是于2013年7月1日刚刚实施的《中华人民共和国出境入境管理法》。

依据该法第71条、第72条的规定，对外国人非法出入境的行为，仅仅“处1000元以上5000元以下罚款；情节严重的，处5日以上10日以下拘留，可以并处2000元以上10000元以下罚款”；“协助他人非法出境入境的，处2000元以上10000元以下罚款；情节严重的，处10日以上15日以下拘留，并处5000元以上20000元以下罚款，有违法所得的，没收违法所得”。

依据该法第78条、第79条的规定，对外国人非法居留的行为这样处罚：“外国人非法居留的，给予警告；情节严重的，处每非法居留一日500元、总额不超过10000元的罚款或者5日以上15日以下拘留。因监护人或者其他负有监护责任的人未尽到监护义务，致使未满16周岁的外国人非法居留的，对监护人或者其他负有监护责任的人给予警告，可以并处1000元以下罚款。容留、藏匿非法入境、非法居留的外国人，协助非法入境、非法居留的外国人逃避检查，或者为非法居留的外国人违法提供出境入境证件的，处2000元以上10000元以下罚款；情节严重的，处5日以上15日以下拘留，并处5000元以上 20000 元以下罚款，有违法所得的，没收违法所得。单位有前款行为的，处 10000 元以上 50000 元以下罚款；有违法所得的，没收违法所得，并对其直接负责的主管人员和其他直接责任人员，依照前款规定予以处罚。”

依据该法第 80 条的规定，对外国人非法就业的行为这样处罚：“外国人非法就业的，处 5000 元以上 20000 元以下罚款；情节严重的，处 5 日以上 15 日以下拘留，并处 5000 元以上 20000 元以下罚款。介绍外国人非法就业的，对个人处以每非法介绍一人 5000 元，总额不超过 50000 元的罚款；对单位处每非法介绍一人 5000 元，总额不超过 100000 元的罚款；有违法所得的，没收违法所得。非法聘用外国人的，处每非法聘用一人 1 万元，总额不超过 10 万元的罚款；有违法所得的，没收违法所得。”

由此可见，我国对外国人的“三非”行为所应承担的法律责任仅仅是接受经济处罚，而且处罚的金额较低。这就在客观上给非法外国人造成一种错误印象：在中国，只要接受罚款处理，移民的“非法性”（非法出入境、非法居留和非法就业）就可以成为一定意义上的“合法性”。由此可见，我国法律对外国人的“三非”行为处罚太低，无法有效制止外国人在我国的“三非”现象的蔓延。按照违法的成本分析，如果违法所获得的收益远远多于守法所获得的收益，那么，违法行为就会成为值得冒险的行为，由此，就会造成违法现象的蔓延和失控状态。实际上，我国境内的外国人的“三非”行为及其愈演愈烈的势头，与我国相关法律法规对“三非”行为所应承担的法律责任的规定过低紧密相关。

第三，入境签证发放和入境居留管控的主要管理部门各自为政，缺乏部门间的信息共享和相互支持，导致外国人在中国的非法行为失去有效的管控。

对外国人发放签证、实施管理的主要部门是外交部门和公安部门。依据《中华人民共和国出境入境管理法》第 4 条的规定：“公安部、外交部按照各自职责负责有关出境入境事务的管理。中华人民共和国驻外使馆、领馆或者外交部委托的其他驻外机构（以下称驻外签证机关）负责在境外签发外国人入境签证。出入境边防检查机关负责实施出境入境边防检查。县级以上地方人民政府公安机关及其出入境管理机构负责外国人停留居留管理。公安部、外交部可以在各自职责范围内委托县级以上地方人民政府公安机关出入境管理机构、县级以上地方人民政府外事部门受理外国人入境、停留居留申请。”也就是说，发放外国人入境签证的是外交部及其驻外机构，但外国人出入中国海关和在中国内地居留、工作、就业和生活的管控部门是公安部及各省市县的公安部门，对外国人的非法行为进行处罚的是公安分局和基层派出所。尽管《中华人民共和国出境入境管理法》第4条明确规定：“公安部、外交部在出境入境事务管理中，应当加强沟通配合，并与国务院有关部门密切合作，按照各自职责分工，依法行使职权，承担责任。”第5条规定：“国家建立统一的出境入境管理信息平台，实现有关管理部门信息共享。”到目前为止，公安机关并没有建立起各省及全国统一的涉外处罚外国人网络信息平台。因此，外国人在中国的非法行为处罚信息，甚至是被遣返的外国人的相关信息，就无法反馈到外交部及其驻外机构。由此，从而使得一些受到处罚，甚至被遣返的外国人，依然可以在我国的外交部门及其使领馆、驻外机构再次申领中国签证，而使领馆和驻外机构并不知道这些外国人在中国被处罚的信息记录，从而没有对这些外国人拒绝发放入境签证，由此，这些本该拒斥在国门之外的外国人堂而皇之地再次出入中国国境和在中国境内居留。由此可见，缺乏公安部、外交部共享的外国人非法行为处罚信息的网络信息平台及信息和管控外国人的主要管理部门各自为政，是导致外国人在中国的非法行为失去有效管控的重要原因。

第四，管理外国机构和外国人的相关政府部门缺乏协调、支持和信息共享，存在着严重的管理盲区，这是外国人“三非”行为愈演愈烈的重要因素。按照目前的法律规定，管理外国机构和外国人的部门主要是公安部门和外交部门，还涉及宗教、人力资源与社会保障、工商、税务、教育、旅游、司法、民政、卫生等多个政府部门。为了提高管控外国人工作的效率，一些省市的上述政府部门相继建立了分工协作的联席会议制度，但是，联席制度毕竟是一种临时的，过于松散、法律约束力低、可操作性差的制度，因此，这种制度存在着先天性的不足。表现在：各部门掌握的外国人的相关信息没有共享、沟通协调机制不健全，由此，造成对外国人管控存在着诸多“真空地带”。[9]仅以非法就业为例，“按照现有政府部门的职能分工，劳动保障部门负责外国人入境就业管理，公安部门负责外国人入出境和居留管理。但由于1986年12月经国务院批准，由公安部、外交部颁布的《中华人民共和国外国人入境出境管理法实施细则》规定：外国人私自谋职和单位私自聘用外国人由公安部门执罚，所以目前外国人就业管理出现了劳动保障部门主管，公安部门执罚的局面。”[10]由此造成了管理主体和执罚主体的分离。这就形成了人力资源与社会保障部门重视就业的发证工作、轻视日常的管理，没有处罚权；而公安部门重视处罚，有处罚权，而无实际上的日常管理权的矛盾局面。在我国，“劳动保障部是外国人就业管理的主管部门。外国人在中国就业管理工作涉及许多方面，各地劳动保障部门应主动向公安、外事、外经贸等部门通报情况，取得共识，协调行动，确保工作顺利开展。特别是在审批就业许可证时，应和当地公安部门联系，了解拟聘用的外国人是否符合在中国居住的条件，然后做出批准与否的决定。”[11]但实际上，劳动保障部门、公安部门、外国专家局、教育部门、外事部门，都是外国人管理的主体部门，都是按照自己部门的相关规定处理涉外事务，而这些部门的相关规定，往往是相互制约，有些甚至是相互冲突的，由此，造成管理外国人主体的多头分散，不能统一形成外国人管理上的合力，从而严重影响了对外国人就业的管理力度和管理效果，这也是外国人非法行为愈演愈烈的重要因素。

第五，对“三非”外国人实施管控和处罚的主要部门的公安部门，面临着遣送机制不顺、基层派出所涉外队伍水平不高、内部信息不畅等问题，这是导致在中国的外国人“三非”行为愈演愈烈的重要因素。

首先，对“三非”外国人的遣送机制不顺。表现在：一是《中华人民共和国出境入境管理法》中的遣送条款第62条与第七章中的第70条到第81条关于非法入境、非法居留和非法就业的处罚条款相冲突。遣送条款第62条这样规定：“外国人有下列情形之一的，可以遣送出境：（一）被处限期出境，未在规定期限内离境的；（二）有不准入境情形的；（三）非法居留、非法就业的；（四）违反本法或者其他法律、行政法规需要遣送出境的。其他境外人员有前款所列情形之一的，可以依法遣送出境。被遣送出境的人员，自被遣送出境之日起 1 至 5 年内不准入境。”这意味着，外国人在中国非法入境、非法居留、非法就业的，就可以遣送出境。但该法的第 70 条到第 81 条关于非法入境、非法居留和非法就业的法律责任，绝大多数仅仅是罚款。二是公安机关遣送违法外国人的费用，没有在财政上单独预算。这意味着，公安机关对违法外国人遣送得越多，需要公安机关自我支付的相关费用就越大。因此，公安机关面对该遣送的外国人，宁愿选择处罚中的罚款条款，也不愿意将“三非”外国人遣送出国。因为通过罚款的方式，不仅不会增加遣送出境的费用，而且可以增加公安机关的预算外收入。三是遣返的效果不佳，公安机关也失去遣返的兴趣。特别在中越、中缅边境的中国境内，生活着数以万计的非法入境，或与我国公民结婚、生育的外国人，对这些人进行遣送，出现屡次遣送出境、屡次再入境的现象。以遣送的缅甸人为例，由于“缅方在遣送工作上的配合、协助不力，对遣返归国的‘三非’人员不接受、不处罚，特别是对被遣返的违法犯罪人员也不采取管制措施，导致超过 90% 的被遣送出境的缅籍‘三非’人员不出三日即又通过边境便道或其他途径重返我国，遣返工作处于‘屡遣屡返’的困境”。[12]在云南德宏地区，“90% 以上被遣返出境的‘三非’外国人，当日又从边境小路、通道非法入境，长期滞留”。[13]这样，公安机关投入了大量的人力和财力，但遣送的效果不佳，致使公安机关逐渐失去将违法外国人遣送出境的兴趣。

其次，公安基层派出所涉外队伍水平偏低、拘留设施欠佳。按照目前公安部门对外国人的管理分工，由基层派出所具体负责对“三非”外国人的查处和处罚。但目前公安部门的基层派出所涉外队伍普遍存在着外语水平不佳、涉外管理经验欠缺和对外国人政策把握不准的问题。再加上多年来我国政府部门形成的“外交无小事”思维的影响，面对外国人的违法犯罪，特别是外国人的“三非”行为时，因查处此类问题的专业性强、难度大、存在一定的工作风险，因此，基层干警普遍存在着“不愿管”“不想管”的现象，从而造成了外国人“三非”行为的某种程度上的放任自流，这也是直接导致外国人

“三非”行为日益剧增的重要因素。

最后，公安系统内部各警种之间各自为战，内部情报信息不畅，公安系统没有建立统一的内部各部门共享的外国人违法信息系统。目前，我国公安系统内有国保、刑侦、治安、边防、出入境等众多部门，上述部门往往有着严格的工作分工，从而使它们着力于自身的职能领域，结果造成公安机关内部各警种之间各自为战的倾向明显，有关外国人的“三非”信息和外国人违法犯罪的情报等资源，没有实现充分共享。客观而论，目前，我国公安系统还没有建立覆盖全国的、关于外国人违法犯罪的信息系统。正因为如此，即使公安系统内部，也难以形成打击外国人的“三非”行为的合力。

三　解决中国的非法外国移民问题的对策

尽管目前在中国的非法移民的规模不大，但其对我国边境国家安全、社会与经济秩序的危害不可小觑，而且其中外国人吸毒、贩毒、走私、抢劫等刑事案件，严重威胁着我国的国家安全与社会稳定。可以预测的是，伴随着我国经济与社会发展水平的提高，日益繁荣的中国将是许多国家，特别是欠发达国家非法移民的目标国家。正因为如此，我们应当防患于未然，针对中国的非法外国移民问题，积极寻找解决此问题的方案和对策。

第一，借鉴像德国那样的民族国家的移民管理成功经验，制定涵盖外国移民的出入境、居留、就业、社会保障、社会融入、难民、非法移民、调查与遣返、技术移民、投资移民、长期居留、入籍等内容进行完整规制的《中华人民共和国移民法》。中国是传统的民族国家，因此，我们无法从美国、加拿大、澳大利亚等传统的移民国家那里借鉴其完善的移民法规，但我们依然可以从传统的民族国家——今日的现代移民国家——德国那里，借鉴其成功的移民管理法规。2005年1月1日实施的德国《新移民法》，被看作西欧国家成功管理外国移民、解决移民问题的成功立法。制定和实施《中华人民共和国移民法》，就可以解决政府各部门依据自己部门的管理规定、各自为政管理外国人的局面，从而从根本上解决在中国的非法外国移民问题。

第二，借鉴法国、英国、德国、澳大利亚、新加坡、日本等国家的立法经验，加大对外国人的“三非”行为的处罚力度，尽快修订《中华人民共和国出境入境管理法》，对非法移民的非法行为，除经济处罚外，可考虑直接入刑。我国新实施的《中华人民共和国出境入境管理法》对目前“三非行为”的外国人和协助外国人实施“三非”行为的单位和个人的处罚，主要是经济处罚，而且罚款金额较低。但公安机关查处外国人的“三非”行为的成本较高，由此造成公安机关不愿查处“三非”行为的局面。由于“三非”外国人多数是出于在中国更好的生活等经济原因而在中国非法出入境、非法居留和非法就业的，因此，数额较低的经济处罚，不足以从根本上震慑“三非”外国人。在这种情况下，借鉴西方发达国家成功的惩治非法移民的立法经验，及时修订对外国人的“三非”行为处罚力度较低的《中华人民共和国出境入境管理法》，就成为亟待解决的当务之急。在澳大利亚，外国人非法就业被查获将处罚 10000 美元，还要偿还政府的工作费用；法国则对偷渡者罚 4600 欧元；英国对非法移民处 200 英镑罚金或半年以下监禁，或两者并罚；新加坡对偷渡者处 6000 元罚款或半年至两年监禁；在南非，将任何人以任何方式帮助非法外国人或协助外国人从事违反法律规定活动的行为都视为犯罪，并可被判处罚金或不超过 18 个月的监禁；日本对非法居留外国人处 30 万日元罚金，或 3 年监禁，5 年不能再次进入；缅甸对外国人偷越缅甸国境判处 6 个月至 5 年徒刑；泰国对非法居留者处 2 年以上监禁，或 2 万铢以下罚款，或并罚。我国在修订出入境管理法时，可借鉴上述法条。将外国移民的非法行为或帮助、协助外国移民的非法行为直接入刑。这样，可形成对外国移民非法行为和协助外国人非法行为的强大压力。

第三，组建隶属于国务院的从中央政府到地方政府、自上而下的专门管控外国人的移民与难民管理部，构建以移民与难民部为主体、其他相关部门分工协作、共享外国人信息的联动机制。移民和难民部负责对外国人在中国的服务、管控与处罚，同时，甄别来自欠发达国家的难民申请者，对符合相关条件的难民申请者，给予难民身份，并给予一定时限的居留期。“目前，中国的出入境管理体制是以公安部门和外交部门为主管机关，以教育部门、人力资源和社会保障部门、商务部门、工商部门、司法部门、旅游部门、民政部门、卫生部门等为辅助管理机关，分别就不同的出入境管理事务进行分工合作的体制……然而，由于涉及出入境管理工作的政府部门较多，使得出入境管理体制庞杂”，外国人管理盲区和管理漏洞在所难免。但“世界各国通常都不以公安部门（警察机构）为出入境管理工作的主管机关，而是由一个自成体系的专门的管理机构对出入境管理工作实行统一管理、垂直领导，一般称为移民局或者出入境管理局”。[14]在这方面，德国对外国人的管理体制及其机制，值得中国在下一步改革中借鉴。在德国，在联邦政府层面有移民与难民部，在各州同样有移民和难民部，负责对外国人的管控与服务，包括难民身份的申请与甄别等。移民和难民部需要与警察部门、外交部门、劳动部门、社会保障部门、教育部门等紧密联系，移民与难民部是外国移民和难民事务管理的核心部门，具体负责外国人出入境、移民与难民事务管理、社会融合、对违法外国移民的处罚和遣返等事务，而且建立了各部门共享的外国人信息管理系统。如果某一外国移民属于非法滞留的非法移民，劳动部门依据外国人信息管理系统的相关信息，就不会颁发其相应的劳动与工作许可；如果某一境外申请者是曾被驱逐出境的外国移民，那么，外交部门就会依据外国人信息管理系统，拒绝其入境要求，拒发入境签证。由此形成了移民与难民部为核心，其他相关部门联动的机制。非传统意义的现代移民国家的德国在外国人管控方面的管理体制与机制，值得我国借鉴。

第四，在当前缺乏移民与难民部相关政府部门的情况下，建议由公安部牵头，会同外交部门、人力资源与社会保障部门、教育部门、外专局、司法部门等涉外部门，尽快建立全国联网的外国人信息管理系统，将外国人在中国的相关信息，尤其是违法犯罪信息，及时共享给政府相关部门。目前，我国的公安部门和外交部门是管理外国人出入境、签证发放、居留、违法犯罪处罚、遣送出境等事务的主管部门。在现有的体制下，可由公安部门牵头，会同外交、人力资源与社会保障、外专等所有涉外部门，共建在华外国人信息网络平台。内容包括：姓名、性别、出生年月、国籍和婚姻状况（条件成熟的时候，在入境的时候，采集手指指纹和血液等生物学信息）等个人基本信息，以及教育简历、工作履历、签证种类及时限、在华居留记录、邀请单位记录、就业记录、社会保障记录、违法处罚记录、遣送出境记录、犯罪判决记录等社会信息。该外国人信息管理系统相关内容的创建、收集、更新和维护，需要我国涉外管理各部门的通力合作。同时，该信息管理系统的相关信息，也将在我国所有涉外管理部门中共享。

第五，在当下我国无移民与难民部直接管理外国人的情况下，公安部——作为对外国人出入境实施管理和外国人非法行为直接侦查和处罚的政府部门，面对日益增多的外国人的非法行为和非法外国人，应迅速理顺遣送机制、培训与建立高标准的涉外管理队伍，遏制在华外国人的“三非行为”愈演愈烈的势头。

一方面，公安部门应理顺对符合遣送出境的违法外国人的遣送机制。（1）建立遣送经费保证机制。建议政府相关部门制定法规，在一些边境省份，特别是非法外国人较多的省份，对违法外国人的经济处罚和其他违法涉外处罚的收入，不再列入地方政府财政预算外收入，而是直接列入财政预算外专项：外国人遣送经费，如果该专项经费不足，则从地方政府的财政账户中直接拨付。或者在财政预算内，单列外国人遣送经费专项。这样，就可以在经费上保证对符合条件的非法外国人遣送出境的目标的实现。（2）公安部门对危及非传统国家安全、符合遣送出境条件的非法外国人，要从维护国家安全和国家利益的高度，克服不愿管、不想管的思想，坚决遣送出境。（3）公安系统的出入境管理部门，严格入境管控，对已被遣送出境、不符合再次入境的外国人，即使通过非法途径骗取合法入境签证，也不能给予放行，而是将其挡在国门之外。出入境管理部门和边防，对无合法入境手续的非法外国人，无论出于何种原因，都应当将其拒之国门之外。（4）基层派出所公安干警，要出于对国家边境安全和国家安全高度负责的责任感，将所有非法外国人进行摸排，建立区域性的非法外国人信息系统，对符合遣送出境条件的外国人，及时联系公安系统的相关部门，遣送出境。（5）公安部协同外交部应与相关国家（如越南、缅甸、朝鲜等）的警察部门合作，就打击和遣返非法移民等非传统安全领域的国际合作，签署相关政府间的协议。为解决我国的“三非”外国人问题，搭建很好的政府间国际合作平台。

另一方面，公安系统面对越来越多的非法外国人的存在，要对直接面对外国人，特别是非法外国人进行处罚的基层派出所公安干警，进行系统的外语、法律政策和涉外警务培训，提高基层派出所公安干警应对非法外国人的执法能力。首先，进行外语，特别是英语培训，提高公安干警与外国人沟通和打交道的能力。目前，在我国的外国人来自多达 128 个国家和地区，因此，在对公安干警进行培训的同时，也要联系地方院校的外语学院中的小语种教师，协助公安干警。其次，要对公安干警进行系统的涉外政策的法律法规培训，进一步提高公安干警涉外执法的能力；最后，公安部门制定长期的培训规划，对基层派出所公安干警，进行系统的涉外警务知识和工作流程等培训。通过上述培训，全面提高基层派出所公安干警涉外执法的能力。

第六，制定和实施《中华人民共和国外国人在华临时安置与社会救助实施办法》，将无法遣送出境的“三非”外国人和获得中国政府认可的难民，给予人道主义的安置和社会救助。同时，将在中国居留和工作，尤其是长期居留和长期工作的外国人，按照《中华人民共和国移民法》进行管理，促进外国人在中国的社会融合。

在我国成为欠发达国家的移民目标国以后，也遇到了与西方发达国家一样的共同难题——无论在传统移民国家的美国、加拿大和澳大利亚，还是在非传统意义的现代移民国家的德国、英国和法国，总是存在数量不等、规模各异的无法被遣返的非法移民或难民申请者以及获得认可的难民。按照国际公约，应给予这些外国人以不同待遇的人道主义的安置。但我国目前尚无相关的法律法规，因此，对这些在华的外国人，多处于放任自流的状态，一些无生活来源的非法外国人，极易走上贩毒、走私、抢劫等违法犯罪的道路，危及我国的传统国家安全，在我国与越南、缅甸、朝鲜等接壤的省份，这种情况表现得尤为突出。因此，尽快制定和实施《中华人民共和国外国人在华临时安置与社会救助实施办法》，对上述无法遣返的非法移民或难民申请者，以及获得认可的难民，我国政府相关部门在居留、生活安置、生计、教育、遣返第三国等方面，给予符合国际人道主义的安置和社会救助，减少和避免其危害我国的非传统国家安全行为的发生。同时，对于在中国合法居留和工作、生活的外国人，政府相关部门也要在外国人中普及《中华人民共和国出境入境管理法》《外国人在中国永久居留审批管理办法》和将来实施的《中华人民共和国移民法》等法律法规知识，让这些外国人及时办理或更新、变更、延长证件的有效期，避免因为缺乏相关法律法规知识的了解而造成的非故意的“三非”行为的发生。

（作者信息：宋全成，山东大学哲学与社会发展学院移民研究所教授）

注　释

［1］新华社：“2012 年中国出入境人数总数达 4. 31 亿”，http：//news. xinhuanet. com/politics/2013 - 01/15/c_ 114378807. htm。

［2］中国 2010 年人口普查资料：按年龄、性别分的境外人员，http：//www. stats. gov. cn/tjsj/pcsj/rkpc/6rp/indexch. htm。

［3］新华社：“国际移民组织：在中国居住的外国人十年增 35%”，http：//finance. huanqiu. com/data/2013 - 09/4360152. html。

［4］庄会宁：《“三非”外国人究竟有多少》，《人民公安》2007 年第 5 期。

［5］季明、陈冀、李舒：《外国人非法就业新动向》，《瞭望》2008 年第 2 期。

［6］杜万鞭：《“三非”问题综合治理对策》，《云南警官学院学报》2013 年第 2 期。

［7］郭建新：《在沪外国人“三非”案件的发案趋势与世博后的防控对策》，《上海公安高等专科学校学报》2010 年第 5 期。

［8］武广震：《辽宁省外国人非法入境、非法居留、非法就业问题及防控对策》，《党政干部学刊》2011 年第 7 期。

［9］杜万鞭：《“三非”问题综合治理对策》，《云南警官学院学报》2013 年第 2 期。

［10］刘正让：《关于外国人在中国就业管理的思考》，《中国劳动》2000 年第 2 期。

［11］叶氢：《走向有序统一：三非外国人治理研究》，《政法学刊》2011 年

第 2 期。

[12] 张洁:《边境地区“三非”人员跨境违法犯罪问题研究》,《云南警官学院学报》2014 年第 2 期。

[13] 李玉洁:《德宏边境地区“三非”外国人现状的思考与对策》,《云南警官学院学报》2012 年第 5 期。

[14] 魏琪:《中国公安出入境管理体制改革研究》,《中国人民公安大学学报》2009 年第 5 期。

“开斋”“古尔邦”：都市穆斯林流动人口的精神家园

流动人口是城镇化进程中出现的重要问题，农村人口流向城市、民族地区人口流向东部地区等都是我国在快速发展过程中出现的问题。近年来，少数民族的人口流动方向呈现出这样几个特点：第一，中东部地区的汉族人口向西部民族地区流动；第二，西部少数民族农村人口流向当地城镇；第三，西部少数民族流向中东部地区。在这三种人口流动类型中，笔者重点关注从西部地区流向东部都市的穆斯林流动人口的宗教节日问题。作为穆斯林民族最为重要的两大宗教节日，开斋节与古尔邦节的产生、发展融合了民族、宗教、历史、文化等多种社会要素，在穆斯林社会生活中具有重要意义。

对于那些来到东部大都市的广大穆斯林流动人口而言，他们一方面在适应都市的现代生活，同时仍然在传承自己的传统文化。在社会文化适应中，他们面临着诸多困惑与挫折。开斋节与古尔邦节是穆斯林传统文化中较为重要的两个方面。他们怎样在都市中欢度这两大宗教节日，节日文化中的精神元素对他们在适应都市生活中提供了怎样的帮助，都是本文所要探讨的重要问题。

一　节日——穆斯林流动人口异地欢聚的特定时空

自2000年以来，从西部地区来到中东部地区的少数民族流动人口呈现出不断增加的趋势。在珠三角的广州、深圳、东莞等城市，长三角的上海、南京、杭州等城市，环渤海地区的北京、天津等城市，中西部地区的武汉、长沙、郑州等城市都形成了大量少数民族流动人口潮，他们从事不同的职业，为所在地区的社会发展作出了重要贡献。少数民族流动人口的职业构成大概有三种情况：第一类是各种普通的体力劳动，包括建筑工地、家政服务、搬运公司等劳动密集型工作，他们多来自中南、西南地区；第二类是从事各类工商活动，如清真餐饮、牛羊肉销售、制作销售切糕等工作，这些人多数是来自西北地区甘、宁、青、新等省区的回、维吾尔等族穆斯林。第三类是各种流动商贩，他们从事各种手工制品、药材、土特产的流动销售，大多数是来自西南、西北地区的藏、苗、回、维等民族的流动人口。从这三种类型中，我们可以看到，很多回族、维吾尔族、保安族、东乡族、撒拉族等穆斯林流动人口为了改变生活现状，从相对贫困的家乡来到东部地区的北京、上海、天津、南京、广州等地，从事清真餐饮、地方土特产加工、销售等工作。

这些在异地谋生的穆斯林随着生活环境的改变，内心深处也面临着许多困惑与不安，当传统节日到来时，内心的归属需求与群体认同体现得尤为明显。回、维等穆斯林民族主要有开斋节、古尔邦节、圣纪节等节日，以开斋节与古尔邦节最为重要。节日文化在任何一个民族中都非常重要，不仅集中展现了该民族各类文化的精髓，本身还蕴含着诸多宗教、伦理、仪式等文化元素，成为展现一个民族物质与精神文化的最佳载体。在异地从事各种活动的穆斯林交际圈子往往较窄，多数人很少与当地群众进行互动。对于大多数流动的穆斯林而言，他们的日常生活主要限于清真餐馆或一些流动商摊。生活圈子的狭窄使他们在陌生的都市中，只能依靠同族老乡来获得感情与精神上的慰藉。笔者在北京、天津等地与一些卖干果的维吾尔族或者当拉面师的回族人聊天时，他们表达了比较相似的看法。在陌生的都市中比较孤独，很少与当地人交流，仅仅通过不定期地与老乡聚会来排遣寂寞。事实上，很多流动穆斯林朋友也试图通过多种途径来获得与他人的交流。但是，因为文化水平的制约、宗教信仰的差异，使得他们的交流空间一直不能突破已有的圈子。在大城市中流动穆斯林多数分布在城市的不同角落，平时见面的机会并不多，他们一般的交际圈子也仅限于通过手机等途径来获得相互间的联系。由于工作条件以及文化素质等方面的原因，大部分流动穆斯林很少通过互联网与外地朋友间进行互动，他们在工作之余的孤单感会更强。

开斋节与古尔邦节对于很多流动穆斯林而言，是他们在一起欢聚、交际的重要媒介。据笔者在北京牛街礼拜寺、天津红桥东大寺的观察来看，开斋节当天来清真寺做礼拜的不仅有清真寺附近的常住居民，也有本市其他地区的居民，还有很多是在本市高校就读的穆斯林大学生。此外，从西北等地来这里务工、做生意的流动人口以及一些国外穆斯林友人，甚至个别常年在清真寺附近行乞的穆斯林等也在开斋节、古尔邦节这天到清真寺参加会礼。这些人不论何种身份，在节日当天共聚清真寺，共同追寻心中的信仰以及对于伊斯兰文化的认同。对于那些从西北地区来到大都市从事各项工作的穆斯林流动人口而言，开斋节、古尔邦节能到清真寺参加大型会礼，已成为他们在异地生活中不可或缺的一项重要活动。每当两大节日来临之前，他们提前几天就做好了准备，心中默默期盼着节日的到来。一些由青海回族、撒拉族人开设的清真饭馆，在两大节日当天往往会歇业一天，店里的老板、伙计都会到清真寺做会礼。从事其他活动的穆斯林在节日当天一般也会到清真寺来。笔者于 2011 年开斋节期间，在牛街礼拜寺对一位来自宁夏同心县姓杨的回族小伙子进行了访谈："我在××大学的清真食堂当拣菜工。来北京已经两年了，中间一直没有回过宁夏。在老家时，我斋月里从来不会落了封斋。现在在清真食堂打工，我也尽量坚持封斋。每年到了开斋节，我感到特别亲切。我们很多老乡会提前约好了，开斋节这天来牛街礼拜寺做个礼拜。过节时也特别想家，我们在老家的时候开斋节特别热闹，一般要过三天。现在到了这边没有办法，尤其我没有办法给我无常（去世）不久的爷爷走坟。我只有在礼拜快结束时，向安拉祈祷，恕饶我的爷爷，保佑我家里人都平安。"

这些穆斯林一般在节日当天一大早就结伴前往清真寺。有的人会在租住的房屋里洗好"大、小净"，直接到清真寺做会礼。有的人来得比较早，是为了在清真寺洗"大、小净"。此后，有的人提前进入大殿，静静等候阿訇的到来，聆听"瓦尔兹"（劝导、教诲），再礼乃麻子。还有些人洗完“大、小净”之后，并不急着进入大殿，而是在门口的长廊上坐着聊天。有的人聊起来兴致一高，不免有些喧哗。有些人尽管都是朋友，但可能好久没有谋面，参加大型会礼让他们能够获得在一起重逢的机会。可见，开斋节的大型会礼不但是这些流动穆斯林所必须履行的宗教义务，还对于加深他们之间的感情，增进友谊具有重要意义。通过这种场景，我们能够看到不少流动穆斯林在久别之后的兴奋与喜悦。远离家乡的他们，往往用方言畅聊来表达对于家乡的想念以及身处异地各种不尽如人意的人生感叹。因为他们中大部分人的家属不在本地，本地也没有太多亲朋好友。参加完会礼之后，他们往往要到租住的房屋或者清真寺附近的清真餐馆进行聚餐。如果在家里聚餐，一般会做出家乡的地道美食，大家一起品尝；如果在外聚餐，往往也选择具有家乡风味的清真餐馆。开斋节的聚餐具有一定的现实及精神意义，这与一个月的斋戒有关。尽管我们没有确切数据证明在不同城市斋月里持斋的穆斯林占当地流动穆斯林总数的比例，但是通过访谈发现持斋者应该不少。伊斯兰教认为斋月里持斋，节制饮食对穆斯林的身体、道德、心智都会产生重要意义。因此，斋月里持斋成为穆斯林的一项宗教义务，流动穆斯林在斋戒结束后的开斋节进行聚餐，从现实意义讲是斋戒之后的能量补充；从精神意义讲则是对一个月斋戒的集体纪念。流动穆斯林在过开斋节与古尔邦节时，整个节日程序要比在家乡时减少了许多。除了参加会礼之外，中国各地穆斯林欢度这两大节日时还有一些共同习俗，如给亡人走坟、走亲访友、相互宴请，古尔邦节还有宰牲习俗。但是，由于时空环境的局限，大部分流动穆斯林在节日期间最重要的活动，也只能是到清真寺参加会礼，其他几个环节在都市生活中往往无法实现。正是因为两大节日中包括着宗教、伦理、礼仪等多种文化要素，才使得都市中的流动穆斯林在过节时往往感觉不完整。他们只能通过礼拜时的祈祷以及会礼之后的聚餐，最大限度地还原这些节日本应遵循的一些程序。

从表面看，节日中的活动是人们通过不同的文化场景，实现人与人之间的互动。但是，从深层来看，这些习俗是以宗教为纽带而将人们聚合起来的一个特定时空场景。宗教对于人际关系的调节具有重要作用。斯特伦曾说过：“当一种动态的、生机勃勃的与他人的交往导致某种生活变革与自我发现时，人们的相互交往与相互作用，就变成某种宗教的交往。这种性质的人际交往和相互作用，既出现在传统的宗教表现之中，也出现在它们之外。”[1]开斋节与古尔邦节期间流动穆斯林在宗教节日里的互动情景，有点类似于布迪厄（Pierre Bourdieu）所说的场域。其具体内涵是指，“从分析的角度来看，一个场域可以被定义为在各种位置之间存在的客观关系的一个网络（Network），或一个构型（Configuration）”[2]。在这样的场域里，节日作为一个使人与人之间发生互动关系的纽带，也可以说是一种宗教仪式网络，促使不同角色的人在这样的网络里互动，进而加深了人与人之间的联系。节日里人们共同庆祝，彼此为共同的信仰而祈祷，彼此在热闹的节日气氛中彰显个性。伊斯兰教促使开斋节与古尔邦节两大节日产生，这两大节日在不同民族地区的传承过程中，又融入了不同的文化元素，使得两大宗教节日的文化意蕴显得极为丰富多彩。对于那些在异乡谋生的穆斯林而言，这样的节日是他们在异地传承本族习俗过程中所经历的一个重要环节；也是他们身处陌生环境中，共同操守信仰、传承习俗、寻求精神愉悦的重要行为；更是穆斯林之间重塑友谊、展现亲情、共叙人生悲欢的特定时空。

二　节日——穆斯林流动人口增强认同的文化符号

两大宗教节日作为穆斯林群众的重要节日，其特殊的宗教内涵对于穆斯林个体成员对族群的认同以及自豪感、归属感的提升都具有重要意义。每当节日来临，穆斯林群众都要穿着盛装、烹制佳肴，到清真寺参加会礼，给亡人走坟并且宴请亲朋好友。出于对传统节日的期待以及宗教信仰的追求，穆斯林流动人口在异地生活中仍然无法忘记宗教节日在个人生活中的重要性。两大传统节日是他们无法割舍的情怀，也是他们获得精神慰藉的港湾，更是他们在陌生环境中寻求群体归属感的一种需要。每当两大节日来临，参加大型会礼以及亲友之间的欢聚，既是他们对于伊斯兰文化的认同，也是他们在异地生活中对于传统习俗的一种恪守。不管有多么繁忙，他们在节日当天都要放下手中的工作，来到清真寺完成每年的宗教功课。2012 年开斋节，笔者在天津市红桥清真东大寺调研期间，遇到了一位来自甘肃临夏姓马的保安族小伙子。他告诉笔者："我在一个建筑工地上打工，来天津打工已经快两年了，我们工地上有几个来自甘肃、青海的回民。工地上的活比较辛苦，不过出来还是要比老家强一些。我也很想家，但是没办法呗。斋月里，我仍然坚持持斋，有时候实在太累了，就断个一两天。快到开斋节了，我更想家了。我们在临夏老家过尔德节[3]非常热闹，在这边顶多几个人去寺里礼个拜，然后一起吃个饭。遇到开斋节这样的节日，有些汉民不太清楚这个节日。不管咋说，我们都要请假去做礼拜。去寺里之后，往往能够碰到老乡，看到这些人，尤其能够听到家乡话，心里真是亲切，想家的感觉也少了一些。特别是听到别人给我说'色俩目'[4]，就感觉跟到了老家一样，这个时候一下子就不觉得孤单了。"

对于身处异乡的流动穆斯林而言，他们在远离家乡的环境中，生活习俗传承的空间发生了改变。但是，他们仍然在内心深处渴望着恪守古训，坚持这一习俗。在参加大型会礼的过程中，他们的心灵受到了涤荡，身处清真寺，通过会礼来履行自己的宗教义务。笔者于 2011 年开斋节期间，在北京牛街礼拜寺观察到，开斋节一大早，从五六点钟有人就陆续来到清真寺。这些人大多数是一些外来的穆斯林流动人口，或者北京一些高校的穆斯林学生。他们住在离牛街礼拜寺比较远的地方，因此很早就来到了清真寺。到了之后，他们先聚在一起聊聊天，互道"色俩目"，彼此问候一下，然后才进入礼拜殿参加会礼。这样一个宗教节日，对于那些平时分散在市内不同地方的穆斯林而言起到了一定的凝聚作用。在这种凝聚力不断提升的过程中，穆斯林之间通过宗教的认同，增强了民族认同以及群体归属感。人们在对共同仪式的操演过程中，彼此之间的距离更为拉近，每个人都为相同的教义表现出强烈的感情。当宗教感情提升之后，人们对于宗教的认同以及群体的归属感会明显增强，反过来推动信教者对于宗教仪式、宗教活动的积极参与。

开斋节与古尔邦节期间，穆斯林流动人口所进行的大型会礼以及其他礼仪活动，是在伊斯兰教影响下的传统习俗以及其他社会活动的一种凝结。与都市里的原住居民相比较而言，来到东部大都市的流动穆斯林不管务工，还是从事餐饮、销售或其他活动，有一个总体特点就是，他们中的大多数人仍然游离于都市主体文化之外。尽管用都市的边缘人这个称谓似乎不太准确，但是大多数人的确处在都市的边缘地位。大部分流动穆斯林从事的职业往往不占据主流地位，更由于部分都市人对他们的偏见与歧视，使得他们在内心深处渴望获得一种归属感。穆斯林流动人口在都市中既要谋生，也要融入这个城市，因此他们需要在都市里进行社会文化适应。在适应新的生存空间以及生活方式时，他们需要获得身份的认同以及社会归属感的提升。然而，由于宗教信仰以及生活习俗的差异，使得他们在寻求归属感的过程中，不可能通过改变自己的职业以及社会交际圈来与更多的人获得联系，从而在此群体中获得一种认同。弗里德里克·巴斯曾说过："各种各样的族群差异不是因为缺少流动、联系和信息，而是包括排斥和接纳的社会过程；因此，虽然在个人生命历程中会改变参与形式和成员资格，但仍保留着毫不相干的各种类型。"[5] 由此，我们可以看到，族群内部成员在融入新的环境时，尽管可以通过改变一些外在的形式来加快适应都市生活，但是文化深层的一些特质却很难一下改变。认同作为一个心理学术语，在其发展过程中，已由心理学术语逐渐转变为社会学、民族学、人类学等学科共同使用的一个重要术语。一般被用来描述或者确定个体的自我感觉、群体关系、结构层次以及取得的地位。在异地都市的社会文化适应过程中，穆斯林流动人口自身携带的文化与都市文化在碰撞过程中，作为个体的穆斯林在谋得生存时，自我感受以及个体与群体之间关系的构建都是社会认同的组成部分。在获得文化认同的过程中，开斋节与古尔邦节正好成为增强流动穆斯林宗教认同、族群认同的文化符号。在文化符号的作用下，流动穆斯林以宗教节日作为一种媒介，彼此间的关系更加拉近。尤其当宗教认同与亲情关系、老乡关系、邻里关系等共同结合之后，在过节的环节中，他们通过身处清真寺、感受节日氛围、大家一起进行互动，认同感自然得以增强。

开斋节与古尔邦节对于这些流动穆斯林而言，节日本身所具有的文化内涵远远超出了习俗本身。宗教作为一种重要的文化，其象征性意义会展现一个民族的精神气质、生活特质以及生活理念等方面，但更为深层的是揭示了该民族的审美风格、世界观以及生活情调，这些因素最终将要体现的是特定民族的秩序观念。作为穆斯林最为重要的两大宗教节日，开斋节与古尔邦节所具有的象征意义，则是通过节日这一时空组合，来促使不同族群的人都在伊斯兰教的引领下，对宗教的神圣性进行膜拜，从而唤起人们的宗教感情，在宗教感情的促进下，加深人们之间的宗教认同与族群认同。对于他们而言，在节日期间参加大型会礼或者在礼拜之后一起聚餐，是他们寻求归属感的一个真实写照。漂泊异乡的穆斯林流动人口，希望通过这两个重要节日与其他同伴或者所有穆斯林兄弟共同演绎一系列节日的文化符号，来增强他们自身的宗教认同或者族群认同。在宗教的鼓舞下，相似的文化仪式活动使他们在节日期间能够获得一种不同于往日的归属感。在不断增强的归属感中，他们对于宗教与族群的认同也随之提高，更对于他们这种特殊的身份以及身处异地的处境产生了一系列复杂的情感。这些情感既有宗教的意味，还有着其他社会关系的影子，共同对于增强穆斯林流动人口的群体认同产生了重要作用。

西北等地区有很多穆斯林聚居区，东部地区都市中也有一些由当地穆斯林群众构成的社区。然而，有研究指出，近年来在广州等东部城市里，出现了由各地而来的穆斯林流动人口构成的流动哲玛提（集体、社区）。其主要构成是：（1）清真寺——穆斯林暂聚的精神家园。（2）家庭型或家庭联合型——哲玛提中的基层细胞。（3）公司型或公司联合型——业缘建立起来的神圣社区。（4）清真餐厅型——饮食习俗的整合。（5）学生构建的哲玛提——求知者的精神家园。（6）国内外旅行宣教团。（7）网络哲玛提——虚拟与现实的结合。这些不同类型的哲玛提随着城市外来穆斯林人口的增多而逐渐变多。那些相对零散的、流动的哲玛提对于流动穆斯林宗教认同感的提升以及社区归属感的建构将会产生重要意义。在由流动穆斯林构成的哲玛提的发展过程中，在异地谋生的穆斯林将会通过多种方式来表达自我认同以及社会归属要求。开斋节与古尔邦节所具有的文化内涵以及对于穆斯林社会生活的重要影响，将会在促进流动穆斯林哲玛提的建构以及宗教认同中产生重要意义。

三　节日——穆斯林流动人口集体记忆的文化载体

所谓精神家园是指人们在现实生活中的一种心灵寄托，对于那些面临生活困境的人们而言，精神家园是他们在内心中寻找温暖、获取群体归属的重要因素。当人们在逆境中或者远离家乡的时候，心中的精神家园更是鼓舞斗志、疏导心理的重要因素。共同的宗教可以使信教者之间建立起一种基于共同宗教目标、宗教感情的特殊关系，这种关系在演绎与发展过程中，会通过相关仪式而表现出来，从而加深彼此的联系以及为实现共同宗教目标而具有的勇气与动力。开斋节与古尔邦节所蕴含的文化内涵以及具有的社会功能将在构建穆斯林的精神家园中产生重要作用。

作为集体行为的社会记忆与某一群体的社会生活密切相关，更是该群体历史生活的写照。群体的延续、发展都与集体记忆有着密切关联。集体记忆在发展过程中是有选择的，有时扭曲、有时错误，因为反映了该群体的心理倾向或心灵结构。文物、图像、文献以及各种社会活动都是展现集体记忆的重要媒介。集体记忆是群体成员在事件的发展历程中，对于历史上曾经发生事件的群体追忆，也可以指对历史传统的一种深层记忆。莫里斯·哈布瓦赫在对迪尔凯姆等人学术思想继承、发展方面，较早地提出了集体记忆的概念。他曾说过：“民族古老的历史，是在其传统中度过的，因而也全部都渗透着宗教观念。但我们还是可以说，每一种宗教都多少以象征的形式再现了种族和部落迁徙融合、重大事件、战争、既定体制、新的发现以及改革的历史，这些过程，都是社会在起源时期经历过的。”[6]对于穆斯林群众而言，从大的方面来看，伊斯兰教的产生、发展过程本身就是一部重要的历史，在这段历史过程中包含着大量能够唤起集体记忆的历史典故与事件。从小的方面来看，各个地区不同族群的穆斯林都有着同中有异的传统文化，在其文化传承的历史上也有着很多与集体记忆相关的宗教仪式或者不同类型的宗教行为。

开斋节与古尔邦节本身蕴含着多种仪式及文化元素，是承载穆斯林群众集体记忆的重要载体。在历史发展中，具有深远历史意义的自然或社会事件都会唤起人们的集体记忆。人们在不断回忆与反思历史事件的过程中，会通过相关仪式活动将自己的深层记忆表现出来，而且这些仪式在人类发展的很长一段时间往往与宗教密切相关，表现为一种宗教仪式。因此，包括宗教活动在内的各种仪式既能表达特定的社会内涵，也能够通过在特定时间、地点的相关表演来展现人类深层的集体记忆。开斋节与古尔邦节里各项仪式的操演，本身就具有唤起穆斯林集体记忆的作用。纪念仪式中往往包含着社会记忆的成分，仪式在操演的同时也展现着记忆性。操演记忆要比纪念仪式更为广泛，纪念仪式中的操演往往具有高度的象征性。此外，在漫长的人类文化发展进程中，许多纪念性仪式往往通过一系列美妙的神话、传说来表达人们对于一些重大自然灾难、历史事件的记忆与思考，而且浸透着人类的感情。无论是开斋节的起源，还是古尔邦节中的宰牲习俗的起因等都是许多美妙的神话故事，[7]浸润着穆斯林的集体记忆。同时，这些神奇传说的存在，也从另一个角度展现了历史上的记忆与遭遇，进一步增强了族群的认同，在凝聚族内人的同时并区分族外人。

身处异乡的流动穆斯林，由于生活范围的狭窄以及多数人从事职业的枯燥，尤为重要的是多数人远离亲人。因此，他们在平日里对于故乡与亲人的思念就非常强烈。节日来临，他们的思念之情更加强烈。故乡节日中的盛大场面以及人们之间的互动，在东部的都市中都将无法重现。尽管两大节日来临时，他们仍然会到当地的清真寺参加大型会礼，也会聚在一起享用节日美食。但是，节日中的活动有很多，他们在异乡往往只能做到这些。走坟、宰牲、走亲访友等节日活动，对于这些身处异乡的穆斯林而言都是可望而不可即的事情，他们只能在回忆或祈祷中为家人送上祝福，为亡人献上无限哀思。笔者于2011年古尔邦节在天津红桥东大寺进行调查时，对一位来自青海循化的姓韩的撒拉族拉面师傅进行了访谈。他告诉笔者：“我从循化来天津一年半了，现在在海光寺附近的一个拉面馆当伙计。每年到了尔德节的前几天，我就开始想念家里的人，尤其想念我刚去世两年的母亲。在天津这边，我没法给我的母亲走坟，我心里愧疚得很，但也没有办法呗。为了生存，我只能出来打工。至于宰牲[8]，在这边也是没办法，我提前把钱寄回去了，让我媳妇买一只羊，给我在世的老父亲宰个牲。这样，我心里也就不遗憾了。等我挣了钱回去，过几年给我自己和媳妇也宰个牲。”从这段访谈中，我们能够看出两大宗教节日在穆斯林心中的重要性。尽管部分穆斯林离开故土，在东部地区的都市中谋生，但是他们的集体记忆仍然与自己长期生活的场景密切相关，他们在记忆深层仍然想着节日中的重要礼仪活动。

宰牲对于大多数流动穆斯林而言，是可望而不可即的事情。由于条件所限，他们没法在异地为家人，尤其亡者宰牲。只能委托他人代劳或者专程回家乡进行宰牲。然而，这样做花费很大，一般人也不愿意这么做。由此可见，开斋节与古尔邦节对于多数在异乡都市谋生的穆斯林而言，为亡者上坟或者亲自为家人宰牲都成为泡影。他们的心中难免充满了无限的忧思与遗憾。他们在节日中往往通过记忆来寻求精神的慰藉以及遗憾的排解，从而为在都市中生存提供精神动力。有人指出：“所谓的‘历史叙事’与‘族群记忆’也因之染上了浓厚的现代国家的权力色彩和现代社会的具体语境。也因为相同的理由，表现出相应的策略性特征；族群的‘集体性记忆’与‘谱系性记忆’（Genealogical Amnesia）都可以理解为‘强化某一族群的凝聚力’。所以，族群认同下的‘历史记忆’其实同时意味着同等意义上的‘历史记忆’。”[9]流动穆斯林在节日期间包括会礼在内的许多宗教仪式，在增强宗教凝聚力的同时，也进一步强化了不同穆斯林族群的自我认同。同时，在族群认同不断增强的基础上，他们心中的精神家园也更加稳固，成为支持他们在异地谋生的精神力量。在这些节日里，他们在都市中能够到清真寺进行会礼或者参加清真寺举行的一些活动，心中一定充满无限期待和精神愉悦，他们会在集体记忆中回味这些节日的伦理以及亲情元素。他们会把在都市中度过节日所进行的各项活动，视为在寻求精神家园过程中的一缕阳光。

两大宗教节日对于流动穆斯林而言，在他们的精神家园中是一块无法割舍的园地。在他们的集体记忆深层，有着宗教、民族、民俗等多种成分，他们集体记忆的呈现与增强也通过这些具体的仪式活动而实现。然而，由于时空的改变，他们在追寻集体记忆的过程中，无法很好地通过一些文化场景还原这些仪式活动的原本形态。因此，两大宗教节日对于他们而言，便如同沙漠中的两滴清泉，对于漂泊在异乡的穆斯林而言，他们的宗教认同与族群认同则要体现得更加强烈。都市生活的不适应、他们在融入东部地区都市生活中存在的困境以及部分人受到的偏见与歧视，使得他们更需要一种精神家园来安抚情绪、唤起集体记忆、增强社会归属感。因此，我们可以看到穆斯林流动人口，作为流动人口的一个特殊群体，由于有着民族、宗教情结以及较为独特的习俗、仪式等，他们在东部地区的社会适应过程中，所遇到的情况也显得比较特殊。他们需要通过一些特定的场景来增强他们的认同，加快社会融入，尤其需要进行心理调适。开斋节与古尔邦节正好担当了这样的角色，成为流动穆斯林构建精神家园中的两个非常重要的文化符号。

开斋节与古尔邦节所具有的文化内涵以及重要意义是适用于所有穆斯林群体的，本文特别针对穆斯林流动人口而言，是想说明因为流动穆斯林的生活空间、交际圈子、宗教氛围等发生了改变，以至于两大宗教节日来临时，他们的过节方式以及对于节日的感受也发生了变化。在适应新的生存方式以及生存空间时，流动穆斯林会遇到诸多困难，只有克服这些困难，才能更好地融入都市生活之中。两大宗教节日所具有的精神力量，对于解决都市穆斯林流动人口在精神上遇到的困境与迷惑，所具有的重要作用有可能要超过其他的宗教活动。伊斯兰教要求“念、礼、斋、课、朝”五功，对于多数穆斯林流动人口而言，在这五功中，“礼”和“斋”两功体现得最为直接。然而，在异地谋生的过程中，多数人很难坚持每天的五次礼拜。因此，每年斋月的持斋就显得非常重要。开斋节是持斋的结束，也是穆斯林斋戒一个月以后重新回到往日生活的开始。因此，开斋节以及在此之后10周就要到来的古尔邦节，无论从宗教礼仪角度，还是从精神慰藉角度、宗教认同角度等方面来看，对于流动穆斯林都是至为重要的。

在未来的发展中，随着我国城镇化进程的加快，包括回、维、哈、东乡、保安、撒拉等族在内的穆斯林群众会有更多人从传统的民族社区来到东部都市或者搬进当地城镇，随之而改变的是他们的传统生活方式以及生存空间。社会文化变迁的加快，对穆斯林传统宗教文化的传承将会产生一定影响。因此，积极发掘这些穆斯林民族已有文化中的积极成分，在未来城镇民族社区的建设中发挥促进作用，是一个非常值得思考的问题。开斋节与古尔邦节作为穆斯林传统宗教文化中的宝贵资源，所具有的独特作用已经证明了在未来的相关研究中，采用全新视角审视穆斯林民族的传统宗教文化是大有文章可做的。我们可以借鉴一些较新理论，从更加新颖的角度阐释穆斯林民族传统文化，并使之发挥重要作用。这不仅是未来社会发展的需要，也是人类学、民族学等学科自身发展的必然要求。

（作者信息：马伟华，南开大学周恩来政府管理学院副教授、博士）

注 释

［1］斯特伦：《人与神——宗教生活的理解》，金泽等译，上海人民出版社1991年版，第185页。

［2］皮埃尔·布迪厄、华康德：《实践与反思：反思社会学导引》，李猛、李康译，中央编译出版社2004年版，第133页。

［3］“尔德”（Eidal-Adha），为阿拉伯语词汇“尔德·菲土尔”的意译，指“节日”，陕西、甘肃、青海等地区部分回族将开斋节称为“大尔德”节，古尔邦节称为“小尔德”节；宁夏、新疆等地区的部分回族群众对这两节的称呼恰好相反。

［4］“色俩目”（Salam），为阿拉伯语音译词汇，指“和平”“平安”。穆斯林群众在见面时常互道“色俩目”，表示问候、祝福。一般都是问候者先说：“安色俩目阿来库目”，意为求真主赐你平安，回答者则说：“吾阿来库色俩目”，意为求真主同样赐你平安。

［5］弗里德里克·巴斯：《族群与边界》，高崇译，《广西民族学院学报》（哲社版）1999年第1期。

［6］莫里斯·哈布瓦赫：《论集体记忆》，毕然等译，上海人民出版社2002年版，第145页。

［7］关于开斋节的来历，传说在伊斯兰教创立之初，封斋满月的时间到了，

穆罕默德圣人带着众多穆斯林到郊外礼拜，穆圣沐浴换装并向大家散发"菲土尔"钱。此后，穆斯林就把这一天当做节日以示纪念。关于古尔邦节的来历，相传真主安拉为了考验易卜拉欣圣人的真诚，让他把儿子伊斯玛仪杀死献祭。易卜拉欣遵从主命，正准备杀死儿子献祭时，真主命令天使吉卜热依勒送来一只黑头山羊代替伊斯玛义当作祭品。

[8] 穆斯林的宰牲一般分为"献祭宰牲"和"食用宰牲"两种，古尔邦节宰牲属于前者。宰牲过程具有详细的规定与礼仪：宰牲者必须是虔诚的穆斯林、成年人、理智清醒者、掌握宰牲礼仪规定者。一般要求宰牲由本人亲自进行，确实存在困难者，可由他人代理。宰牲一般在古尔邦节当天会礼之后进行，当日若有困难，最晚可以推迟到第三天。所宰一般是牛、羊、驼等动物，可以为本人或家人宰一只羊，也可以多家合宰一头牛（骆驼），主要根据经济条件。所宰之肉分为三份，一份自家食用、一份舍散贫困者、一份馈赠亲友。详见马利强《简述宰牲的有关规定及礼仪》，《中国穆斯林》1993 年第 3 期。

[9] 彭兆荣：《人类学仪式的理论与实践》，民族出版社 2007 年版，第 104 页。

当代城市移民文化变迁与文化共同体建构

当代中国随着城市化的迅猛发展，近三四十年来，大量移民涌入城市，成为我们这个时代最为突出的一道景观，文化问题也成为紧随其后的突出问题。来自不同地域的移民带来迥异于所移居城市的文化，这些异质文化本身就是复杂的矛盾结合体，在与城市原生文化的碰撞交织过程中形成一种独特的张力，经过长期甚至痛苦的消化、吸收和融合过程，我们期待着一种混杂着多种形态的、充分包容的文化共同体在城市发展过程中生长出来。

一　城市移民文化的异质性与融合性

城市移民文化的首要特征便是其天然独具的异质性，这种异质性不仅体现在与城市原生文化的关系上，而且体现在移民文化本身的异质性构成上，在不同层面上构成移民文化的显性特征。一方面，移民群体进入城市，常常会形成一定的聚集效应，形成具有相对独立性的“族群飞地”，移民群体的文化在或松散、或紧密的移民社区和聚集地慢慢滋长、壮大，与城市原有的在地文化相比，移民文化的整体风貌、细节特色、沿袭方式、传承情况等方面都存在较大的差异，这些差异使得移民文化在与城市原生文化的比照中形成较强的身份认同和区分意识，就如同美国学者阿尔君·阿帕杜莱所说：“我们应将文化一词加以限制，使其专门指代这些差异中的一个子集，它构成了这些差异的边界。一旦问题在于边界如何得以维持，文化便成为这样一个事实：群体通过与其他群体的差异来建构身份。"[1]对于移民群体来说，他们正是通过移民文化的异质性来建构自身在城市中的文化身份，在差异的边界中找到自己的认同坐标。

此外，移民本身并不是一个无差别的文化整体，"在现实中，不管是迁移之前还是之后，移民都是由庞大而毫无关联的社会类型的矩阵组成的。独具特色的移民亚文化随着差异极大的生活方式、价值导向和个人主观政治能力而发展"[2]。移民文化本身糅合了来自不同地域、不同文化背景移民群体的文化生活内容，其中有许多彼此互不相同的特色文化，这种特色来自移民本身复杂的文化背景差异，比如不同的地域来源产生的文化差异，性别、民族、教育背景等都是产生移民文化多元性的因素。因此，移民文化是一个杂合体，自身就包含着诸多差异性，充满了解构、分化的力量，这让移民文化内部的统一认同也出现不少困难。城市移民文化的异质性往往使人的文化心理发生变化，在有些移民城市，这种异质性会深刻地改变社会关系的面貌，有学者分析纽约移民的文化特征，认为涌入纽约的大量移民使得存在于乡土间基于血缘的家族关系解体："大量移民使纽约城市'异质性'凸显得格外强烈，也就是不同群体之间出现的潜在差别以及矛盾。这种差别和矛盾导致人们在文化和心理上的排他性，导致门第观念和宗法势力解体，个人奋斗和个人主义荣兴，这比如扩大彼此间的社会距离。"[3]这一分析某种程度上说明了现代都市对移民原有文化心理和文化圈产生冲击和消解，原有的文化联结的链条断裂，迫使移民努力寻求新的文化认同，构建新的文化关系。

城市移民文化的异质性还影响了这一文化群体面对生存、面向城市社会的表达方式。首先，移民面对种种生存问题难以解脱，使得这一群体与都市底层产生心理上的某种认同。在文化上，移民文化有一部分底层表达，与城市原生的底层文化产生对话，既保持独具的特色又相互融会交织。移民群体的异质文化身份使得他们在面对生存困境时采取了与城市原生底层群体不同的情感抒发方式，形成移民底层文学艺术中独具的特色。其次，许多移民早年乡土生活的经历使得他们与乡土文化产生千丝万缕的联系。一些移居城市的作家和文化学者在进入城市过程中，不同程度地对城市生活产生心理不适，从而将乡土文化作为城市文化的对照，产生浓厚的“原乡情结”和回归乡土的乌托邦梦想，这种情结使城市移民文化在面向城市生活的同时，也回望乡土精神家园，积极从乡土文化中寻找精神的寄托。此外，移民文化的异质性使其能够对城市文化带有一种独特的批判性。由于移民文化本身是城市文化的组成部分，又带有“他者”的视野，因此兼有内部视角和外部立场，这种批判性往往更为犀利，更为深刻。比如当下的城市生态批评中，一些来自乡村的文化学者和作家从自身的乡村生活经历出发，融合自身对城市生态的体验和观感，对城市生态状况以及城市在生态体系中的角色进行了深刻的批判和反思。

城市移民文化的异质性并不代表它与整个城市的文化格格不入，放到一定的历史大背景下，可以很清楚地看到移民文化的融合趋势，这说明城市移民文化具有某种融合性，虽然起初作为“他者”出现，但最终会进入这个城市的整体文化中，成为城市文化不可分割的一部分，移民文化汇聚外来文化，形成具有异质性的散射多种光芒的多面结晶体，慢慢地汇入整个城市的文化，融入城市文化的肌理，成为城市文化的一部分。从历史角度分析，中国城市所谓的“京味文化”“海派文化”和“津门文化”，其实一开始就包含着来自其他地域移民所带来文化的影响，有学者分析“海派文化”的形成过程时说：“海派文化形成的客观条件主要是：上海作为通商城市的功能得到极大的发挥；上海作为移民城市，开埠后移民数量剧增。这两个互相联结的条件，使上海发生了质的变化。”[4] 当它们成为城市文化的底色之后，又与移民文化的新质形成对应，然后不断地接触、汇合、容纳并吸收，通过这种途径使城市文化保持不断的更新吐纳，从而保持活力。从这个意义上来说，城市移民文化的异质性内容不断地消解在与城市文化的融合过程中，是异质性给移民文化的融合提供内在的动因，同时给城市文化更新提供源源不绝的动力。

二　从移民文化到城市文化：渗透、形塑、接纳与改造

城市文化是一个综合体和变化体，与前面所说的城市原生文化不同，它的内涵和外延要远远大于原生文化，是同时包含移民文化和原生文化的文化共同体，是经过整合、充分含纳各种文化元素的城市文化存在状态，根据文化状况的发展不断更新和变化。移民文化作为城市文化的有机组成部分，通过缓慢而艰难的渗透与融合，不断地改变自身，也形塑着城市文化的整体面貌。

1. 移民文化的硬壳：融入的艰难与艰难的融入

移民文化的异质性将其裹上一层坚硬的外壳，伴随移民在经济、政治等方面艰难的处境，这种外壳对城市文化形成天然的抵抗力，增加了融合的难度与融合的时间。这其中包含几种难以消解的矛盾，一种是迎与拒的矛盾，迎即是迎合，移民群体希望自身融入城市，在文化上寻求与城市文化的结合，从而能够在城市这块土壤上生存并发展下去，这是外来文化很自然的一种诉求，这根源于移民群体强烈的生存意识，因此从文化上表现为对城市文化的自然趋附，这种迎合与趋附倾向常常是隐性的、潜在的，但却是移民文化最终融入城市文化的内在动力。除了对城市文化的迎合倾向，我们看到更多的往往是移民文化对城市原生文化的抗拒，这体现移民文化作为外来文化的独立性和自尊意识。这种抗拒来源于移民文化的异质性，却又在持续的抗拒过程中强化和凸显了这种异质特征，这给移民文化融入带来了异乎寻常的挑战，因为文化融入的艰难首先来自文化自身的强大惯性，需要打破包裹自身文化心理的一层硬壳，克服由此所带来的种种精神上的不适，所以这种抗拒的力量强大而持久，尤其是在当下多元文化语境下，对文化融入的抗拒理由也日渐充分，增加了文化抗拒的动力。

当下城市移民文化融合过程中另一种矛盾是亲与疏的矛盾，移民群体是一个复杂而多变的群体，来自不同地域的移民集中到城市，由

血缘、地缘、学缘、职缘等关系联结在一起，[5]形成一个个相互交叉的交际圈，移民文化也包含多个迥然相异的文化分支，并且据此形成亲疏不等的文化认同关系。都市移民在文化上建立了新的基于集体意识的认同关系，地缘关系仍然存在而且十分重要，只不过这种地缘概念根据需要进行了某种重构，范围大大扩展而且充满弹性，比如在省内这种地缘认同就会具体到不同的市县和地区，而在都市中则会泛化到“省”这一层面，比如“四川人”“河南人”“广东人”等地缘概念，文化的亲疏关系也会延展到以“省”进行分界。此外，更为笼统的还有“南方人”“北方人”的区分，在语言、饮食和文化习俗上进行自我判断，当移民面对城市原生文化，又会产生“本地人”“外地人”的概念区分，这种弹性十足的地缘关系既是移民文化中进行群体整合的策略，也是区分亲疏关系的内在需要，移民文化长期以来难以摆脱这种亲疏区分的理念，在不同的场合有节制地维护着各自的文化边界，在亲与疏的界限中区分彼此，这就导致了移民文化在融入城市文化过程中产生种种牵扯和缠结，很难在自身形成统一的文化诉求和文化理念。

然而，尽管移民文化自身具有这层抵抗外界融合力量的硬壳，但如前所述，移民文化内生的首要法则在于生存，是长期嵌入城市竞争环境所形成的生存文化，因此移民文化又带有融合性，这种融合性从内部缓慢而艰难地消解这种文化硬壳，如果历史地分析，这种融入城市整体文化的过程虽然艰难，但一直未曾停息，这表明这种内生的动力十分持久而顽强。

2. 移民文化的尖刺：冲突的文化与文化的冲突

移民所遭遇的精神文化危机，是现代都市典型的文化症候之一，这部分体现在移民文化融入城市整体文化痛苦的、艰难的过程，其异质性对于城市文化来说就是一种冲突的文化，它像一根尖刺，不断地刺入城市文化的肌体，产生一系列的文化冲突。美国学者朱克英（Sharon Zukin）曾分析城市社会中文化冲突的情形：“文化是控制城市的一种有力手段。作为意象与记忆的来源，它象征着‘谁属于’特定的区域。……近年来，文化也已更为明显地成为社会差别与城市恐惧引起冲突的场所。”[6]移民群体面对城市，时刻意识到自身与其他群体的社会差别，在城市文化空间中不断地追问自己“属于谁”“你从哪里来”“向哪里去”等问题，与此同时在文化心理上形成抗拒，文化成为移民群体表达抗拒的载体，在这种情况下，移民文化就在城市文化空间中产生了种种冲突，这种冲突不仅表现为与城市原生文化的冲突，而且表现为移民文化自身的冲突。移民文化自身的多元异质性导致移民文化多种形态之间彼此斗争和博弈，尤其是都市移民文化中，由于移民地域来源异常多样，这种来自内部的文化冲突更为普遍也更为激烈。

“冲突的文化指的是一个社会与冲突有关的特有的规范、习俗与制度……冲突的文化就是告诉我们社会中的人们为何而争斗、与谁争斗及如何化解争斗。”[7]冲突带来矛盾，矛盾带来发展的动力；冲突带来张力，张力使得文化更显魅力。移民文化被认为是一种充满冲突的文化，然而正是这种文化充满着活力和张力，同时彰显着包容所带来的无限魅力。

3. 城市文化的容器：移民的进出与文化的吐纳

城市就像一个文化容器，移民的进出使这个容器不断地增加新的质，同时将属于这个城市的文化因子传布到更广阔的地域，可以说，没有一个充满文化魅力和活力的城市不是建立在吸收吐纳移民文化基础之上的。自古以来，中国城市在形成自身文化的过程中，都不缺少移民文化的影响。中国在前现代时期，经历灾荒、兵乱等，许多流民涌入城市讨生活，加之正常的经商、就学等人口移动，城市人口产生了缓慢的更替和变化，城市文化也逐渐接纳、改造和融合移民文化的元素，在历史的变迁中逐渐成为整个城市文化认同的一部分。天津作为北方重要海港，近代成为联结南北商业往来的通衢之地，吸引来自各地的移民到此求生存和发展，“比闾而居者率多流寓之人”，各色人等五方杂处，在共同的生活环境中需要构建一种共同的文化信仰和文化传统，用以凝聚城市和这一地区的文化向心力。移民城市外来人口混杂的文化基因导致这种建构常常借用外来文化因子，如天津的妈祖信仰，来自闽粤地区，却形成天津本地的传统，国家级非物质文化遗产“天津皇会”即迎送“妈祖”的民间赛会——“娘娘会”，清代持续200多年长盛不衰，成为天津这座移民城市重要的文化纽带。

作为一个不断容纳外来移民的城市，其文化不可能长期固化为一种不变的、既定的模式，而是不断更新、不断融合、不断生长，就像一棵参天大树，虽有具形，但无恒常的固定形体，每时每刻都在成长变化，正是在这不断的成长过程中，大树才能够生机勃勃。同样，城市文化在移民文化的渗透过程中不断地形塑自身、丰富自身并发展自身，移民文化深入城市文化的机体中，逐渐成为城市文化不可分割的一部分。无论这种渗透过程经历怎样的艰难，无论这种融合过程经历多少冲突，移民文化的韧性和城市文化的包容性使得融合步伐得以持续。

三 近三十年城市移民文化的特征与变迁

经济活动的活跃性和移民的活跃性成正比，随着经济的迅速发展，近三十年国人迁移的规模是史无前例的，这种迁移甚至形成了一个巨型的移民城市：深圳。除此之外，在北京、上海、广州等都市中，移民也深刻地改变了城市的发展面貌和发展方向。与移民的风潮对应，城市文化格局与文化生活的内涵等也都发生了巨大的变化，因此，应联系社会背景来分析移民文化的种种特征，联系时代发展状况来考察移民文化在城市不同发展阶段中的存在状态和发展趋势。

首先是一些传统文化理念发生了转变，比如中国传统上“安土重迁”的思想在很多情况下已经不复存在，离家的“漂泊感”随着人们观念意识的转变也逐渐淡漠。值得深思的是，这种转变不仅体现在活跃的年轻知识群体中，而且还体现在一向被视为相对保守和封闭的底层乡民中，这一群体随着城市建筑业、服务业和制造业的发展而大量涌入城市，其中很大一部分开始以城市为家，逐渐产生对城市的归属感和文化认同；其次，城市原有的文化底色在移民文化的冲击和渗透下产生变化，不断增加的移民人口稀释了城市原生文化的支配力量。雷开春博士在《城市新移民的社会认同》一书中对早期和当下上海移民进行比较后指出：移民是否能保留原有文化与移民人口规模和密度相关，早期上海移民规模较小，需要在社会夹缝中寻找生存发展机会，因此积极融入当地文化，而当前庞大的外来移民数量弱化了融入的动机，“他们能够不以接受本地文化为获得较好的生存状况的前提，从而可能很好地保持自己原有的文化传统”[8]。移民文化相对城市原生文化的逐渐强势，使得整个城市文化呈现碎片化和零散化的状态，各种文化在自身的语境下形成独白，整体来看就是城市文化交流过程中的杂语化；此外，移民文化也不可避免地带来城市文化的浮躁化问题。要说现在的北京文化、上海文化和深圳文化，很难用一个确切的特色来概括，其中一个重要的原因是社会的变化、转换太快，急速的都市化进程导致文化的沉淀和融合节奏跟不上。经历了“文化大革命”，城市里旧的文化被切断了根，原有的很多文化和习俗没有得到正常的延续和保留，接下来是改革开放后三十多年的无序化发展，都市人口迅速增加，城区范围不断扩大，新的异质文化以前所未有的速度涌来，从时间的节点来说缺乏一种必要的过渡和衔接，文化缺乏沉潜、整合的机会和时间。异质文化之间棱角嶙峋，没有经过充分的熔炼和融合，缺少交流沟通的机会和时间，造成相互间缺少足够的亲和力与亲切感，却又往往出于政治、经济因素的考虑，被生硬地捏合起来，形成“夹生饭”，成为一种杂烩文化和拼贴文化，难以形成足够的吸引力和文化凝聚力。

另一个值得关注的问题是，移民文化认同在当下已经出现了代际分化现象，“在当下，城市一代移民和二代移民的认同根基和认同策略偏好已经开始出现差异，并随着诸多因素的改变而逐渐加以变迁”[9]。由于教育的统一化和城市文化本身的同化力量，移民下一代生在城市、长在城市，与其他群体接受相似的学校教育，这在很大程度上阻断了上一辈移民所具有的异质文化的传播路径，移民下一代从语言、习俗、文化心理等方面都部分或全部融入了整个城市，无论从文化身份还是从文化表现上来说，他们都与父辈产生了不同的特征。因此，移民文化在城市中的整合、发展，必然受到代际分化现象的影响，对城市移民文化发展方向的考察，不仅应该向前，具有历史意识，而且应该向后，关注几代人的文化走向。

四 改造移民文化，构建城市文化共同体

移民文化具有很强的自足性，在城市中顽强生存，然而从整个城市的文化发展来说，移民文化融入城市文化，与其他文化共同构建城市文化的共同体，这不仅是移民文化长久生存和发展之道，而且也是城市文化整体向前推进有效且有力的动力。

“城市共同体理论是现代城市研究的中心课题之一，这包括政治共同体、经济共同体和文化共同体等，与移民问题结合起来就生发出移民的政治参与、经济成果分享和城市文化价值构建等话题。”[10] 城市文化共同体的建构基于共同的文化背景和共同的文化价值，尽管移民文化将移民切割成不同的群体，但并没有溢出更大的文化共同体范围，在中国就是中国传统文化的共性和共通之处，将包括移民文化在内的所有城市文化元素勾连起来。此外，建立城市文化共同体，还有一个共同的文化支撑是时代文化所营造的共同价值观和生存发展理念，来自不同地域的城市移民与城市原生居民共享城市发展的成果，共守城市发展的规则，共担城市发展的责任，共同期待城市发展的美好前景。

构建城市文化共同体，首先，需要对城市文化共同体内涵和外延的认知突破传统的思维模式。在当下，城市文化越来越成为一种多元的文化，多元化成为大都市显性的特征。这是一种新型的文化关系，源于异质者相互妥协过程中形成的共识和文化分享意识，在这种新的文化关系中形成了富有张力的文化共同体，这种文化共同体的内涵和外延都不同于原先相对封闭单一的城市文化概念，是一种“异质共存”与“和而不同”的关系形态。在文化共同体中，各种异质性文化元素不是零和关系，而是共生、共赢的关系。其次，构建这种新型文化共同体，需要站在文化包容和认同的基础上进行阐释和完善，在价值观层面寻找符合社会文化正义的原则，让不同的文化群体都能充分享受到社会文化发展的成果。此外，构建城市文化共同体，需要在文化实践层面多做尝试，通过文化遗产传承、文化生活共同参与、文

化空间重构等途径，将整个城市在文化上的重新凝合，真正使移民文化成为城市文化的生长点和文化传承的重要源泉。

事实上，在当下急速变化的社会文化环境中，传统文化空间正在被重构，移民文化的溢出效益大大地增强了，许多文化形态跟随移民的步伐，在地理空间中已经游移出原先所在的范围。高小康教授曾列举一例来说明这种情况：在广州越秀公园，不少市民自发组织客家山歌圩表演，此时，山歌圩的表演场地由传统客家聚居地如梅州、兴宁等地转换到广州这样的大都市中心，参与者已不是传统乡土社会的乡民，而是当代都市的市民。[11]再以非物质文化遗产的传承为例，随着现代社会的流动性日益频繁，许多非遗传承人的迁移也将非遗文化带出其原生的地域范围，在异地开花结果。例如，20 世纪 80 年代，“贾氏点穴”传人陈荣钟在广东潮州开办治疗中心，2003 年陈荣钟到深圳工作并培养传人，2014 年，“贾氏点穴疗法”入选第四批国家级非物质文化遗产代表性项目名录，这项传统的医疗技艺由此成为深圳的非遗文化资源，得以在这座移民城市中发扬光大。[12]以上事例一方面表明，移民文化成为沟通城市与其他地域文化的桥梁；另一方面，原先带有强烈地域色彩的文化在现代社会已随着人员流动和文化传播的加速而流散到更广阔的空间，这些不同特色的文化在城市中汇聚，成为城市文化共同体构建的重要元素。

（作者信息：黄仲山，北京市社会科学院文化研究所助理研究员、博士）

注　释

［1］［美］阿尔君·阿帕杜莱：《消散的现代性——全球化的文化维度》，刘冉译，上海三联书店 2012 年版，第 19 页。

［2］［美］布赖恩·贝利：《比较城市化》，顾朝林等译，商务印书馆 2010 年版，第 94 页。

［3］林广：《移民与纽约城市发展研究》，华东师范大学出版社 2008 年版，第 44 页。

［4］朱国栋、刘红、陈志强：《上海移民》，上海财经大学出版社 2008 年版，第 59 页。

[5] 姜磊：《都市里的移民创业者》，社会科学文献出版社 2010 年版，第 149 页。

[6] [美] 朱克英（Sharon Zukin）：《城市文化》，张廷佺、杨东霞、谈瀛洲译，上海教育出版社 2006 年版，第 1 页。

[7] [美] 马克·霍华德·罗斯：《冲突的文化——比较视野下的解读与利益》，刘萃侠译，社会科学文献出版社 2013 年版，第 20 页。

[8] 雷开春：《城市新移民的社会认同》，上海社会科学院出版社 2011 年版，第 91 页。

[9] 管健：《身份污名与认同融合——城市代际移民的社会表征研究》，社会科学文献出版社 2012 年版，第 124 页。

[10] [日] 广田康生：《移民和城市》，马铭译，商务印书馆 2005 年版，第 228 页。

[11] 高小康、姚朝文、袁瑾：《都市发展与非物质文化遗产传承》，北京大学出版社 2009 年版，第 11 页。

[12]《深圳贾氏点穴疗法上榜国家级“非遗”》，《深圳特区报》2014 年 12 月 5 日。

留下或返回：移居老人的生存状态研究

一　研究背景

法国老年社会学家保罗·帕伊亚曾说："人口老龄化是20世纪末最突出的社会现象，因为它产生了多方面的、各种各样的和深远的影响。"而20世纪80年代以来，随着我国城市化进程的不断加快，流动人群、流动特征的不断演化，伴生的老年人流动问题越来越引起关注。[1]虽然流动老人在流动人口中所占比例较低，但随着老龄化速度的加快，老年人口数量的逐年增加以及独生子女家庭的增加，可以预计未来会有更多的老年人由于种种原因，加入流动人口的行列。因此，流动老人是一个不容忽视的群体。对于这些老年人，本该在家乡安享晚年，却还要离乡背井，做都市移民，面对陌生的城市，他们面临的内心寂寞、生活无奈和不便却往往被忽视。因此他们急需要社会支持来排解他们处在异乡心中的孤寂。

深圳作为一个年轻的城市，其养老服务面临着改革，深圳户籍人口以中青年居多的特点会使深圳在未来数年中快速进入老龄化社会。深圳市的老年人口主要由户籍和非户籍老人两部分组成，且大部分是来深圳与子女短期居住的"候鸟型"老人。构成深圳老年人的大部分是来与子女居住的内地老人，他们或在特定的季节来深圳与子女短住一段时间，或来深圳帮助子女做家务和带孩子。深圳的养老机构应以收住年长、自理能力差和家中无人照顾的老人为主，养老机构应设法提高养老服务质量和水平。同时，应大力发展个性化的社区照顾服务。据深圳市民政局的统计，截至2004年年底，深圳市60周岁以上老年人有97206人，约占户籍人口的9%，并预计到2010年，全市60岁以上的老人将达到20万人以上。据深圳市统计局数据显示，深圳市暂住老年人超过6万人。本文所称的“候鸟型”老人是指老人在外地有子女，他们定期到子女所在的城市生活在5个月以上，基本上熟悉当地的生活，甚至每隔一年才在家乡和异地之间做一些调换。

从深圳统计局网获悉，截至2011年，深圳非户籍人口778.85万人，较上年减少了7.32万人，这是由于每年通过积分入户的农民工有几万人口。由此深圳户籍人口去年比2010年增长6.72%。而中国的传统文化是“孝”字为先，那么多的流动人口转为常住人口，年轻人倾向于把在老家的老人接到深圳来以及生活，那么由此可见深圳的流动老人的人口会处于一个上升的趋势。为了更好地使这些流动老人融入深圳，社会支持的建立必不可少。

首先，“流动老人”又被称为“老漂族”的现象是人口老龄化以及城市化、工业化共同作用产生的，相较于“流动儿童”，“流动老人”并没有引起人们过多的关注。对此的专项研究也十分有限，所能找到的研究资料也只有北京和大连对此作了极少的研究，而深圳每年有大量的流动人口流入，有许多的务工人员扎根深圳，在深圳安居乐业，为此也会有越来越多的流动老人来到深圳。那么居住在深圳的“流动老人”的生活状况又是如何呢？这是需要关注的。对此可以填补一个空白。

其次，流动老人“老漂族”是城市化过程的产物，更是我们国家人口流动和严格的户籍制度下所特有的一个产物。通过了解深圳市“流动老人”生活现状找出流动老人面临的问题，从而在现有的资源下找到解决问题的方法，进一步保障老人的生活质量，提升老人的幸福感，给老人一个美好的晚年生活。

再次，对流动老人的社会保障制度提出意见。相对于城市来说，“流动老人”是外来人员，基于外来人员对城市的贡献，现在城市已经出台很多“关怀”政策，如针对外来务工人员有社会保险政策、住房政策及落户政策等；针对外来务工人员的子女有入学政策、医疗政策等。但是至今还没有针对外来人员中的老人的相关政策。

最后，通过对深圳流动老人建立社会支持网络，从而改善他们的生活，解决他们面临的问题的探究，以便社会以及社会工作者寻找到一个良好的方式帮助流动老人融入当地，从而促进社会和谐的需要。

二 文献回顾

流动老人，又称为“老漂族”，理论界的相关研究几乎为零。在网络互动百科词条里把它定义为：为照顾第三代而远离家乡、来到陌生大城市的父母，被称为“老漂族”。而相关的专门研究也少之又少。我对所能找到的有关流动老人的研究以他们研究的重点进行了大致的分类，分类如下：

第一，从人口迁移角度。中国人民大学人口所孟向京和姜向群等曾对流动老年人口做过的研究，主要是从人口迁移的角度来分析的，重点是对老年人口迁移的人数、性别比较、年龄结构、迁移原因等通过抽样调查的方式进行一定的描述和统计。[2]

第二，从生活状况角度。首都师范大学政法学院的祝银在《北京市流动老人生活状况研究》中探讨了北京市流动老年人的生活现状，并提出了通过社区工作者的倡导，建立流动老人与子女的良好互动以及建立社区支持网络从而解决流动老人的困境。[3]

第三，从城市适应性角度。上海应用技术学院人文学院的苗瑞凤在《老年流动人口城市适应性的社会学分析》中主要分析了流动老人基本人口学特征及其城市适应状况的相关性，得出高学历、高素质、社会经济地位高、性格开朗以及不干预儿女生活的流动老人城市适应性强。[4]

第四，从社会保障角度。华东师范大学公共管理学院的刘晓雪在《“老漂族”的养老问题初探》中主要从社会保障体系的健全方面对于流动老人做出研究。得出通过老人自身多与家人交流、政府将流动老人纳入居住地的社会保障范围以及社区多关怀三个方面解决流动老人养老问题。[5]

综上所述，首先，文献调查的范围大多只在北京，个别在上海。

而对于深圳市乃至广东省没有过相关的研究数据。而且文献资料也十分的少，仅有几个课题研究报告，更没有权威的研究结果。其次，目前国内关于流动老人的研究多集中在描述流动老年人总体特征及迁移模式上，而对流动老人的身体与心理健康状况、家庭关系的处理、情感需求及社会支持等方面缺乏细致深入的探讨。最后，对于流动老人的社会支持网络的建立方面也是一个空白，如何通过家庭、社区、社会为流动老人建立社会支持网络，增加他们的归属感，让他们在异乡能有一个美好的晚年也是本文研究的目的。

三　质性的研究方法

本文采用质性研究方法，特别是叙说分析方法的观点来进行资料收集与分析。定性研究方法主要用于探索人们的生活、故事、行为或互动的关系（Strauss & Corbin, 1990）。研究者采用立意取样法来寻找受访者，样本来源将以深圳市居民社区为主，主要考虑因素有两点：第一，因为研究者在深圳工作生活，以深圳为主要的研究地，在资料取得方面比较容易，且经费方面可比较节省；第二，“冬南飞，夏北飞”，大中型社区中居住的老人数量较多，研究者在深圳的居民社区中选择了两个有代表性的大中型社区作为研究点。研究的访问对象，原则上以非深户籍、65 岁以上的老人为主，访问了 15 位老人。在具体操作上，主要通过深圳市社区服务中心（街道或居民委员会）工作人员的转介，在具体实施访谈之前将挑选三个试调查用于修正访谈大纲。

研究者运用“议题中心叙说”，让受访对象以叙述“生活故事”的方式来叙说他们的经验和感受，并透过深度访谈收集资料。在实施深度访谈之前，研究者设计了半结构性访谈大纲，该访谈大纲的内容除包括被访老人的背景资料外，亦包括老人本身具备的社会网络、老人如何拓展社会网络、老人异地生活的心理感受等方面的看法。

四　特殊的"候鸟型"老人群体

"候鸟老人"是老年人中的一个特殊群体，这些老人一段时间住在自己的家，一段时间住在儿女的家。这种候鸟式的生活给老人带来了诸多问题。

个案一：高婆婆，71岁，退休前职业为教师，哈尔滨人，丧偶多年，有一儿。她前年随唯一的儿子来到深圳。高婆婆说："儿子很孝顺，我和媳妇也相处得挺好的。可是，两代人一起生活总有不习惯的地方。刚到深圳的时候，我住在儿子家里，但楼上楼下的邻居都不认识，没什么来往，儿子儿媳工作又忙，唯一的孙女要上学，自己在家很寂寞。家里的老邻居、老朋友都很难遇上，有时候真的感觉很孤单。小区里的人，最初都不认识，也不熟悉。后来，慢慢地，有很多老年朋友，可以一起聊天，还常常参加小区组织的一些活动。每次小区组织活动，我都是积极分子。"

个案二：廖婆婆，69岁，她说，"这里很好，有时间我就下楼去锻炼身体。小区里有些运动设施，每天早上都有很多老太太在运动，慢慢地，我和有些老太太学习打太极拳，也慢慢认识了些老伙伴。我们运动的时候聊聊天，说说话，感觉寂寞感少了些。"

个案三：赵大爷，65岁，赵大爷说："小孩平常工作忙，没有时间做什么家务劳动。可是除了做家务，我们也没有什么其他的娱乐活动。以前在家的时候，可以和老邻居、老同事们下下象棋、打打麻将。可在这里，常常会觉得孤单，就我们老两口在家，以前孙子小的时候，还需要我们照顾，可现在孙子也上学了，所以我们白天可做的事情就更少了。"

个案四：许婆婆，72岁，她说："在女儿这里，虽然住得舒服，可是这里没有朋友，整天住在高层建筑里，白天，女儿和女婿上班了，感觉很孤独。老伴离开很多年了，过去在家，还有些老同事聊聊天，现在总是一个人在家里，一点也不习惯。"

个案三和个案四中老人的典型特征就是已经习惯了在老家的生

活，因此在开始“候鸟式”的生活之初，往往会表现出诸多的不适应，主要有以下几点：首先，“候鸟老人”离开了熟悉的生活环境和人际交往圈，心理往往会出现焦虑、抑郁、容易烦躁等症状。其次，在一个陌生的环境里，老人需要花费大量的时间和精力来熟悉身边的事物，增加心理负担，从而导致心理问题由平时的潜伏状态转变为易发状态。最后，“候鸟式”的生活也会给老人的身体健康带来许多影响。最明显的一点就是水土不服，饮食不习惯。

老人们必须进行身心调适，才能做一个快乐的“候鸟老人”：老人要多想想自己与子女在一起时快乐的感受和经历，进行积极的心理暗示；来到一个新的环境，要积极适应新的生活，走出家庭的小圈子，尝试与其他老人交往；要有一颗年轻的心，对新事物要抱着宽容的态度；儿女要重视“候鸟老人”心理和生理变化情况，多花时间陪陪老人。此外，当地社区的居委会要注意掌握本区候鸟老人的人数、到来和离开时间等基本情况，要为这些老人提供集体活动的场所和条件，并主动了解老人们的需求，经常性地为他们举办各种文娱活动，丰富他们的晚年生活。

五　老年人有特殊的心理需求

心理需求是人类深层次的需求，是一种高级的社会性需要。人本主义心理学家马斯洛提出，人类需要由基本需要上升到高级需要，分为生理需要、安全的需要、互爱的需要、自尊的需要和自我实现的需要。老年人最愿意与老朋友、老同事谈心，说明人到老年，需要人际交往，有好朋友可以谈心。与家人谈心，尤其在代际关系中，与晚辈谈心，互相尊重、信赖，关系亲密，这是最好的感情交流，可缓解老年人由于角色变化引起的心理反应，如：抑郁、孤独和失落感等，对心理健康十分有益。

我国传统的孝道在老年人中影响极深，对晚辈的孝顺十分重视，晚辈孝顺一方面使老年人尤其是经济不能自立的老年人感到有安全感；另一方面晚辈有耐心、喜欢听老年人讲过去，能使老年人心情愉快，尽享天伦之乐。

老年人的心情与生活质量呈负相关，心情差的，生活质量也相对较差，而心情愉悦的其生活质量也相对较高。本研究发现，与子女关系越密切的老年人伴随着年龄增长而对个人的生活评价也有所提高，尤其对于丧偶和有偶分居的老人而言，其心理状态更好。心情与婚姻正相关，有偶老人的心理状态好于离婚与丧偶老人。当今社会，老年人不单纯满足于物质生活，除了生理需求和生存需求满足外，他们还需要丰富的精神生活，使自己心情愉快，“心情”是影响生活质量的重要因素之一，应加以重视。当老人遇到烦心事无人可聊，容易产生孤独、寂寞、抑郁等不良情绪反应。“心情”有明显的性别差异，女性比男性差，尤其对女性老年人，需要给予更多关怀，能给她们更多的安全感，生活安宁，心情愉快。

六　老人的支持网络

支持网络或社会支持指的是能提供友谊、生活协助、建议或个人照顾的人，通常是一个人的父母、子女、配偶、好友、邻居和其他亲属等。对老年失偶妇女而言，则其子女、好友、邻居和其他亲属是支持网络的重要组成。至于支持的类型可区分为经济的（如金钱）、日常事务性的（如交通、打扫、洗衣和病痛照顾等）、社会的或精神上的支持（如闲聊慰藉）。这些支持网络对一个老人的心理健康与生活满意度有正向的影响。不过有研究进一步指出，支持网络的客观评量，如接触的次数、频率与协助的数量，与老人的心理安适感无关，主观评量如对接触觉得足够或满意才与安适感有相关。

七　候鸟型老人未来的生活选择

尽管享受“候鸟型”养老方式的老年人越来越多，但是相对于老年人总量来说，仍是极少数人。这个群体将会在未来 10 年、20 年内迅速扩大，随着这一群体的扩大，必将促进“候鸟产业”的产生与发展。在西方发达国家，候鸟现象已经持续了几十年，这对中国养老体制的进步、老年人养老观念的更新、降低“候鸟老人”的迁徙成本具有不少借鉴意义。“探亲型候鸟”，这些老人在外地有亲属或朋友，他们之间定期互相到对方的城市生活一段时间。此种方式的花费很少，适合绝大部分老年人。“安家型候鸟”，这样的老年人一般在异地居住的时间在5个月以上，基本上融入当地的生活，甚至每隔一年才在家乡和异地之间作一些调换。无论是现在还是将来一段时间里，老年人对“迁徙”的理解程度较低、养老观念相对保守都是阻碍“候鸟人群”壮大的因素之一。这个时代的来临要求我们的社会出台更多向老年人倾斜的政策，改善他们的生活状况、提高他们的收入水平。迎接“候鸟时代”绝不仅仅是老年人自身的事情，而是全社会的共同责任。

（作者信息：唐咏，深圳大学心理与社会学院副教授、博士）

注 释

［1］陈奇娟：《南京市社区老年人社会支持研究》，南京理工大学，2005年。

［2］孟向京、姜向群等：《北京市流动老年人口特征及成因分析》，《人口研究》2004年第6期。

［3］祝银、李拉等：《北京市流动老人生活状况研究》，《凯里学院学报》2010年第10期。

［4］苗瑞凤：《老年流动人口城市适应性的社会学分析》，《中国老年学杂志》2012年第18期。

［5］刘晓雪：《“老漂族”的养老问题初探》，《西安财经学院学报》2012年第6期。

城市移民文化的软实力分析

城市移民文化构成城市软性实力的重要维度，移民群体和移民文化作为城市独特软性质素和城市特色文化的体现，对于提升城市软实力具有至关重要的意义。围绕城市软实力的精神凝聚力、城市氛围吸引力和城市创意特色等不同方面，城市移民文化在加强移民群体文化认同、塑造开放包容的城市整体氛围和彰显城市文化特色上都体现出了独特的软实力特性。以此为基础提升城市软实力，需尊重城市移民群体的文化表达，完善开放、多元、兼容的城市移民文化和生活氛围，并以移民创意为基础加强城市文化产业发展，在城市文化和社会结构中展示并增强城市软实力的凝聚力、感染力和竞争力。

一　城市移民、移民文化与城市软实力

1. 城市移民与移民文化

城市移民是非本籍的外地迁入居民，既可以是国内其他地区的迁入民，也可以是打破国别限制的外国居民，基于我国城乡二元结构的基本国情和政府政策导向，我国城市移民主要产生于国内不同地区、尤其是城乡间的人口流动。因此，本文的文化考察主要针对城乡和省际、区县之间的人口流动产生的移民文化，而非依据人员国别流动的国际文化扩散现象展开。城市移民文化植根于移民群体，城市移民的大量出现是城市移民文化得以产生和成长的重要土壤，也构成了移民城市社会和文化结构的有机组成部分，与城市的经济社会发展和一般文化状况息息相关。移民文化既反映了城市移民的精神追求和文化状

况，也作为城市文化的重要组成部分在更大的程度上体现了城市总体的文化面貌和特色。城市、文化与人正处于这种依赖与互动之中。美国建筑师伊利尔·沙里宁曾经说过："让我看看你的城市，我就能说出这个城市的居民在文化上追求的是什么。"[1] 正是对城市、人与文化关系的准确描述。一方面，城市风貌借助城市居民得以体现，我们可以从城市居民身上看到城市的文化和精神追求，这是人对外部环境的影响；另一方面，我们也可由城市的整体风貌得以窥见城市居民的精神追求，这是整体氛围、环境对生活于其中的人施加的影响。移民给一座城市带来的文化新变不仅催生了移民文化，而且对城市总体风貌的形成起到了建构和形塑的作用，影响了城市的根本面貌。而城市移民文化一经形成，也进一步影响了城市移民的精神气质和文化追求，同时将对未来城市新移民产生相当的精神影响力。城市、移民和移民文化正是在相互作用、相互影响的过程中不断完成自身的建构。

2. 作为"文化人造物"的城市共同体与城市软实力

美国学者本尼迪克特·安德森在其著作《想象的共同体》中认为民族是"想象的共同体"，这个共同体作为社会心理学事实体现为不同时代的想象形式（人类认知过程），是一种"文化的人造物"，与历史文化变迁相关并联系着人们的深层意识和心理结构。共同体建立在长久以来内部大量个体所保有的基本社会前提和心理事实的基础之上，城市从这个意义上来说也可视作共同体，城市一方面借助文学完成"想象"性的建构，另一方面则通过城市生活和交往的展开实现其共同体的现实形式。文学对城市的想象不是本文关注的重点，但共同体的提法却准确地概括了城市生活的某些整体特性。如果说民族更多联系着共同体的主权和政治认同，那么城市作为共同体则较为关注精神文化、经济目标和个人价值实现，这种不同之处体现为单一/多元、稳固/流动、封闭/开放，抽象/具体的划分。城市共同体作为"文化人造物"呈现为一种破除统一性神话，尊重个性、多元、开放而又打破常规、跃动不息的文化形式。正是在这种语境下，由移民群体形成的城市独特的移民文化被纳入城市发展和城市文化的总体视野之中。

软实力（Soft Power）由美国学者约瑟夫·奈首倡，是指通过文化、政治价值观、外交政策等软性因素展现一国的吸引力和影响力，而非强迫、收买等硬性手段命令对方以达到自己目的的实力。[2] 相较于奈将软实力界定为一国的文化、政治价值观和外交政策的描述性定义，我国学者通过重点突出文化内涵、对概念进行学理性的界定和探讨而对软实力进行了中国化的表达，文化软实力作为概念得以固定下来（常简称为软实力），软实力的文化意涵得到最大凸显。城市软实力作为软实力的衍生概念界定了城市文化的软性因素。相对于城市经济总量、基础设施建设、人均收入等硬实力而言，城市软实力表现为通过城市精神、价值观念、整体氛围、市民风貌等对内外部公众产生的感召力、吸引力和影响力。具体而言，城市软实力是指通过城市的文化和思想价值系统，通过开发和运用多种文化合力影响城市内外部公众文化感知的包括城市精神凝聚力、文化氛围感染力、文化创新驱动力、文化特性吸引力等在内的一系列软性力量的总和。城市文化是软实力的重要基础和内容，软实力借助软性方式彰显城市文化的方方面面。

作为共同体的城市展示出极富包容性的特点，给不同文化的成长提供了宽松的环境和肥沃的土壤，生长于特定移民群体中的移民文化，体现了城市对外来移民的包容和接受，为移民文化的软实力特性彰显提供了条件；移民文化反过来也成为城市文化中极富生长性和创新性的动态元素，促进城市文化总体的不断重建与更新，进而提升城市软实力。以下从这两方面分别展开。

二　城市移民文化的软实力特性

移民文化是城市文化的有机组成部分，而城市软实力以城市文化为基础，那么，以城市文化为中介，移民文化成为城市软实力的重要内容和体现。从内容上而言，移民文化既可以表现为城市中移民人口的构成与数量、移民对城市文化发展的经济贡献率、移民文化机构、团体的数量等硬性资源力，也包括移民的精神风貌、文化多元性和文化特性等软性资源力。以城市软实力的视角观之，城市共同体中移民文化的软性资源力主要体现在加强移民的城市文化认同、彰显城市文化的多元性、凸显城市文化的包容性、体现城市文化的创新性等方面，这些为创造良好的城市软实力氛围、增强城市软实力的感召力、吸引力和影响力提供了条件。

1. 从移民的精神需求而言，移民文化体现了城市移民的文化认同

前面已经指出，城市作为共同体维持着内部民众的基本心理前提和社会认知，并成为社会中的稳定部分塑造着民众的身份认同。查尔斯·泰勒指出："我们的认同，是某种给予我们根本方向感的东西所规定的，事实上是复杂的和多层次的。我们全部都是由我们看作普遍有效的承诺构成的，也是由我们所理解为特殊身份的东西构成的。"[3]对外来移民而言，城市融入的基本前提就是在本土—异乡、自我—他者的区隔中确立自身的位置，但同时也包含对城市普遍前提的认知和接受，这体现为心理上的文化认同以及由此而来的社会参与感和归属感。

文化认同建立在自我身份定位上，需以移民的文化公民身份确认为前提。公民是一个政治社会学的概念，指民众对公共事务的参与意识和角色的权利、义务关系，文化公民身份则关乎文化社会中不同民众之间沟通交流的可能性和个体文化权益的保障。概言之，文化公民身份的确认涉及个人能否完全融入到城市这个共同体中并参与对话，主要体现为城市生活中公民文化表达自由与文化权利实现的问题。据帕库斯基指出，这"包括不受阻碍的代表、不被边缘化的认同、不被标准化所扭曲的接受和整合"[4]。现代城市语境下，外来移民相对于本地人而言是一个差异化的"他者"，他们在已成型的社会氛围中极易被本土文化边缘化或进行收编整合。但城市中移民文化的彰显从城市文化和社会结构中宣示了移民的文化公民身份，具体表现为拒斥中心—边缘的对立划分、抵制标准统一而提倡多元共生的文化诉求，以此确立自身的独特性。在此氛围下，移民群体和本土群体互相尊重、平等对话，也就达到了威廉斯的社会"理想类型"，"一个良好的社会依赖于事实和观点的自由通达、视界和意识的增长，即人们对所

见、所知、所感的表达。任何对个人贡献自由的限制实际上都是对社会资源的限制”。[5] 从个体自由表达的角度而言，威廉斯的理想社会也是充分认识并尊重公民文化身份的社会类型，移民自身的文化公民身份需要在社会交往中通过接受、认同乃至整合来得到确认。借助对城市移民文化公民身份的确认，移民群体的城市文化参与（文化表达和文化权利的享有）得到制度保证，民众的城市文化认同才能达成。

2. 从城市整体文化氛围而言，移民文化彰显了城市的文化多元化和兼容性

城市是人群的集中聚居地，也是在长期的历史演变中逐渐发展起来的，因此，它至少包括本土文化与外来文化、传统文化与现代文化的交融发展，前者按地域划分，体现为地缘文化差异；后者按发展阶段和发达程度划分，大致体现为保守与进取的价值观不同和发展水平差别。城市的移民文化至少体现了城市中外来文化与不同阶段文化的影响痕迹。首先，作为不同地域文化代表的移民文化体现了城市的多元性和包容性。城市作为一个流动开放的场域，在其现代化进程中吸引了源源不断的移民人口，以色列学者裘德·马特拉斯曾经指出，“都市化在很大程度上是一种移民现象”[6]，伴随着人口流动日益频繁和城市规模的扩大发展，城市移民数量不断增加，城市人口中移民的比例越来越高，移民群体内部人口构成也呈现出多元化面貌。城市人口构成的多元化直接反映到城市文化的多元性上。移民文化由城市中来自不同地域的人口所形成，他们身上天然的带有鲜明的地域特色和个性印记，即使在本土主流文化的广泛影响下依然会保持自身的独立性和独特性。这些“异己”因素的存在，使得城市的文化面貌呈现出非常不同的面向和维度，既体现了城市文化的丰富内涵，也有利于塑造开放兼容的文化氛围。

其次，不同发展阶段和发达程度的移民文化体现了城市的开放性和兼容性。第一，以传统文化与现代文化的兼容并立而言，城市中外来移民人口相对于大多讲求安稳的本地居民来说，往往更具有开拓进取的现代精神。城市移民选择新的生存和发展环境，也选择了一种新的生活方式，他们都是远离家乡、怀抱着梦想和希望在大城市打拼的

新技术移民和农民工群体，应该说较安稳的本地居民有着更锐意进取、敢冒风险、勤苦拼搏的态度和精神，这正是现代社会的行为模范和城市发展进步的重要基础。可以说，城市移民社会的不断崛起，离不开大量城市移民的奋斗精神和进取心态，移民城市的崛起得益于这种开放兼容的友好环境。第二，以发达程度的不同而言，移民人口在地域、成长经历、教育背景方面都存在着巨大差别，移民文化至少包括精英与大众、高雅与低俗、中心与边缘、主流与异端的分异。城市的文化包容性体现在城市对不同人群的接受和尊重，由于移民人口差异的巨大，城市对移民的接纳度和认可度直接体现了城市的文化包容度。它体现为一种非常开放且包容丰富差异性的文化整合，这种整合文化的基本特征是兼容。城市对不同移民的兼容并包有利于营造和谐共生、平等对话的城市局面，创造可沟通的城市人文环境，也为不同群体文化共识的达成奠定了基础。总的来说，城市移民文化既根植于本土文化背景，也促使城市在包容并蓄、调适发展的新道路上不断吸纳着外来的积极文化因素，在持续更新整合的过程中日益走向开放多元。

3. 从移民文化特色而言，城市移民文化凸显了城市文化的创新性

城市移民文化对城市文化创新性的影响在于移民文化为城市带来大量创意人才，并创造宽松的城市创意氛围。首先，移民人口构成了城市创意人才的主要生力军。现代大都市中，激烈的竞争环境对城市移民提出了更高的要求，享有新观念、掌握新技术、具备新知识的高知移民群体往往在推动城市创新发展中起到了重要的作用。城市移民面对的是新环境，他们必须舍弃原有思想观念、行为模式的束缚，创造新的工作和生活方式并融入其中。他们发挥勇于探索、求新求异的精神，切实改变着城市的面貌和精神气质，尤其在创意城市建设和文化产业发展的背景下，外来移民群体成为城市创意人才、产业人才的主要来源和生力军，推动着城市的转型发展。在典型的移民城市如深圳、上海、北京，由于高知群体占据着城市移民的主流，他们在把握新观念、了解新动态、开发新功能等方面有着独特的优势，为城市革新发展动力，推动城市绿色、智能、高效发展作出了巨大的贡献，并

为城市可持续发展注入了源源不断的生机和活力。在此背景下，城市移民及其文化塑造了城市的创新精神，使得创新性成为移民城市文化的典型特征。

其次，城市移民文化塑造了宽松的城市创意氛围。城市创意氛围（creative milieu）“是一种空间概念，可能指的是建筑群、城市的某处，甚至整座城市或区域。它涵盖了必要的先决条件，足以激发源源不绝的创意点子与发明的一切‘软’‘硬’件设施”。[7]创意氛围的形成需以一定数量的创意人才和创意产业为基础，而创意产业又必须依赖强大的人才支撑。上面已经指出，创新成为城市移民群体的突出特征，进而形成了移民文化的创新特性，并逐步影响城市整体文化面貌；而当创新成为城市的文化特性之后，又会进一步影响和决定城市居民（包括新移民）的精神追求和行为选择。城市移民和城市文化在相互影响中引起双方的变化，体现为一种不断生长及孕育新变的动态城市文化生成过程，这个过程也就是城市创意氛围开始酝酿并逐步发挥出来的过程。美国学者理查德·弗罗里达认为创意城市形成的3T要素分别为技术（Technology）、人才（Talent）和包容（Tolerance），可见城市的包容度是创意城市的基本特征，由移民文化塑造的宽松自由的城市氛围对于容纳新思想、新观点，激发新创意有着重要意义，而移民文化的创新特性对于塑造这种宽松包容的城市文化氛围起着关键的作用。

三　移民文化提升城市软实力的现实路径

通过对城市移民文化的软实力特性分析，我们发现，城市移民群体决定城市移民文化的面貌，提升城市移民文化软实力，需要以城市移民为关注点，全面考察城市移民及移民文化，有针对性地提出可行性路径。美国城市学家刘易斯·芒福德曾指出：“城市应当是一个爱的器官，城市最好的经济模式是关心人和陶冶人。”[8]城市以人为本，尊重和保障人的价值是城市文化的终极目的，也是城市软实力的根本指标。以城市移民文化为切入点提升城市软实力，必须建立在尊重城市移民群体及其文化的基础之上。

第一，尊重移民群体的文化表达，增强城市软实力的精神凝聚力和感召力。现代都市背景下，移民文化突出地体现为城市文化中“差异化的他者”和“异质性的存在”，移民文化代表了城市移民在城市融入过程中重新确认自身文化身份、寻求文化认同的尝试和努力。尊重移民文化表达、塑造畅通无碍的城市沟通交流环境，有利于强化城市移民的文化归属感和认同感，进而提升城市软实力的精神凝聚力和感召力。移民群体的文化表达直接体现了城市移民的文化诉求和他们对城市文化的认可程度，尊重移民文化表达，一是创造可沟通的城市交流环境，营造互联互通的城市关系网络，让城市不同群体能在开放、平等、和谐、畅达的城市氛围中进行良好沟通和自由表达，这包括搭建公共文化交流平台、完善城市公共文化服务、提升城市文化传播效能等；二是尊重城市移民的文化差异性和文化独立性，文化表达的畅通无碍需要以一种开放多元的眼光为前提去对待城市中差异性的存在，尊重不同个体的独立性和文化特性，进而保障移民群体的城市文化参与和公共文化权利。

第二，完善开放、多元、兼容的城市移民文化和生活氛围，提升城市软实力的吸引力和感染力。城市文化氛围的感染力突出城市的文化开放胸怀和培育多元文化、构建多元共存的总体文化环境的能力。一般说来，自由、宽松、和谐、开放的文化环境能为城市中多元文化的共存和发展创造良好的外围条件，而封闭、狭隘、自大则容易将城市文化的发展推向反面。城市文化环境的形成既铭刻上了历史文化的影响痕迹，也是当下频繁文化交流互动塑造的结果。城市移民文化作为城市文化的组成部分体现了城市对“少数族裔”——外来移民的文化接纳和社会包容，是城市中本土文化与外来文化、传统文化与现代文化以及多元文化交融互渗的结果。进一步完善城市多元文化氛围，一是营造良好的城市人文环境，以城市文化气息和美学氛围增加城市吸引力，二是从移民的文化需求出发，针对差异群体提供不同的文化产品和文化服务。芝加哥社会学派的创始人和著名学者罗伯特·帕克在《社会控制和集体行为》中提道：“城市和城市环境代表了人类最协调的、且在总体上是他最成功的努力，即根据他心中的期望重塑他所生活在其中的世界。但如果城市是人们所创造的世界，那么这就是他今后注定要生活其中的世界。因此，人类在间接地、没有清楚地意识到工作性质的情况下，就已在构造世界的过程中重塑了自己。”[9]根据社会学家帕克的描述，城市环境集中体现为城市居民对城市的塑造，并借助这种塑造达成了他们对自身的重塑，而人的重塑实际上即文化的建造过程，那么，塑造城市就意味着建造文化，城市文化环境也就体现为城市居民自身的文化诉求。以城市移民文化而论，这种诉求体现为对人文环境的内在要求和城市不同群体复杂多元的文化追求，既要以城市共同体为纽带，在整体背景下创造开放兼容、和谐共生的文化环境和美学品格；又需尊重差异，以特色化、满足不同群体需求的公共文化供给丰富城市文化形态，形成不同的文化类型和文化风格，进而提升城市软实力在城市内外部公众中产生的感染力和吸引力。

第三，以城市移民文化创新城市文化产业发展，提升以移民人才为基础的城市软实力的竞争力。文化是创新创意的培养基，也是城市历久弥新的精神资源，城市文化产业创新以创意和文化资源为基础，通过拟定创新计划和实施方案塑造生气勃勃的城市文化产业，最大限度地激发城市的文化活力和经济动力。前面提到过，移民群体为提供城市创意人才、营建城市创意氛围起到了重要的作用，以城市移民文化创新城市文化产业的发展，实际就是激发移民群体的创意创新潜能和质素，提高他们对城市文化经济的生产率和贡献力。一是继续吸引优秀移民，通过平台建设、政策优惠和良好的人才流动机制引进创意人才，加强创意人才的集聚，以人才为资本推动城市文化产业的创新性发展。在经济由注重规模速度的粗放型增长向强调质量效率的集约型增长的转变中，创新创意驱动成为经济增长的最大动力。作为文化产业之基，创意是以人的创造性活动推动城市经济发展，展现出城市软实力的人才竞争力。城市移民以其创新、开放、善于思考、敢于承担风险的特质促进城市创造、再创造的良性循环，使移民城市在城市竞争中保持有利地位。二是优化城市创意氛围，加强知识和创意转化，提高移民的产业贡献率。创意产业最早被界定为源于个人创造力、技能和才华的活动，通过知识产权的生成和利用，使这些活动发挥产生经济效益和创造就业的效用。因此，具备智力资本和创意的移民群体需要在创意氛围自由活跃、知识产权得到有效保护的环境中才能最大程度发挥其创新的能力。一方面要塑造互联畅达的创意氛围，为移民提供良好的融入和流通渠道，将充满想象力和创造力的抽象思维活动有效贯通于包括不同产业在内的城市实体经济的各个环节，并通过创意要素的广泛渗透使经济活动内部形成相互联系、相互影响的网络；另一方面也需加强知识产权保护，尊重移民创意的价值，加强知识产权立法和管理，以良好的外部环境促进创意转化，推动产业升级和转型发展，提升整体经济的运行效率和产业贡献率。来源于城市创意氛围滋养、运行环境、组织架构和创意人才贡献的城市创意是现代城市在竞争中保持优势的重要资源，提升城市移民文化软实力，要牢牢把握移民的创意资本和文化创新能力，增强城市竞争力。

根源于移民群体的城市移民文化构成了城市软实力的重要内容，也是促进城市软实力提升发展的重要手段。在城市软实力战略得到大力提倡的背景下，要善于抓住移民群体和移民文化的特点和优势，以促进城市文化更新繁荣和整体社会经济发展为目标，推动城市软实力的不断增强。

（作者信息：晏晨，北京市社会科学院博士后、助理研究员）

注　释

［1］［苏联］沙里宁：《城市：它的发展、衰败与未来》，顾启源译，中国建筑工业出版社 1986 年版，第 302 页。

［2］［美］约瑟夫·奈：《软实力》，马娟娟译，中信出版社 2013 年版。

［3］［加拿大］查尔斯·泰勒：《自我的根源：现代认同的形成》，韩震等译，译林出版社 2001 年版，第 39 页。

［4］［英］尼克·史蒂文森：《文化公民身份：全球一体的问题》，王晓燕、王丽娜译，北京大学出版社 2011 年版，第 8 页。

［5］［英］尼克·史蒂文森：《文化公民身份：全球一体的问题》，王晓燕、王丽娜译，北京大学出版社 2011 年版，第 9 页。

［6］［美］裘德·马特拉斯：《人口社会学导论》，顾宝昌等译，中山大学出

版社 1988 年版，第 213 页。

［7］［英］查尔斯·兰德利：《创意城市》，杨幼兰译，清华大学出版社 2009 年版，第 200 页。

［8］［美］刘易斯·芒福德：《城市发展史》，倪文彦、宋俊岭译，中国建筑工业出版社 1989 年版，第 421 页。

［9］［美］大卫·哈维：《希望的空间》，胡大平译，南京大学出版社 2006 年版，第 3 页。

政策性移民的文化融合与断裂

——以海南政策性移民为例

移民现象自古有之，人口迁移是人类社会发展中的普遍现象。以色列学者裘德·马特拉斯曾指出："都市化在很大程度上是一种移民现象。"[1]移民是文化的载体，来自不同地域、环境的移民承载着各自特有的文化，正是这些不同的群体以及异彩纷呈的文化的交融与激荡，使得城市更加充满活力也更具包容性。

要融入到迁入地的社会中去，必须经历一个文化适应的过程，对于来自不同的地域、社会环境，出于不同的原因而迁移的移民群体来说，其表现出来的文化适应类型有差异，适应阶段不同，表现出来的心理状态也各具特色。

政策性移民是指一个国家出于政治和经济发展需要而进行的移民。本文将特殊时代下的特殊群体——农垦系统的政策性移民作为研究对象，包括政策性移民一代和移民子代，用田野调查法对政策性移民的特征，与当地文化的适应融合与冲突做出描画与探讨，为研究移民文化适应提供理论素材。

一　海南政策性移民概况

海南自古以来就有着悠久的移民文化，自汉代以来就有了历史上第一次有组织的向海南岛的移民。翻开近现代史，海南岛同样经历了多次移民浪潮。1950 年 5 月，中国人民解放军自雷州半岛渡过琼州海峡，于临高角登陆，在琼崖军民的接应下一举解放了海南岛。

此后，政府决定在军队中留下部分军人，转业地方，参加了海南的社会主义建设。由此，自1950年至1965年整整15年时间，从大陆由政府有计划移民到海南岛的人口达30万。他们中有军人、干部、知识分子，其中相当一部分人到农垦战线的各个农场工作，农垦以至整个海南按军队方式管理，兵团在海岛建设中发挥了重要作用。此后又经历了20世纪70年代的“育种热”和80年代“建省热”两次移民浪潮。1950—1965年的移民浪潮，相对于后两次，无论从移民规模还是移民类型都有着本质的区别，属于典型的政策性移民。

二　两个政策性移民个案的原始访谈记录

1. A女（年龄：76岁，籍贯，辽宁丹东，1961年迁往海南）

（1）出发

我们是在1961年12月奉命调往海南岛的，在这之前，1958年，我爱人老李在部队申请转业，去北大荒，一直待到调往海南岛。几百名专业军官及家属，扶老携幼，千里迢迢奔向海南。因为全国处在三年困难时期，出发前，领导让大家把吃的粮食，晒的菜干，能带的尽量带着。我们乘坐的火车、汽车、轮船都是国家包下来的，从虎林乘火车直达广州。路上一日三餐由公家统一安排，到达广州是十二月，我们从冰天雪地来的人都穿着棉衣，一下火车就像烤火盆一样，大汗如雨，胸闷气促，简直难以忍受。

在广州住了五六天，便乘船到了海口，海南农垦局对我们接待更热情，周到，我们住在各个招待所等待分配，摆酒会餐，饭菜非常丰盛，如白切鸡、盐焗鸡、龙虎凤等。可是有些东西我们北方人不敢吃，像白切鸡血淋淋的，别说吃，看着就反胃。领导觉察了这一情况，后来餐桌上便多了一些北方的菜式，我们很高兴。海南农垦局对我们热情关怀，不仅让我们吃饱、吃好，每天还送来南方的水果和土特产，每天晚上用车接送我们去看电影或看戏，使我们感到亲切温暖，真像到了自己家里一样。

（2）落户

局里把我们四户人家分配到中建农场，我们被分配到三分场。我爱人任作业区主任，我任妇女主任及负责妇幼保健工作。中建农场是一万六千人的大场老场，那时是场社合并在一起。大家住在生产队，住的都是茅草房，吃饭在食堂。我们是北方生，北方长，吃不惯南方的大米，蔬菜也和北方不一样，比如萝卜一个最大二三两，不能生吃，又辣又硬，还带有屎尿味，北方的萝卜一个最小也有二三斤，又甜又香又清脆，比梨还好吃。我们家右边住的是一家广东人，虽然两家语言不通，但是彼此很和睦，北方人来到南方工作，生活上有很多事情不懂，经过他们介绍，逐渐由不懂到懂。比如木薯不能吃太多，应该削光外皮，用水洗泡后再煮；荔枝也不能吃太多，会引起荔枝病，发热，昏迷严重的会引起死亡；树上长的菠萝蜜也不能多吃；地上长的菠萝，吃时要削掉外皮，切成方块，泡上淡盐水才能吃，否则可能引起口腔出血。

（3）生活

由于气候、水土、蚊虫、蚂蚁、小咬等原因，我的两腿从膝盖以下经常生疮，红肿溃烂，有时出诊到连队，走小路，蚂蟥爬到腿上好几条，抓也抓不下来，吓得我汗水直流。刚到海南，连四脚蛇也怕，晚上不敢睡觉，怕它爬进蚊帐咬人。从北大荒冰天雪地到海岸到热带雨林，从零下四十摄氏度严寒到零上三十摄氏度炎热，经过漫长的一段岁月才逐渐适应了。

（4）工作

中建农场是个大场。农场医院原来建在小河边，周围全是橡胶树。门诊、药房和部分病床在一栋瓦房里，产房、待产室和医务人员宿舍都在草房里。我就住在待产室旁边，外边下大雨里边下小雨，四处透风。为了改善医疗条件，向厂领导建议医院重建，又培训一批卫生员，加强了作业区、生产队的医疗骨干，医院也经常派人下去宣传防病知识、服预防药打预防针的重要性。

1966 年，我们调到黎族苗族自治州通什茶厂医院工作。茶厂医院比中建医院条件更差：小小的草房就算是门诊，住院在小山坡上，没病的人往上走都很辛苦，房子破烂，透风漏雨，全场 21 个生产队，分四个片，每片有一个卫生员管四五个队，没有接生员，孕妇临产就往医院送，曾经发生产妇把婴儿生在路上的情况。我们再三向场党委提出重新选址，要离公路远些，靠山近河，环境优美，阳光充足。重新选址以后，我们按照部队162医院的模式，每个病床有被、褥、毛毯、床头柜、暖水瓶、洗脸盆、洗澡桶等，按照标准配备，医院周围环境绿化，除花草外还种各种果树还有各种中草药，同时经上级批准，还建立了一个小型制药厂，能生产葡萄糖注射液和几种重要制剂，每年给国家节约几十万元。

1987年，我们夫妻两人都到了退休的年龄，农垦局通知我们让我住进三亚干休所，继续发挥余热，担任保健医生。

2. B男（父亲为转业军人，1954年出生于海南，籍贯广东）

（1）生活

我是出生在海南的，老家是广东惠州，父亲是转业军人，1952年分配到海南，一开始被分配至尖峰岭。听我父亲讲，那时候真是苦，住的地方都没有，都是自己砍树建房子，地都是黄泥巴地，靠自己和的泥垒土屋，砍下竹子编成篱笆放在墙体里加固，上面盖上茅草。吃的东西几乎没有，只能挖山上的山药，又能果腹对肠胃又好，还有就是吃山上的野兔子、野菜、野猪。

小时候我们住在集体单位里，农垦是以一个连为生产单位的，建一排一排的民房，以连为单位居住，左邻右舍都是内地人多，也有招收当地人的，但是我们是整体从内地迁过来的，像现在的三亚农垦医院就是把原来的医院，包括设备和全体人员从东北整体迁过来的。人员主要是广东、福建的多，还有河南的、安徽的，五湖四海的人，平时都是到邻居家串门，聊家常，和本地人接触不多，农场里什么都有啊，农垦就像一个小社会，学校、医院、商店等一应俱全，接触的大多都是农垦子弟，上学的时候有一两个当地的同学，普通话不标准，他们的父母也不管也不教育。我的妈妈后来管计划生育工作有和当地人接触，还慢慢学会听海南话，和海南人接触的就会听和说一些海南话，其他的人没有怎么和本地人接触的，就听不懂海南话也不会说，反正也不怎么和当地人接触，所以也没有觉得不方便。我们的人也是来自五湖四海，在一起说普通话，但又不是纯正的普通话，我们称之为农垦普通话，是不是农场出来的人，一听说话就听出来了，马上就有种自己人的感觉。当地人挺羡慕我们的，因为我们什么都是由国家管的，虽然苦些，但是什么都有集体管不用操心，都习惯了。

（2）工作

在海南读的书，当时农垦系统就有小学，初中，还有中专。读书时，特别是小学基本上都是农垦子弟，只有偶尔几个当地的同学，上初中的时候稍微接触多一些当地同学。读完书后，就被分配到定安的红卫农场，割过橡胶，也采过茶，一开始先分到了十二队，后面被分到十四队，十四队是有苗族人的队，苗族人很好交往，我还学会了一些苗族话，现在还听得懂苗话。大家一起干活，一开始在广东人的连队，就讲白话，后面被分到海南人的连队，就讲海南话。当时队里统一种粮食，这片地种红薯，就一整片都种红薯，到时候每家每户吃的都是红薯，吃得很单调。

（3）与海南本地人的交往

与本地人交往其实是比较少的，除了需要和本地人打交道的工作以外。感觉海南人比较朴实，热情，没有心机，但是海南人对教育不大重视，不上进，没有计划，今朝有酒今朝醉，生活悠闲，人懒散，不注重计划生育，一个家庭有七八个小孩很正常，不过现在比以前好多了。

不过还是有些许排外的，感觉我们来这里是占了他们的地，如果不会讲海南话很难和本地人相处。现在，只要不是上了年纪的海南人都会说普通话，交流比以前容易多了。这边少数民族多，有些事情还是很神秘的，当地人告诉我们初一、十五不要出来，这边的人要做法，特别是少数民族，万一那个法做到你身上就麻烦了。

（4）归属感

我觉得我已经是土生土长的海南人了，因为我出生在海南，会讲海南话，对海南的气候也适应，老家没有什么人了，回去也没有什么意思了，真的是生在海南死在海南了。我父母来海南的时候是真苦，据他们说当时是要服从分配的，不想来的人领导就做你的工作做到你肯为止，否则就是不支持革命工作，到后来可以回去的时候很多人都跑回去了，因为实在太苦了。到了我这一代情况好些，但是子女都很少留在海南了，我女儿在外地上的大学，现在就在北京上班了，海南没有什么好的工作，总不能叫子女再制橡胶吧，他们都做不了农活了。饮食习惯上没有什么改变，至今还保留着老家的习惯，其实我们老家的饮食习惯和海南这边挺像的，那个时候海南广东还没有分家，我们南方人对海南的气候和饮食比起北方的来说适应起来顺利多了。但是这边的传统节日我们基本上不过，这边传统的节日有三月三啊，洗龙澡，还有些地方还过军坡接，吃公期，只有海南本地人过，我们就是过端午、中秋、春节等大家都过的节日。我们周围的邻居有河南、东北的，还是喜欢吃面食，比如饺子、面条，过年的时候他们都是要包饺子吃的。

三　政策性移民探索——文化融合与断裂

文化人类学家罗伯特·雷德菲尔德、拉尔夫·林顿和梅尔维尔·赫斯科维茨等人在1936年提出文化适应的概念："文化适应是指一些具有不同文化的个体集团发生长期而直接的联系，因而一个或两个集团改变了原来的文化模式所产生的现象。"[2]无论移民文化多么优越与先进，当与迁入地文化差异过大时，移民必然要学习当地的文化，将自身文化调适于当地文化之中，以尽快融入迁入地。文化适应是一种复杂的社会文化现象，是移民在迁入地必须面对的问题。移民在文化适应的过程中，不仅仅是移民模仿与适应迁入地文化，而是两种文化的互动与融合。

政策性移民这一特殊群体有着不同于其他类型的移民典型的特征。当我们从文化的视角切入的时候，我们可以得到更为深入细致的发现——对当地文化的适应融合与断裂并存，向内的归属感与向外的疏离感并存。

1. "物质文化适应"的融合与"非物质文化适应"的断裂

物质文化适应指的是对"物质世界中，经过人的加工，体现了人的思想的东西”[3]的适应，例如衣食住行等的适应；非物质文化适应指的是对“作为社会成员所需要的知识，信仰，艺术，道德，法律，风俗以及其他能力和习惯等”的适应。[4]不论出于何种原因，属于何种性质的移民，要想在迁入地生存下来，首先必须适应的是对迁入地的自然环境和物质文化。支援海南岛建设的政策性移民，有来自东北三省的，也有来自中原地区的，也有来自南方的。在自然环境方面，逐渐适应了海南热带的炎热气候，习惯到处可见四脚蛇，学习如何对付旱蚂蟥，生活上学当地人戴尖顶斗笠干农活，适应热带特有的水果，特有的野菜，特有的粮食，饮食上也逐渐接受了佐以酸橘子、大蒜、辣椒酱，早餐吃稀饭等习惯。

然而，虽然经过了长期的适应，有些政策性移民一辈子留在了海南岛，甚至有些认为自己已经是海南人的移民，在内心深处，却未真正地适应当地的“非物质文化”，也没有意识到需要去适应当地的文化内涵，体会当地老百姓的文化心理和价值观念，以至于第二代移民出生于海南，成长于海南，也没有真正接受当地文化，骨子里依然执着于“老家”的文化。依然只是过端午、重阳、中秋、春节等传统节日，对海南的具有地方特色的传统节日虽略知一二但却很少有参与其中的热情，对当地的文化习俗表现出一个冷静的陌生人态度，对于海南深处的海岛文化在心理上是断裂的而非适应融合的。

2. “表层文化适应”的融合与“深层文化适应”的断裂

表层适应是指移民表面上迎合并模仿当地文化的一些内容，如对当地饮食的模仿，语言的应用、服饰的接受，但对迁入地文化的内核处于一种“拒接纳”或“排斥”，甚至藐视当地文化，与当地居民保持一定的社会距离；以及迁入地居民对移民表现出的表面不排斥而内心却敬而远之的阶段。“深层适应”指移民对迁入地文化能以一种平和的心态对待甚至接纳当地文化中许多优秀成果，无论从外表或是内心，移民都已完全融入到当地的文化之中，相对而言，迁入地居民也已默认了移民的存在，接纳移民为本地人阶段。[5]

一般而言，表层文化适应与深层文化适应在时间序列上是一个递进关系，移民在迁入地随着时间的推移，特别是移民一代至第二子代移民的时候，会出现表层文化适应逐渐向深层文化适应的转变，由“我是移民”转化为“我也是当地人”，对迁入地有归属感，谈起迁入地以及当地居民由“你们这里，你们”转化为“我们这里，我们”。然而由于政策性移民的特殊管理方式以及特殊性质，不论是第一代移民还是其子代移民，都极少在心理上对海南这一迁入地产生认同与归属感。在与访谈对象聊天时，他们仍然以“他们，本地人，海南人”相对“我们”来区分他我群体；对海南本地语言基本上是被动学习，除了工作需要，生活上必须与本地居民接触的部分人群外，大部分人对海南话不感兴趣，觉得不好学也没有必要学，能听懂简单的日常会话，生活中都是以普通话作为交流工具。特别是对于由于海岛文化所产生的本地居民的悠闲生活态度是不理解的，认为那是不上进，没有竞争力的表现。尽管可以和本地居民和平而处，但是却没有达到深入融合。

3. “逆适应”大于“顺适应”

“顺适应”主要指移民对于迁入地地域文化和民族文化的适应，这种情况主要是迁入地居民人口规模处于强势，其地域文化也处于强势，是当地的主流文化或强势文化；相反则称为逆适应。

政策性移民是由国家对某一地域的经济、政治、文化有着一定规划，主要是为提高这些地域的社会发展而组织的移民，例如开拓北大荒、开发大庆油田等，政策性移民往往在某一方面具有着较高的同质性，例如受教育水平、技术、工作领域方面等具有相似性，且一般都高于迁入地居民的平均水平。就1950—1965年这15年海南的移民来说，其中绝大部分是政策性移民。这段时间内的政策性移民大部分由军人、干部、知识分子等社会的中坚力量组成，当时是响应国家号召，支援海岛边疆建设，“支援”在词义上解释为：“对需要帮助的人或集体给予物质或精神的支持、援助。”他们来到海南岛后，带着先进的技术与管理经验，改善了海南岛的医疗水平，提高了经济效益，为当地培养了人才，使海南岛的整体水平提高了，对海南岛的发展功不可没。政策性移民代表的文化相对来说是主流文化和强势文化；其次在社会地位上，支援海南岛的政策性移民属于国家体制内，在当时城乡二元结构的背景下，就是“国家的人”，虽然生活上与迁入地居民一样苦，但是有集体这个强大后盾，从生活到工作都有集体，不用自己操心，就像我们在上述两个访谈个案中所了解的那样知道的，无论是到海南岛的路途中，还是落户的衣食住行、学校、医院、商店等都有集体、国家的力量在操作，这无疑是当时的迁入地居民所羡慕的；最后，海南岛本土文化中还存在着“流放文化”一说，海南岛自古以来被称为蛮荒之地，是历代流放罪臣之地，与宁古塔一样是荒凉恶劣的代名词，使之处于海南岛的居民对于大陆以及中原文化的向往，造成一定的自卑心理。在海南人面前说她（他）长得像大陆人，其实是夸她（他）长得白皙漂亮，如果那个小孩讲一口普通话或者长得白点，穿得漂亮些，即便是本地人，孩子们都会称呼其“大陆胞”“过海崽”，其中都含有夸奖之意，而无贬义。也就是说，连海南本地人在大陆文化面前都有意识或者无意识地将自己的本土文化视为弱势文化、边际文化。所以在政策性移民聚集的农垦系统周围，出现了移民文化的“逆适应”现象，特别是语言文化的逆适应现象。本地居民要与移民交流需要学会普通话，虽然第二代移民会说海南地方方言，但是觉得地方方言难，只是听而不愿意说。对一个群体而言，方言是一种凝聚的力量、认同的标志和感情的密码；对外族人来说，方言是一种隔膜，一种距离。虽然海南话是海南本地居民认同本群的重要标志，普通话则是迁移至海南岛的政策性移民的特征，虽然本地居民学习普通话以达到和移民交流的目的，但在文化以及内心的感情归属上，这两大群体却没有真正融合在一起。上述种种的移民文化融合与断裂间接造成了移民整体的向内归属感和向外疏离感的心理的形成。

政策性移民在我国近现代移民史上并不罕见，特别是新中国成立之初，支援边疆建设，开拓北大荒，知识青年上山下乡，都造成了特殊时代下的政策性移民，然而，不是所有政策性移民文化都存在着融合断裂并存现象，产生“文化孤岛”现象。究其原因，笔者认为有以下几点：首先，由于当时海南农垦系统的管理是按照军队化的管理方式进行的。生产按照连为单位，每个连下面又设排，吃住也是按照集体化管理，与生产单位一致。在组成结构上基本上以大陆迁移的移民为主，很少本地居民，这造成了移民的高度群体化倾向；其次，在组织上自成体系，可以说农垦系统就是一个小社会，从商店、菜场、交通、幼儿园、中学、中专、医院等一应俱全，即使不与外界交流也能自我满足，这在很大程度上是造成与当地社会断裂的物质基础；最后，在心理上，来到海南岛支援建设的这一代移民都怀有理想的浪漫主义情怀与豪迈的艰苦创业精神与海南本土的悠闲，与世无争的海岛文化之间有着一定冲突，对海南本土文化的深层内核拒接纳甚至排斥。海南岛政策性移民在结构组成、价值观念和群体心理方面具有内在的一致性和独特性都造成了其移民文化的融合与断裂，形成“文化孤岛”现象。

综上所述，移民文化的适应是移民在迁入地安身立命的基础，也是使移民文化与当地文化融合，促进文化进步的需要。不同的社会文化背景，不同性质的移民以及在迁入地的不同组织与管理会呈现不同的特色。我们应该借鉴不同移民类型、构成以及表现形态，从而更好地把握移民文化的适应的实质，促进不同文化之间更好地融合。

（作者信息：张淑萍，海南省琼州学院人文社科学院讲师）

注　释

[1]［美］裘德·马特拉斯：《人口社会学导论》，中山大学出版社 1988 年版，第 213 页。

[2]［苏联］C. A. 托卡列夫：《外国民族学史》，汤正方译，中国社会科学出版社 1983 年版，第 296 页。

[3] 郑航生：《社会学概论新修》，中国人民大学出版社 2002 年版，第 91 页。

[4]［英］爱德华·泰勒：《原始文化》，连树声译，广西师范大学出版社 2005 年版，第 1 页。

[5] 刘有安：《论移民文化适应的类型及心理变化特征——以新中国成立后迁入宁夏的外地汉族移民为例》，《思想战线》2009 年第 6 期。

移民儿童歧视知觉及其心理健康

自1978年改革开放以来，我国工业化和城市化进程不断加快，由此创造了资金、资源和劳动力的大规模的内部流动。数以百万计的农村劳动力进入城市务工，流动人口规模迅速增长，家庭式流动比例越来越高。据2013年国家统计局发布的《2012年国民经济和社会发展统计公报》，2012年流动人口已达到2.36亿。仅深圳市，2012年年底流动人口已达到1532.8万。与此同时，我们注意到，早期“单打独斗”的模式越来越向“拖家带口”的模式发展，举家迁移日益成为人口流动的重要特征，流动人口的结构发生了重要变化。近几年，数百万0岁至14岁的儿童随他们的父母搬到城里。

由于户籍的限制，移民儿童的生存和发展存在着许多问题，加之需对环境的调整适应，其心理健康发展也存在阻碍。由农村到城市的社会处境改变，一方面，相对优越的物质、教育和人文环境为移民儿童的更好发展提供了相对较好的条件；但另一方面，由于当地户籍的限制，移民儿童也面对着升学、就业、社交等领域的各种不公正对待，即歧视。

一　何为歧视知觉？

歧视是一种客观存在的社会现实，歧视知觉（perceived discrimination）则是指个体知觉到由于自己所属的群体成员资格（如户口身份等）而受到了有区别的或不公平的对待，相对而言，它是一种主观体验。[1]

儿童早期的成长环境和家庭教育是影响儿童心理成长的重要因素，由于环境的变更，移民儿童相较普通儿童在心理和生理上的需要满足方面存在差异，情绪消极、在性格上更为任性、内向和孤独。甚至还有一部分儿童对不良社会行为缺乏认知能力，而成为“问题孩子”。Dion 和 Kawakami 指出，歧视知觉反映的是弱势群体成员的重要心理现实，正是这一心理现实影响着个体心理与行为的发展。[2] Mummendey 等人的相对剥夺理论认为，个体主要通过与他人比较来评价自己的地位和处境，弱势群体中的个体经常体验到基本权利被剥夺的感觉，这种感觉在使他们丧失现实中的许多机会的同时，也对其心理发展造成损害；[3] David 和 Thompson 的符号互动理论则认为，个体的自我概念主要通过与重要他人的互动而建立，其自我概念的建立较多地依赖于他人的反馈性评价。[4] 如果个体长期遭受歧视，则可能会把他人的偏见内化，影响其自我价值感甚至表现出与他人的消极印象相一致的行为。目前，国内外大量的相关研究主要集中在歧视知觉对心理适应的影响，且都得出一致结论：歧视知觉对心理适应存在消极影响。

二　歧视知觉的影响因素

虽然歧视知觉并不一定反映了歧视的发生现实，但作为弱势群体成员的重要心理体验，它影响着移民儿童的心理和社会适应，进而影响其行为和发展。国内研究显示，影响移民儿童歧视知觉的因素主要有个体和环境两大类。

第一，个体因素。不同个体对歧视知觉的感知不同。首先，群体成员资格（如流动性、学校类型）对歧视知觉有重要影响。在流动性上，流动性高的儿童感觉到的歧视要显著多于流动性低的儿童，流动性越高，其知觉到的歧视就越多。在学校类型上，对公立学校和打工子弟学校的流动儿童的歧视知觉的对比研究发现，后者流动儿童的被歧视感要强于前者的流动儿童。同时，儿童自身存在的一些保护性因素（例如心理弹性）也可缓冲歧视知觉对其的消极影响。研究表明，虽然歧视知觉可能会增加移民儿童的外化问题行为，但心理弹性可作为保护性因素，直接减少移民儿童的消极发展结果。此外，Jasinskaja-Lahti 和 Liebkind 指出，影响青少年儿童对负性生活事件的调整适应受自我认知的两个维度的调节——一般自尊和掌控感。一般自尊代表的是整体的自我评价，掌控感（sense of mastery）代表对事件和对自己生活的掌控，这些反映的是一种个人化特征。有研究发现，这两个维度能够非常好地预测移民者或流动者的主观幸福感，而独立于歧视的影响。因为虽然已经发现歧视知觉对移民儿童的自尊产生不利影响，但歧视知觉并不限制他们去体验对自己生活中情况控制的机会。[5]

第二，环境因素。在新环境的适应过程中，移民儿童自身的影响因素是一个方面，但环境背景的作用更大。拥有一些环境背景支持的移民者或流动者的整合和适应要比没有这些环境支持的更好。有研究发现，对年轻的流动者来说，歧视知觉对其良好的适应产生着强烈的消极影响。在对移民儿童歧视知觉的研究中，家庭和学校是备受关注的两大环境。在家庭方面，亲子关系是影响儿童和青少年发展的一个重要因素。Harker 指出，良好的亲子关系可以增加儿童的社会支持感和安全感，减少代际冲突；那些感到与父母亲近的儿童和青少年有更好的心理适应，而生活中的压力事件的影响也能被调节。父母与子女的关系对移民儿童的身体、心理和社会发展有更大的重要性。[6]但移民儿童和他们的父母不仅面临着正常的生存发展问题，也不得不面对文化适应的问题，这可能对家庭造成压力，也使得亲子关系变得紧张。一些研究发现，对流动人员来说，父母—儿童社会化的差异与低的社会竞争力相关，也会潜在地加重父母和孩子之间的矛盾，并增加移民儿童的焦虑。Garcia 等人在生态理论基础上提出，社会经济地位是影响弱势群体中青少年发展结果的重要因素。[7]研究表明，家庭社会经济地位、老师支持和同学支持对于个体和群体歧视知觉具有显著的负性影响，而班级内聚力对个体满意度、个体歧视知觉和群体歧视知觉上有显著的负性影响。在学校环境方面，单单是上公立学校或打工子弟学校，移民儿童的幸福感就有较大差别，公立学校移民儿童相对于打工子弟学校移民儿童的个体和群体幸福感较高。学校环境是移民儿童学习生活的重要场所，学校的氛围、儿童的同学关系和所在班级内凝聚力对其歧视知觉有重要影响。在同伴关系中，缺少同伴支持是影响儿童和青少年心理健康的危险因素。Laursen 等人进行的一项研究表明，缺乏友谊会增加社会隔离感，且与儿童和青少年的心理和社会的不良适应有显著的正相关。[8]在学校的关系领域，积极的师生关系已被证明与更好的学业成就和心理健康呈正相关关系；在学校的欺凌和同伴关系不良与不良心理健康和学业成就呈负相关关系。

三　心理健康的干预

大量研究表明，歧视知觉对移民儿童心理健康存在消极影响，歧视知觉与移民儿童焦虑、抑郁、孤独感都呈显著正相关。而前文所述的个体因素和环境因素可为我们减弱移民儿童歧视知觉、增进心理健康提供指引。

第一，加强移民儿童自尊的培养。可以知道的是，并非所有的移民儿童在遇到歧视后都存在心理健康问题，显然，在歧视知觉与移民儿童心理健康之间还有其他影响因素。研究发现，自尊对留守儿童的社会适应性有很好的预测力。因此，要改善移民儿童的心理健康状况，可从调节自尊入手。在这里，就要使儿童获得成功和爱的体验。老师和家长要对移民儿童的良好表现给予积极的评价，积极强化儿童身上表现出来的闪光点，从而激发自我效能感，提升自尊水平。

第二，开展团体辅导和心理讲座。这一点旨在培养移民儿童的心理弹性。心理弹性可以缓冲歧视知觉对移民儿童心理健康的消极影响。研究表明，团体辅导和心理讲座均对提高心理弹性有促进作用。因此，学校可以开设心理课，以适合儿童的不同主题的心理团体辅导和心理讲座来增进心理弹性。同时，在开展团体辅导和心理讲座的过程中，有利于增强班级凝聚力，营造良好的班级环境，这同时也是对儿童社会支持系统的良好帮助。

第三，发展良好的亲子关系。亲子关系的重要性不言而喻，而要建立良好的亲子关系，首先，要树立正确的亲子关系观：平等。很多父母在子女早期的成长过程中一直都是处于帮助、管理和指导等支配性地位，不把孩子看成是具有独立人格的个体，凡事以家长的意志为转移，过分要求孩子或过分保护孩子。此外，一些家长不了解孩子在不同成长期的不同心理需求，一直采用同一种教养态度和方式，不尊重孩子的心理需要，使得父母与孩子之间产生心理上的疏离、不信任或畏惧，甚至矛盾冲突等。其次，要加强沟通，增进理解。良好亲子关系的建立与增进亲子沟通与交流、促进亲子理解和信任关系密切。在树立了正确的亲子交往观念以后，家长和子女之间还必须有一定的沟通交流时间作保证。流动者多以“外出务工多赚点”或“更好的就业升职”的原因在外工作，因此，移民儿童的父母工作比较忙，陪伴孩子的时间相对没那么多。研究表明，人们之间的密切程度是由人们之间的沟通的多少来决定的。如果父母与孩子要形成密切的关系，就必须加强沟通，必须用较多的时间沟通。因为沟通交流是促进相互理解和信任的基础，建立在此基础上的亲子关系才能更好地对儿童提供支持，促进其心理健康。良好的亲子沟通，不仅能让孩子感受到来自父母的关心，又能让其在遇到问题时能及时与父母交流，获得父母的支持与帮助。在与孩子沟通的过程中，父母应当积极鼓励孩子表达自己的想法和情感，学会耐心倾听，及时在孩子适应新的环境的过程中所经历的事情、体验的情感中发现和解决问题，促进孩子心理、生理的健康发展。此外，家长在与孩子交往时，对于孩子的不同意见、一些大人看起来不太合理的思想和行为，要能宽容对待，让孩子能充分表达自己的内心，之后再与孩子探讨。

第四，重点关注社会经济地位低的家庭的移民儿童。经济地位高的家庭有利于为子女提供辅助性条件和社会支持，如充足的食物和营养、良好的学习生活条件；而家庭社会经济地位低的儿童却在这方面处于弱势，也因此他们更容易知觉和感受到歧视现象。研究发现，家庭社会经济地位对于个体和群体歧视知觉具有显著的负向预测作用。也就是说，随着家庭社会经济地位的提高，移民儿童知觉到的个体或群体的歧视现象会逐渐减少。如此，家庭经济地位的改善将有助于减弱移民儿童的歧视知觉；但经济地位的提高并非短时间内所能达成，也并非主观控制。对于家庭经济地位较差的儿童，父母首先要关心孩子的生活学习现实，多与之沟通，了解其内心状态。同时，学校方面应努力创设公平、优良的学习环境，多关注家庭经济地位低的移民儿童身心健康发展。

第五，发展移民儿童的社会支持系统。学校环境对于移民儿童的歧视知觉也具有重要作用。来自同学和老师的支持对移民儿童的个体和群体歧视知觉均有显著作用。良好的社会支持可增加移民儿童的归属感，提供一定的应对资源，减弱外界歧视的消极影响。发展移民儿童的社会支持系统，一方面，学校可以在教学中设计一些游戏活动，增加儿童之间的互动，利于儿童发展友谊，建立同伴支持网络，也可举行班级之间的良性竞争，例如拔河比赛等，增强班级的内凝聚力；另一方面，教师在日常教学中要注意公正，平等对待每一个儿童，对儿童在日常学习生活中的问题真诚关心，对比较内向孤僻的儿童要适当引导，促进其加入同伴的学习和活动中。

但同时，我们也必须客观看待目前国内移民儿童歧视知觉的研究。因为移民儿童的歧视知觉是一个发展变化的动态过程，随着年龄的增长，移民儿童歧视知觉的特征以及与其他变量的关系模式可能会发生一定改变，而目前国内对移民儿童歧视知觉的研究多为横断研究，缺乏对其歧视知觉随时间变化的探讨，因此，为揭示歧视知觉与其他变量之间的关系模式，有必要进行纵向研究。此外，如前文所述，歧视知觉是一种主观体验，并不一定反映客观现实，为了更加客观地反映移民儿童歧视体验的现实状况，需要同时考量主观和客观两个方面，既考虑被歧视者的歧视体验，也从歧视者角度来收集实际发生的歧视事件，综合二者来对移民儿童歧视知觉的心理本质进行揭示。

（作者信息：康武，深圳大学心理与社会学院副教授、博士；
汤秋银，深圳大学心理与社会学院研究生）

注　释

［1］Major, B. , Quinton, W. , & McCoy, S. Antecedents and consequences of attributions to discrimination: Theoretical and empirical advances. In M. P. Zanna

(Ed.) Advances in Experimental Social Psychology, 2002 (34): 251 - 329.

[2] Dion, K. L., & Kawakami, K. Ethnicity and perceived discrimination in Toronto: Another look at the personal / group discrimination discrepancy. Canadian Journal of Behavioral Science, 1996 (28): 203 - 213.

[3] Mummendey, A., Kessler, T., Klink, A., & Mielke, R. Strategies to cope with negative social identity: Predictions by social identity theory and relative deprivation theory. Journal of Personality and Social Psychology, 1999 (76): 229 - 245.

[4] David, B. D., & Thompson, K. Self-Concept and Delinquency: The Effects of Reflected Appraisals by Parent and Peers. Western Criminology Review, 2005, 6 (1): 22 - 29.

[5] Liebkind, K., & Jasinskaja-Lahti, I. Acculturation and psychological well-being among immigrant adolescents in Finland: A comparative study of adolescents from different cultural backgrounds. Journal of Adolcscent Research, 2000b, 15 (4): 446 - 469.

[6] Harker, K. Immigrant generation, assimilation, and adolescent psychological well-being. Social Forces, 2001, 79 (3): 969 - 1004.

[7] Garcia, C. C., Gontran, L., Renee, J., pipes, M. H., et al. An integrative model for the study of developmental competencies in minority children. Child Development, 1996, 67 (5): 1891 - 1914.

[8] Laursen, B., Bukowski, W. M., Aunola, K., Nurmi, J. E., Friendship moderates prospective associations between social isolation and adjustment problems in young children. Child Development, 2007, 78 (4): 1395 - 1404.

全球化视野下亚洲科技人才移民美国的历史透视

在冷战时期的亚洲，以意识形态和政治与经济制度为标志的国际地缘政治格局的形成，决定了亚洲的国家和地区走上了不同的发展道路。当中国台湾地区、日本、韩国和菲律宾等国家和地区相继被纳入美国的反共阵营之后，它们在政治、经济和文化等方面与美国的联系也日益紧密，商贸与人员往来更加频繁，因而其技术人才迁移美国的趋势也迅速加快。到20世纪70年代末期以后，随着中国等国家改革开放的开始，几乎所有亚洲国家都不同程度地参与到全球化的大潮中，各国与美国的商贸和文化交流也如火如荼。相应的，从亚洲迁入美国的技术人才也与日俱增。无论是绝对数量还是其占美国外来技术移民的比例，亚洲都是美国外来技术移民的首要来源。如此多的亚洲人才流向美国，美国学界早有关注，相关成果层出不穷，其中既有关于美国移民政策影响的研究，也有对亚洲单一国家技术移民的探索。虽然有些成果涉及亚洲技术移民，但关于其迁移的历史原因等问题，仍然缺乏全面缜密的研究。在国内学界，类似研究依然鲜见。有鉴于此，笔者拟对这一问题进行粗浅的分析，以期引起学界同人的重视。

一 亚洲人才流失的趋势与特点

何为全球化？其发展过程、阶段性特点和区域模式等问题，学界迄今并未在概念上形成共识。毋庸置疑的是，自第二次世界大战结束以来，以市场经济为基础的区域合作与发展（如欧盟和北美自贸区），以及在此基础之上的关税总协定和世贸组织的发展与变迁，意味着以市场为核心的经济体系，已成为联结世界各国经济发展的纽带。随着越来越多的国家被纳入全球化经济发展的浪潮中，人口的跨国迁移与流动范围也不断扩大，并在不同程度上形成了多向性、多层次的人口流动，其中既有永久移民，也有短期劳工，还有成千上万的国际留学生。据联合国统计，在全球范围内，跨国迁移的人口从1965年的7500万增至1990年的1.2亿，到2007年，约有2亿人口生活在出生国以外。从流向看，多数移民流向欧美发达国家并对其人口增长影响甚大。例如，在1990—1995年，外来移民分别占美国、澳大利亚和新西兰人口增长的1/3，占所有发达国家人口增长的45%和西欧国家的88%。在20世纪90年代，由于经济的高速发展，迁入欧美国家的劳动力增幅惊人，其中在美国的增幅高达57.5%、德国高达45.5%、加拿大为25.7%、澳大利亚为24.1%。相比之下，以前不知名的北欧小国更是令人刮目相看。例如，芬兰的增幅高达163%，奥地利为151.7%、爱尔兰为114.8%、丹麦是80.6%、冰岛和挪威在50%—62%。[1]从移民来源看，在2006年迁入经济合作与发展组织成员国的永久移民中，欧洲占33.8%，亚洲占33%，拉丁美洲占19.7%，非洲占8.8%，北美洲占3.2%，其余是大洋洲移民，但在迁入欧洲的移民中，56.8%是欧盟成员国的公民，亚洲移民仅占15.2%，拉丁美洲13.4%，非洲14%，北美洲6.3%。这就是说，各国人口的迁移呈现出一种很强的地缘性特征。欧洲移民主要在欧洲内部流动。非洲移民中85%流向欧洲，亚洲移民中有2/3以上流向美国、加拿大和澳大利亚等地区，拉丁美洲移民主要流向北美洲。显然，除美国、加拿大和澳大利亚等传统的接受移民的国家外，欧洲也成为当代全球另一个外来移民最密集的地区。与第二次世界大战前不同的是，在第二次世界大战后跨国迁移的移民中，受过高等教育的专业技术人才令人瞩目。例如，2000年居住在经济合作与发展组织成员国的外来专业技术人才达2000万以上，其中美国有近1100万，加拿大和墨西哥有200多万，有410多万居住在欧盟成员国，澳大利亚、日本和韩国等国有300多万。[2]

在走出国门的亚洲移民中，除少部分迁入澳大利亚、加拿大和欧洲国家以外，多数迁入美国。这种格局实际上是19世纪中期以来亚洲移民传统的继续。自1848年加州发现金矿后华人陆续抵达旧金山时开始，不少亚洲劳工纷纷踏上了移民美国的征程。虽然在19世纪末期美国社会上掀起的排外浪潮最终推动美国国会颁布了禁止亚洲移民的1924年移民法，但在第二次世界大战后，美国出于其内政外交利益的需要，逐渐放宽了对亚洲移民的限制，并在1965年废除了种族歧视条款。从此，亚洲移民能够在平等的基础上移民美国。据美国政府统计，在1965—2011年，迁入美国的移民超过3446.68万人，其中，1990—2009年累计超过2007.47万，是美国历史上任何一个20年间入境移民人数最多的时期。不啻如此，移民的区域来源也发生了历史性剧变，欧洲移民从20世纪60年代的35%下降到1980—1989年和2000—2009年的11%和13%，亚洲国家从12%分别升到28.3%和34%，西半球国家相对稳定，在三个时期分别为52%、43.1%和43.1%，而非洲、大洋洲以及国籍来源不明的移民也从0.7%增至2.9%和10.1%。从总体上看，拉丁美洲是当代美国外来移民的第一大来源，亚洲处于第二位。但是，从专业技术人才的数量及其所占移民比例看，亚洲却是当代美国技术人才的首要来源。据美国国家科学基金会统计，在2003年美国2160万科学家和工程师中，有335.2万是在外国出生的，其中有56%生于亚洲，19%出生于欧洲，西半球累计占19.3%，非洲占6%。从具体的国别看，印度、中国和菲律宾等国家，是科技人才流失最多的地区，三国流失的科学家和工程师人数分别为50万、32.6万和30.4万。韩国和中国台湾地区的科学家和工程师分别为12万。以上国家和地区是亚洲人才流失最严重的地区。[3]

从1965年以后亚洲人才流失美国的过程看，其变化经历了一个“U”形曲线模式。具体说，就是两头高，中间低。在1965—1976年，专业人士、技术人员以及同类劳工的比例从1966年的15%上升到1971年的28.6%，1976年之后开始急剧下降。尽管如此，在这10年间入境的亚洲专业技术人士、技术人员和同类劳工年均2.15万人，是1965年入境的2000名技术移民的10倍。他们在亚洲移民中的比例由7.7%上升到28.6%。由于其数量较多，他们占同期美国所有入境技术类移民的50%以上。在1976年以后，技术类移民的比例进一步下降，从1978年的10.5%下降到1981—1985年的7.7%，而到1985—1988年则下降到每年平均8.4%以上。但是，在1990年以后，技术类移民比例明显提高，其占入境移民总数的60%。其中，华人达到76%、印度人为62%、韩国人为63%、菲律宾人为58%。[4]

从亚洲国家流失的人才类型看，多数出自理工科专业。例如，在1972—1985年中国流失的科技人才中，数学、自然科学和工程学等领域的专业技术人才达到2.04万人以上，占同期中国“专业技术人士、技术人员和同类劳工”移民的63.85%以上，其中在比例最高的1982年达到了76%，而在1980年和1985年分别达到73%和72%。按照同样的方法表述，在印度移民中，数学、计算机、自然科学、工科和医学等领域的技术人才占50.78%，在其比例最高的1979年和1980年，分别达到67%和68%。相对而言，在韩国人才中，同类专业人才的比例和增长趋势也经历了一个由低到高的变化过程。而且，在1972—1979年，数学、计算机、工程学和其他技术类人员的比例占技术类移民总数的25.87%，到1980—1985年平均达到52.16%。在完成学业后滞留不归的留学生中，理工科专业的比例较高。例如，在1990—1999年获得博士学位的外国学生中，居留美国的比例占中国留美理工科专业学生的87%、印度学生的82%、中国台湾学生的57%、韩国学生的39%、阿根廷学生的57%、哥伦比亚学生的53%和英国学生的79%。[5]

从入境方式看，从美国境外申请签证入境的直接移民较少，而曲线移民的比例较高，多数是来自美国高校毕业的留学生。例如，从1957年到1965年，曲线移民占入境的欧洲科学家和工程师的11%、北美洲的1%、南美洲的7%和亚洲国家的58%。在亚洲入境的科技人才中，曲线移民占工程师的60.6%、科学家的61.7%和社会科学家的34.7%。但是，在来自欧洲的科学家和工程师中，最高不过11%，在中美洲和南美洲国家的人才中最高不过1%和7%。在1965年之后，亚洲国家的比例增长更快，并成为定居美国的科技人才的主要来源。例如，曲线移民占1967年入境的亚洲科学家和工程师总数的80.19%和1968年中的67.95%。这就是说，在入境的科学家和工程师中间，来自欧洲的人才中多数是在母国工作多年的专家，而来自亚洲的人才中，多数是在美国大学获得博士学位的留学生。在 1967 年入境的 7913 名科学家、工程师和医生中间，48% 的人是学成不归的留学生，他们占中国留学生的 89%、韩国留学生的 80%、印度留学生的 78%。显然，从学生移民的角度看，亚洲是留学生人才流失率最高的地区。进入 90 年代以后，留学生毕业后移民美国的趋势依然不减，这种现象在理工科专业留学生中的比例一直居高不下。例如，在 1992—2001 年获得博士学位的国际留学生中，五年后仍在美国定居就业的比例从 41% 增加到 56%，在中国学生中的比例从 65% 上升到 96%，在印度学生中从 72% 上升到 86%，是各国留学生中最高的，而伊朗、阿根廷、英国、以色列、加拿大、新西兰和希腊等发达国家都在 50% 以上。[6]

随着越来越多的亚洲科技人才流失美国，亚洲逐渐成为美国外来科技人才的主要来源。自 1956 年美国允许外国留学生移民开始，亚洲技术人才流失速度开始加快。例如，来自发达国家的医生、科学家和工程师从占这三类移民总数的 67. 1% 下降到 1966 年的 54%。西半球国家从 35. 4% 下降到 26. 2%，而来自亚洲和太平洋岛屿各国和地区的比例从 0. 97% 跃至 27. 7%。这就是说，在 1965 年移民法实施之前的近 10 年间，尽管亚洲移民受到限制，但其人才流失的速度增长却是世界各地区最快的。在此之后，亚洲人才流失的速度更快。在 1966—1975 年入境的 10 万名科学家和工程师中，亚洲国家的比例从 1966 年的 27. 7% 上升到 1970 年的 56. 4%，此后虽因经济危机入境人数有所减少，但是到 1975 年仍保持在 57% 左右。在同期的欧洲国家，则由 40. 2% 下降到 1975 年的 23. 1%，美洲国家则从 29. 1% 降至 11. 5%。如果与欧洲国家比较，亚洲国家人才流失率与其人才资源不成正比。在 1966—1971 年占有全球科学家数量 3/4 的欧洲国家（包括苏联），向美国输送的科学家仅占潜入美国的科技人才中的 25%。而占有全球科技人才仅为 12% 的亚洲国家和地区，却向美国输送的科技人才占各国迁入美国的科技人才的 50% 以上。[7] 在 20 世纪八九十年代，亚洲人才流失并未止步，其中人才流失数量较多的包括中国、印度和菲律宾等国家（见表 1）。

表 1　　美国的技术移民来源及其百分比统计[8]

	1965 年之前	1965—1979 年	1980—1989 年	1990—2000 年
数量（万）	34.63	88.12	78.60	97.46
百分比	100.0	100.0	100.0	100.0
欧洲	44.8	18.1	15.6	23.3
北美洲	9.3	4.1	3.1	6.1
拉丁美洲	25.7	24.9	23.0	13.8
非洲	1.7	4.5	6.2	5.4
大洋洲	0.7	0.8	0.7	1.1
其他国家和地区	0.5	0.4	0.3	0.2
亚洲*	17.5	46.5	51.1	50.2
中国	3.7	7.9	13.3	13.1
印度	1.5	7.7	9.2	16.6
菲律宾	2.4	9.3	9.1	6.0
越南	0.1	4.6	4.4	1.7
韩国	1.0	4.5	3.5	2.7
日本	4.6	2.1	1.2	2.8
中东	3.1	7.3	6.4	4.4
亚洲其他地区	1.1	3.1	4.0	2.9

* 亚洲国家中包括中亚和中东地区（不包括埃及），北美洲包括百慕大、格陵兰和加拿大。

二　美国及其移民政策的拉力作用

探讨亚洲人才移民美国，不能回避美国社会发展及其移民政策变化的影响。客观而言，由于第二次世界大战时美国远离欧亚战场，不仅其国民经济、教育和科研等有利于吸引人才的各种社会体系未遭受严重的破坏，而且美国还在通过接受军事订货等方式大发战争之财的同时，在教育和科学技术领域确立了其明显的优势地位。在这种背景下，在第二次世界大战后 30 多年间，世界上没有哪一个国家可以与美国在经济、学历教育、科研条件、工资水平和生活环境等方面进行竞争。这些方面的优势无疑对各国优秀人才充满了巨大的诱惑力。从移民政策角度看，它作为美国国家主权的象征，在美国边界上筑起了一道维护美国国家利益和国家安全的防火墙。所以，美国移民政策的理论依据、服务主旨、限制性的宽松程度、民族来源、入境人数和技术构成等方面的变化，都对入境的外来移民产生重大的影响。这一点在亚洲技术人才中同样体现得非常突出。

首先，在第二次世界大战后美国对亚洲的移民和人才吸引政策中，有些立法就是专门针对亚洲国家制定和实施的。例如，（1）第二次世界大战爆发后，美国出于打败日本法西斯的需要，在精神上鼓励和支持中国人民的抗日战争，于1943年废除了《1882年排华法案》，每年给予中国105名限额，1945年，美国又先后给予印度和菲律宾每年各100名移民限额。此后到1949年，美国又先后颁布美军新娘法和美军未婚妻法等，允许大约1万名来自中国、日本和韩国的女性移民随其美籍丈夫入境。这些立法的实施等于在禁止亚洲移民入境的1924年移民法中打开了一个缺口，终止了亚洲移民不得进入美国的历史。（2）1949年蒋介石政府逃到台湾后，当时滞留在美国的3600名华人留学生失去了生活来源。由于当时中美两国处于敌对状态，美国人担心在美留学生回国后，在政治、科技、经济和军事等方面威胁到美国的国家利益，于是，美国政府通过强制移民的方式，将这些学生留在美国。（3）在1949—1952年，美国国务院指示其驻香港领事馆，与美国的一些非政府组织合作，组成难民援助团，通过蛊惑性宣传，妖魔化中国，希望中国的知识分子，“有机会运用其技术和经验为自由世界的利益服务”。后来，他们在从中国内地到香港的难民中挑出2万名知识分子并帮助其移民美国。上述两件事情既标志着20世纪华人科技人才大规模移民美国的开始，也标志着第二次世界大战后美国利用国家安全和反共意识形态在亚洲国家拉拢利用他国人才的开始。（4）在20世纪60年代，美国因其国内医生和护士人才短缺，美国的一些中介组织先后在菲律宾和印度公开招聘医生和护士，结果，进入美国的菲律宾和印度医务人员之多，形成了一个小高潮。例如，在1965年入境的2012名医生中，42%来自北美洲和中美洲，南美洲占17.3%，欧洲为28%，亚洲仅为10%，其余来自非洲和大洋洲等地区。到1975年，情况发生变化，在入境的7144名医生中，亚洲国家占69.9%、欧洲为12.8%、美洲地区仅占13%。[9]从此之后，亚洲国家成为美国外籍医生和护士移民的主要来源。由于亚洲裔医生和护士在语言文化方面与土生医务人员存在着差距，其服务质量导致医院服务质量纠纷日益增多，引起美国社会的强烈不满。于是，1976 年和 1978 年美国国会颁布了限制性立法，要求外籍医生和护士必须经过美国全国医学协会组织的考试后才能上岗。该法令实施后入境的亚洲医务人员数量大幅度减少。（5）在越南战争结束后，美国通过难民法，让跟随美军撤离越南的南越上层社会的亲美势力也移民到美国，其中有许多人就是接受过高等教育的精英人才。（6）在1989 年之后，美国国会多次颁布法律，以保护中国学生的人身安全为理由，将 5.3 万多中国学生滞留在美国。不言而喻，这些法律的实施构成了第二次世界大战战后美国拉拢，甚至是抢夺亚洲技术人才的一种模式。

其次，虽然有些政策并不是针对亚洲国家制定的，但其实施范围却覆盖了一些亚洲国家。例如，在《1948 年美国信息与教育交流法》颁布后，美国政府通过出版物、广播、电影和其他媒介与机构，宣传美国人的政治理想、政治体制和价值观，目的是“促进各国人民更好地了解美国”。在该法案生效后，美国启动了针对世界上一些经济落后地区的“教育援助计划”。在当时所涉及的 23 个国家中，有 9 个国家在亚洲，包括中国台湾地区、韩国、印度、约旦、巴基斯坦、以色列、菲律宾、泰国和越南等国家。随着旅美国际留学生的增多，美国国会颁布了《1956 年交换学者与移民地位法》。它首先重申了 1948 年美国教育与信息交换法中所强调的、外国公费留学生，或者是享受其母国与美国政府联合自助的外国留学生，完成学业后必须回国工作两年，期满后才能再次申请赴美工作或移民签证。然而，该法案中的另一项条款却为外国学者和留学生移民美国创造了条件。法案规定：根据相关政府机构的要求和国务卿的建议，若任何外籍人的入境符合美国的公共利益，司法部长可以放弃其回国两年的要求。在这一规定中，美国国会以“符合美国的公共利益”为最终判断标准，可以不经母国同意而单方面决定外籍学者和学生的去留。这种做法实际上使“两年规则”形同一枚硬币的两面，无论出现什么情况，作为“庄家”的美国都可以做出对自己有利的解释。此外，在 20 世纪五六十年代，尽管美国的难民法是作为配合美国反共外交战略而实施的，其实施范围主要集中在欧洲国家，但是，有些难民法的实施也包括亚洲国家。例如，《1957 年难民逃亡法》规定：凡在 1957 年以前持非移民签证入境的外交官、商人、教授、访问学者和留学生，若因种族、宗教、政治观点而受到迫害，或可能受到迫害，可以协同家属一起申请移民资格。之后，美国国会在《1961 年外籍人援助法》中，废除了 1952 年移民法中严格限制亚洲移民的“亚太三角区”条款，允许旅美留学生和访问学者放弃原有的“非移民”身份后申请定居美国的资格。从当时的情况看，这两项难民法的实施范围超出了社会主义国家的范围，其中包括韩国、中国台湾地区、墨西哥、阿根廷和伊朗等国家和地区。上述法律实施后，这些国家和地区的旅美学生和学者移民美国的势头开始加快。

最后，美国国会通过修订移民限额制度，废除了其中的种族歧视规定，把世界各国的移民限额分配原则建立在平等的基础之上，这样，亚洲移民能在平等的条件下进入美国。

从第二次世界大战后美国移民法演变进程看，与移民限额制度直接相关的主要立法是 1952 年、1965 年和 1990 年移民法。其中，《1952 年外来移民与国籍法》是在冷战日益加剧的时期颁布的。当时，苏联原子弹试爆成功、新中国的成立和朝鲜战争的爆发，都使得美国感到其国家的生存与安全受到了前所未有的生死威胁。于是，美国国会在继承 1924 年移民法限额分配的依据、标准和模式的同时，还增加了一些旨在甄别和防止共产党人移民入境的条款。此外，法案在继续维持对亚洲移民歧视条款的前提下，设立了“亚太三角区”条款，允许区域内各国每年各有 100 名移民限额。这项条款表明，美国国会没有把亚洲各国移民限额的分配建立在平等的原则基础之上。即便如此，在该项条款的实施方面，仍然存在着对亚洲移民的双重歧视。例如，欧洲移民进入美国时，其使用的限额将被计入其出生国，但亚洲移民无论出生何地，其移民美国时将占用其祖籍国家的限额。例如，在巴西出生的葡萄牙裔移民美国时，可以享受西半球移民自由入境的待遇。但是，在巴西出生的华人移民美国时，其所占限额将被计入中国限额之中。同样，出生在中国的欧洲裔移民美国时，其所占用的限额将被计入中国限额，这实际上对亚洲移民实施了双重限制。因此，在该法案实施后的 13 年间，入境的亚洲移民仅占 1951—1960

年入境移民的6%，在1961—1965年也不超过8%。[10]

对于亚洲移民而言，战后影响最大的立法是1965年移民法。它与1952年移民法的最大差异是：（1）禁止美国的任何政府机构和个人以种族、肤色、宗教等因素歧视任何符合条件的移民，各国移民按照出生国申请签证，各国每年限额不超过2万人。（2）将每年用于吸引技术人才的移民限额，从1952年的50%减少到1965年的20%，而在其中的七项优先入境原则中，第三项旨在吸引那些有突出才能的技术人才，而第六项是要延揽美国就业市场短缺的熟练与非熟练劳工。按照这两项优先原则入境的移民属于"就业类移民"，他们入境时必须持有美国劳工部颁发的就业许可，否则不得入境。其他四项则是关照美国公民和合法外侨与其外籍亲属的家庭团聚，剩余的一项是安置国外需要帮助的难民。1965年移民法生效后，由于美国的亚洲裔人口甚少，因而亚洲国家能够按照家庭团聚条款入境的移民寥寥无几。所以，"就业类移民"就成为亚洲移民入境美国的主要渠道。据统计，按照该条款入境的专业技术人才占1972—1977年入境的亚洲技术类移民的67%，在此之后有所下降，在1978—1991年保持在56%左右。[11]在这一个时期，主要是因为美国国会立法变化有关。除了前文述及的1976年和1978年美国限制外籍医务人员上岗条件的法律外，美国国会还颁布了1980年难民法和赦免非法移民的1986年《移民改革与控制法》。在这些法律之下入境的移民中，多数是非技术性移民，所以，专业技术人才的比例明显下降。

但是，这种状况随着1990年移民法的颁布而不复存在了。从该法案与本文相关的条款看：（1）新法案拓宽了吸引技术人才的概念范围，凡接受过高等教育的技术人士、在跨国公司担任部门经理三年以上的管理者，或在体育、文学艺术等领域享有国际声望的人才等都可以申请，每年的限额14万。（2）国会设立了1万名投资类移民限额，申请者必须在美国的高失业区投资100万美元，或在低失业区投资50万美元以上，并雇用10名以上的美国劳工。（3）将50年代设立的H-1计划一分为二，设立了H-1A和H-1B签证计划。前者吸引的对象是外国的护士，而后者主要是引进具有特殊才能的人才，其每年人数不超过6.5万。他们入境后最长工作时间不得超过6年。

在合同期满后，如果美国的公司需要继续雇佣该劳工，该公司可以帮助被雇佣者申请永久居留美国的资格。该法案实施后，加上90年代美国经济持续长达118个月的低失业率、低通胀率的高速增长，特别是信息技术在美国的广泛普及，创造了数百万个技术岗位，对包括亚洲国家在内的各国技术人才产生了巨大的诱惑力。例如，在H－1B劳工计划实施后，亚洲国家成为1990—1999年入境最多的地区。在其人数最多的前10位国家中，来自印度（192951人）、中国（20229人）、日本（29721人）和菲律宾（61530人）排列在第一至第四位，其劳工人数合计近30万，占排列在前10位国家H－1B劳工的67.71%。这些临时计划劳工中，至少有1/3左右获得了永久居留美国的资格。他们和境外申请移民签证的移民一起，使迁入美国的亚洲移民的技术构成明显提高，并接近了美国人的平均水平。例如，到2000年，美国所有的23岁以上的外来移民的平均学历为11.62年，25岁以上的美国人口的平均学历为13.27年，而印度和巴基斯坦移民的学历平均在15.25年以上，日本人平均为14.20年、韩国人平均为14.21年、菲律宾人为14.36年。虽然华人移民的平均学历仅为12.87年，略低于上述各国，但与美国人的13年非常接近。[12]这就是说，90年代亚洲移民中的“人才流失”问题还是比较严重的。

总之，第二次世界大战后亚洲技术人才移民美国的过程、阶段性特征以及技术人才占每个阶段所有移民的比例，都与美国移民政策变化的轨迹十分吻合。这说明在全球化时代，尽管市场机制及其内在规律对人口迁移和流动具有不可替代性的影响，但是，战后亚洲技术人才移民美国的历史进程表明，移民法作为美国国家主权的象征所发挥的作用则是决定性的。

三 地缘政治因素及其影响

亚洲移民愿意移居美国，最重要的因素之一就是美国因素的存在。所谓美国因素是指美国与亚洲国家在政治、军事、经济、文化和教育等方面的交往及其对亚洲国家的影响。在这种关系中，与美国建立关系的早晚时间、亲疏关系差异及各国民众对美国的认同程度等等，都在不同程度上影响着其与美国之间的移民关系。凡与美国建立关系早、联系密切、认同程度高的国家，其移民和人才流向美国的时间早，持续的时间长，而当其社会经济进入发达国家行列之后，其移民人数随之骤减，人才流失问题随之也会好转，甚至基本消失。

在世界近现代历史上，亚洲是饱受西方殖民者蹂躏的重灾区之一。从17世纪开始，一直到第二次世界大战爆发前，多数亚洲国家都在不同程度上遭受过西方的殖民统治。例如，西班牙和荷兰曾分别对菲律宾和印度尼西亚实施了长达数百年的奴役，后来又出现了英国对今天的印度、巴基斯坦、孟加拉以及中国香港的殖民统治。到19世纪末，法国、德国和美国殖民者都分别踏上了越南、菲律宾和中国领土。在漫长的殖民统治中，西方列强一方面通过开放口岸，抢占商品市场和生产原材料产地；另一方面又通过宗教和殖民教育，将西方的政治思想、宗教和文化等元素植入亚洲国家。在第二次世界大战期间，虽然美国与欧洲列强一起参与了亚洲的反法西斯战争，但是随着冷战的兴起，欧洲殖民者纷纷退出了亚洲，而美国不仅没有退出亚洲，反而乘虚而入，成为对亚洲影响最大的西方国家。一方面，它出于遏制社会主义制度的需要，通过与韩国、日本、中国台湾和菲律宾等国家和地区的军事联盟关系，在中国沿海地区构筑了一道封锁线。另一方面，它还通过拉拢泰国、印度和巴基斯坦等国家，试图对中国构成一个战略包围圈。尽管当时美国的战略重点在欧洲，但在美国的干预下，亚洲又是热战频发的地区，其中朝鲜战争和越南战争之外，还不断挑拨中国内地与台湾之间的矛盾与冲突，同时又与苏联在中东地区展开了激烈的角逐。在这种背景下，美国又通过多种措施，着力加强其与亚洲国家的关系，其表现可概括如下：

第一，通过参与第二次世界大战后亚洲国家政治和经济的重建，将自己的政治价值观植入亚洲国家的政治与社会制度中。例如，美国按照自己的构想，完成了对日本的政治改造；通过教育援助，帮助韩国建立起比较完善的教育制度。而菲律宾作为美国的盟国，又是美国的前殖民地，因而它不可避免地在政治、经济和文化等方面受到了美国的影响。

第二，通过经济援助和自由贸易，巩固了这些国家和地区的资本主义经济制度。换句话说，从第二次世界大战后一直到70年代末期，这些国家作为美国与亚洲地区开展贸易的主要伙伴，其彼此间以经济合作为纽带，开展自由贸易，借此在亚太地区形成了一个以美国为核心、以市场经济为基础的利益共同体。例如，在1950—1970年，美国对亚洲国家的出口占其年度出口总额的比例从15%上升到23.2%，它从亚洲国家的进口额比例也从18.5%上升到24.08%。尽管在美国与亚洲的贸易关系中，日本居于十分重要的位置，日本向美国出口额度在两个相同的年份从31.2%上升到46.4%。日本从美国的进口额占亚洲国家进口总额的比例，从11.1%上升到61.1%。但是，从亚洲国家各自的角度看，其与美国的贸易也占据着十分重要的位置。到1963年，美国出口的商品占韩国的50.2%、菲律宾的44.7%、巴基斯坦的43.8%、越南的37.6%、印度尼西亚的33.0%、沙特阿拉伯的20.5%和泰国的17.6%。[13]在各国资本、商品、信息和商业服务联系不断增强的同时，各类人员的跨国流动也日益活跃，而且，商品不管是作为一种物质和非物质文化的形式，也传递着人类生活方式和价值观信息，因而它在一定程度上增强了亚洲国家国民对美国的了解和认识。

第三，美国在为其盟友提供政治、经济和军事等物质援助的同时，也将亚洲国家的文化和教育交流纳入美国的冷战外交战略中。其标志是美国将《1946年富布莱特法》和《1948年美国信息与教育交流法》的实施范围延伸到与美国结盟的国家和地区。通过这些立法，美国一方面加强了心理战宣传和文化渗透，刺激了其亚洲盟友对社会主义国家的心理恐惧感，另一方面又增强了这些国家和地区对美国的“民主”和“自由”制度与价值观的认同，进而凝固了这些国家及其政府在各方面对美国的依赖关系。例如，（1）在1948年美国信息与教育交流法实施后，美国政府通过设立奖学金的方式，先后向韩国、印度、泰国、越南、南亚和中东地区的留学生提供了大量的旅美深造的奖学金机会。（2）以美国国际教育研究院（Institution of International Education）和托福（TOFEL）考试中心为代表的美国民间机构在亚洲各国设立办事处，目的是动员更多的亚洲学生赴美留学。（3）由于亚洲不少国家都有曾在美国留学的归国留学生，他们都成为战后所在国家和地区科技、教育和文化等领域的精英和领导力量。他们在构建文化与教育体系和管理制度的时候，都在不同程度上吸收了美国的文化元素。在各方面因素的影响下，不少亚洲国家都将英语作为第一外语纳入课程表之中。正因为如此，甚至“在那些曾经受英国影响的亚洲高等教育制度中，美国的影响正在增强”。香港中文大学的课程体系就是仿照美国的标准设立的，而在马来西亚，其政府放弃了英国的考试模式，采用了美国标准。随着美国文化的深入，英语及美国的文化也在这些国家日益普遍。而欧洲的德语、法语和西班牙语却在亚洲没有了市场，与之相关的教育理念、制度和模式等也在亚洲国家销声匿迹了。

在此背景下，第二次世界大战后国际留学生的区域流向呈现出明显的地缘政治特征，不仅大多数欧洲国家的留学生集中在德国、奥地利和瑞士等国家，非洲留学生也因为历史上殖民地关系而更多地流向其前宗主国。在亚洲，因为美国的文化影响日益增强，美国也成为亚洲国家赴海外留学的首选地。据调查，到 1978 年，首选赴美国留学的学生，占菲律宾海外留学生的 80.8%、韩国的 77.4%、中国台湾地区的 73.6%、日本的 72.9%、印度的 70.6%、伊朗的 66.8%、泰国的 59.7%、巴基斯坦的 54.3% 和科威特的 50.3%。还有其他 6 个亚洲国家表示愿意赴美留学的比例占总数的 25% 以上。随着旅美亚洲留学生的增多，他们在美国的国际留学生中的比例也从 1954 年的 41.6% 上升到 1978 年的 55.7%。如果将贸易关系和留学生来源国进行比较，一个有趣的现象是，凡与美国贸易关系紧密的国家，也恰好是向美国移民人数最多的国家。例如，在 1979 年以前的 20 年间进入美国的近 166 万亚洲移民中，菲律宾移民超过 42.2 万人，占这一时期进入美国的亚洲移民的 26.65%，韩国为 27.69 万（16.68%）、中国台湾为 27.47 万（16.5%）。相对而言，日本移民较少，仅为 9.25 万，约占旅美亚洲移民的 5.57%。出现这种现象，主要是因为在美国的扶持下，日本经济高速发展，并在 20 世纪 60 年代末成为亚洲唯一的步入发达国家行列的国家。至于那些与美国建立外交或军事盟友关系较晚，或不属于美国在亚洲外交战略中处于核心地位的国家，如印度、越南、伊朗和巴基斯坦等国家的移民人数就相对较少。例如，

1950—1979 年，进入美国的印度移民不过 18. 57 万，占 1950—1979 年进入美国的亚洲移民总数的 11. 19%。同比，越南分别为 14. 08 万和 8. 48%、而中国香港分别为 6. 96 万和 4. 19%、伊朗分别为 2. 2 万和 1. 3%、巴基斯坦分别为 4. 46 万和 2. 79%。在以上各国移民中，东亚和南亚地区合占这个时期亚洲移民总数的近 80%。[14]

再从人才流失的角度看，与美国关系紧密的国家，人才流失的高潮期出现的就比较早。在 1965 年之前，人才流失较多的国家和地区是中国台湾地区、韩国和日本。在 1965—1979 年，人才流失较多的国家和地区是中国台湾地区、印度、菲律宾、越南和韩国。越南移民较多是因为美国在越南战争中的失败和南越政权垮台后所引起的难民潮所致。据统计，在 1975—1979 年进入美国的越南难民人数占 1960—1979 年美国越南裔的 87. 34%。至于印度和巴基斯坦，他们作为以前英国的殖民地，其移民的首要目标是英国而非美国，只是在 60 年代美国逐渐解除了对亚洲移民的限制之后，其移民美国的人数才开始增多。[15]在这两个国家迁入美国的移民中，有不少人曾在英国居住了一段时间，因而属于二次移民。有意思的是，到了 80 年代，上述格局基本未变，但越南和韩国所占比例有所下降。相对而言，日本和韩国经过了 1965—1990 年经济的稳定增长后，到 20 世纪末，其技术人才移民美国的趋势明显减弱。不仅如此，这两个国家也是亚洲地区中仅有的加入了以欧美国家为主导的经合组织的国家，而且两者都经历了本国人才回流现象的同时，也迎来了不少外来技术人才的可喜变化。关于这一点，本文最后一部分有进一步的论述。

需要指出的是，在 1949—1979 年，由于中美关系处于敌对状态，中国是美国在亚洲遏制和围困的主要对象。所以，大规模的华人移民高潮并未出现。在此期间迁入美国的中国移民中，主要是来自中国台湾地区和一部分经由台湾和香港到达美国的中国内地人，其人数并不稳定。例如，1972—1979 年进入美国的华人中，有许多人的出生地是中国内地，但其最后居住地却不在中国。这类“辗转移民”的数量占这个时期入境的华人科技人才总数的 80% 左右。而在中国出生、并且直接从中国移民到美国的人数平均占 20%。1980 年之后，随着中美关系的改善和两国在科技、教育和文化方面交流活动的全面开展，在中国出生并从中国直接移民美国的科技人才与日俱增，达到了史无前例的62.2%。在1979年中美建交后，华人移民美国的步伐开始加快。如前所述，到2000年，中国与印度和菲律宾一起，成为当代全球范围内向美国输送科技人才数量最多的三个国家。其中，中国和印度的人才流失还在持续，而菲律宾经过了长达25年的人才流失后，其流失的人才数量有所下降。从绝对人数看，在1966—1988年迁入美国的45.32万技术移民中，多数来源于中国、菲律宾、印度和韩国。其中，中国高达7.99万人，占同期迁入美国的亚洲人才的19.9%，印度为9.27万人，占20.2%，韩国为4.04万人，占8.8%，菲律宾为13.03万人，占28.6%，以上四国共计有34.35万人，占迁入美国的亚洲技术人才的75.5%。值得关注的是，在1977年以前迁入美国的中国移民中，技术移民的比例并不高，尽管在1966—1979年入境的技术人士占中国移民总数的16.31%，但在1983—1988年则跃至22.42%。这种转变的出现，主要是中国内地实施了开放性的移民出境政策。但是，在同期，其他亚洲国家都不同程度地出现了先升后降的现象。例如，印度技术移民占亚洲科技移民的比例在1966—1979年是21.5%，在1983—1988年是17.3%。在两个相同的年份，菲律宾分别为29.76%和25.64%。[16]

最后，亚洲技术人才在美国高校的职业构成，或多或少地折射出其与美国文化关系的亲疏程度。例如，与在美国高校工作的欧洲技术人才相比，亚洲技术人才从事与语言文化关联度较高的大学教学工作的比例明显偏低。即使是在亚洲各国的技术人才之间，母国与美国文化融合关系的强弱，也在其从事教学和科研工作的比例差异中得到了体现。例如，在1988—1996年进入美国高校工作的博士毕业生中，从事“研发”与“教学”工作的比例占西欧国家博士毕业生的41%和42.9%，在北欧留学生中的比例分别为50.7%和30.3%。具体到一些国家，从事研发和教学工作的比例分别占英国留学生的32.8%和44.5%、法国留学生中分别为35.1%和50.4%、德国留学生中分别为38.9%和44.6%。再从亚洲毕业博士的比例看，从事“研发”和“教学”工作的比例分别占中国留学生的61.2%和16.5%、中国台湾留学生的68.2%和14.9%、韩国留学生的51.0%和35.6%、印度留学生的59.6%和22.8%。这就是说，亚洲国家留学生中，大多数从事了对语言交流要求较低的研发工作，而从事英语水平要求较高的教学比例相对较低。与欧洲留学生相比差别较大。[17]这就是说，与美国的语言和文化亲疏关系对于技术人才进入美国就业市场之后的职业流向具有十分重要的影响。那些与美国在历史与文化方面相近或者相似程度较高的国家的留学生，多数从事了高校的教学工作，反之，从事研究性职业的比例就比较高。

四　亚洲国家社会发展的推力

亚洲移民之所以源源不断地向美国迁移，其自身有着深刻的历史根源。从宏观层面上看，亚洲作为遭受西方殖民统治时间较长的主要地区之一，各国经济处于工业基础薄弱、经济结构畸形的小农社会阶段。第二次世界大战结束后，尽管多数国家摆脱了西方殖民统治，但又因在第二次世界大战中饱受战火蹂躏，百业待举，国力不支，民生凋敝。因而，早日完成经济重建并尽快在现代化建设中完成从农业社会向工业社会的转型，是各国面临的共同挑战。在此过程中，社会各领域的发展，都需要大批的科技人才。不过，大约从20世纪60年代开始，亚洲国家彼此间的社会经济发展差异日显，各国劳动力向海外迁移的规模、区域流向和技术构成等特点也十分突出。在各国和地区中，日本经济因其工业基础好，人力资源丰富，经济重建中发展迅速。它不仅成为东亚甚至亚洲最先完成工业化和城市化的国家，而且其人均国民生产总值等方面，也最先跻身于发达国家行列。据联合国统计，1970年，日本人口的城市化达到72%，接近美国的74%。其他国家都远远低于日本的水平。例如，当时韩国人口的城市化水平仅有40%，它在1980年以后才完成了城市化。其他国家则更加落后。例如，1970年，亚洲国家的城市化平均水平为23.7%，2000年达到37.4%，2015年才接近50%。其中，中国的城市化水平在三个相同的年份分别为17.4%、36%和52%。并行不悖的是，当时亚洲的社会贫困率也是相对较高的。在1969—1971年，全球所有发展中国家营养不良的人口比例是37%，1979—1981年是29%，1995—1997年下降到18%。在三个相同的年份，拉丁美洲和加勒比海地区分别是19%、13%和11%，而撒哈拉以南的非洲地区分别是34%、36%和33%，东亚国家分别是43%、29%和13%，南亚地区分别是37%、38%和23%。显然，拉丁美洲和加勒比海地区的贫困化程度相对较轻，而东亚地区在1969—1971年是全世界最严重的，但在此后也是全球各国脱贫速度最快的。南亚地区的贫困化程度相对较轻，但其脱贫速度比东亚地区更加缓慢。如果将亚洲与欧美发达国家进行比较，不仅亚洲的差距十分明显，而且在亚洲各国和地区之间，彼此间的差异也判若云泥。例如，经合组织国家的人均收入从1975年的6000多美元增长到1990年的1.8万美元，到2000年接近2.5万美元，但东亚地区平均不到1000美元，到1995年才超过了2000美元的水平。在南亚地区，情况更加糟糕，该地区各国始终平均在1500美元以下。在亚洲国家中，日本发展速度最快，它在同期也从4910美元猛增至1995年的3.9万美元以上。韩国也从1970年的670美元上升到1995年的近1万美元。此外，类似于中国台湾、香港和新加坡等国家和地区，其经济也逐渐进入中等发达国家的水平。[18]在其他亚洲国家，多数仍然处于较低的发展水平上。（见表2）

表2　**1980—1995年部分亚洲国家和地区人口与经济指标统计**[19]

国家和地区	人口数量	人口生育率		劳工增长率		人均国民生产总值	
	1995年	1980—1985年	1990—1995年	1980—1985年	1990—1995年	1995年美元价值	1985—1995年经济年均增长率
中国	1219349	2.6	1.9	2.2	1.1	620	8.3
菲律宾	68341	5.0	4.5	2.7	2.7	1050	1.5
韩国	44592	2.2	1.7	2.3	1.9	9700	4.8
印度尼西亚	197662	4.1	3.0	2.9	2.5	980	6.0
马来西亚	20017	4.2	3.6	2.8	2.7	3890	5.7
香港	6210	1.8	1.2	1.6	1.3	22990	7.7
日本	125472	1.8	1.5	1.1	0.6	39640	2.9
泰国	58729	3.1	2.1	2.1	1.3	2740	8.4
越南	7284	4.5	3.3	2.7	1.9	240	

在这样的背景下，许多亚洲劳工为改善生计，不断迁移和流动。因此，各国都出现了农村与城市以及城市之间较高的人口流动率。在1950—1975 年，亚洲城市人口平均每年增长 3% 以上，而农村地区则平均在 1.5%—2%，在人口从农村地区向城市的迁移和流动中，菲律宾 1965 年居住在农村的人口中，到 1973 年有 39% 的人口进入了城市，韩国在 1961 年居住在农村的人口中有 36.6% 的人口进入了城市。在印度人口中相对较低，在 1971 年仅为 14.6%，而泰国仅为 15% 左右。在相同的时期，城市之间的人口迁移也十分活跃。例如，在 1971 年的印度达到 10.4%、菲律宾为 25%、韩国为 32%、泰国为 18.5%、巴基斯坦为 38.8%。[20] 与此同时，越来越多的亚洲国家把劳动力输出看作增加国民收入的一种有效方式。从第二次世界大战后初期到 80 年代初期的主要流向看，亚洲劳工的跨国流动主要表现为两个层次。

第一是亚洲区域内的流动，其主要流向是西亚的石油输出国家，劳工多数是集中在采矿、建筑、交通等领域的非熟练劳工。例如，巴基斯坦向沙特阿拉伯等国家派遣的劳工由 1975 年的 1.9 万增至 80 年代初期的 12 万。印度劳工数量也由 1976 年的 4200 人跃至 1980 年的 23 万人，此后有所下降，但也在 1983 年保持在 20 万以上。在东亚地区，不同程度的劳工跨国迁移也同样存在。例如，除中国和韩国向日本遣返了数十万日本战犯和侨民外，还有 200 多万韩国人从日本返回韩国。同时，中国政府向非洲派遣了数万名铁路援建工人，而韩国在 1964—1974 年向南越派遣了 1 万多名劳工，参与美军在南越的基地建设。到 20 世纪 70 年代后期，东亚国家向西亚石油生产国家派遣的石油生产工人也日益增多，其中韩国输送了 8 万多劳工，印尼有 10 万，泰国为 8 万多，菲律宾相对较少，仅为 4 万多人。中国作为亚洲乃至全球人口最多的国家，具有十分丰富的劳工资源。自改革开放以后，其向海外输出的劳工逐年增多，从 1980 年的 4500 人增至 1999 年的 38.2 万人。显然，在这些亚洲国家的劳工输出中，各国和地区政府发挥了重要的作用。[21]

值得关注的是，大约从 20 世纪 80 年代开始，随着日本、韩国、中国台湾地区、中国香港和新加坡等国家和地区经济的腾飞，其人口在持续向外迁移的同时，也因为非熟练岗位的增多而吸引了周边国家和地区的劳工。所以，这些国家和地区的劳工跨国迁移开始出现了双向流动的态势。到90年代，甚至仍然存在向海外输出劳工的泰国和印尼也“经历了来自周边国家移民迁入的历史”。从迁入国家看，数量最多的是日本，其人数多达80多万，而韩国、中国台湾地区、香港和新加坡分别都有15万到20万外籍劳工。日本的外籍人口主要来自中国、韩国、中国台湾地区、菲律宾、泰国、伊朗、印度和巴基斯坦等国家和地区，而中国台湾地区的外籍人口主要来自印度尼西亚、马来西亚、菲律宾和泰国等国家和地区。这种“你中有我、我中有你”的格局说明本地区的经济融合程度空前提高。特别需要指出的是，自20世纪80年代以来，中国经济的发展，也在一些地区出现了岗位无人应聘的现象。90年代中期，在中国就业的各类外籍劳工接近20万。2004年，中国华南地区出现了200万就业岗位无人应聘的现象。对于这种变化，联合国报告中这样写道：以中国为核心的东亚地区“作为世界移民的目的地之一正在形成”。随着中日等东亚国家经济的腾飞及其对周边国家和地区的影响，东亚会“在不远的将来在很大程度上改变全球移民的体系”。[22]

第二层次是从亚洲国家分别向美国、加拿大、澳大利亚和新西兰等国家和地区的移民。在20世纪之前，虽然亚洲国家向这几个国家的移民就已存在，但当这些国家相继实施了禁止亚洲移民的政策后，亚洲移民几乎处于停滞状态。在第二次世界大战后，随着美国逐渐放宽并取消了对亚洲移民的限制后，加拿大（1967年）、澳大利亚（1974年）和新西兰（1974年）也分别终止了歧视亚洲移民的立法。从此，从亚洲迁出的移民日益增多，从70年代每年迁出的40多万人增至90年代初最多时每年的180万人。在1960—1994年东亚和南亚地区向美、加、澳、新四国的移民人数超过了620万人，其中近2/3去了美国。[23]这些移民中既有高学历技术人才，也有一般的熟练与非熟练劳工，还有一些是按照家庭团聚条款入境的未成年人、妇女和老人。

以上数据显示，洲际移民的出现，只是东亚和南亚国家涌动的移民潮中的一个组成部分。在日益活跃的人口流动中，一旦有欧美发达国家打开移民入境的大门，那么，源源不断的移民就会蜂拥而至。与亚洲各国间的跨国劳工相比，洲际性的移民中，技术人才比例较高。这既是美国等传统的移民国家的需求，也是亚洲国家希望通过派遣留学生和访问学者等短期移民旅美学习先进技术的期望。因为亚洲国家在寻求民族独立的道路上，其领导人都认识到了科学技术的重要性。所以，各国都把培养先进的科技人才作为国家发展的战略目标之一。1966 年，在联合国教科文组织主办的会议上，亚洲各国的教育部长在会后发表的联合声明中指出：科学技术的应用，使世界上的发达国家能够根除贫困并提供高水平的生活方式。如果要让所有人过上富裕的生活，建立一种新型的社会秩序，就必须将科技革命带入亚洲。随着亚洲各国的努力，其办学模式、重视理工科教育发展的理念，以及对现代科学技术在国民经济发展中的作用的认识，都在斗转星移中被转化为一种现实。而科学技术设备在生产领域中的广泛应用，必然会使原有的生产方式发生革命性的变化，其结果是在非熟练岗位日益减少的同时，新兴行业和原有产业中的高技术职业的增长日益旺盛，导致就业市场上技术人才供不应求。然而，与此相悖的客观现实是，此时东亚和南亚多数国家就业机会总量的增长依然无法满足劳动力就业的需要。这一方面是因为其第二次世界大战后普遍出现了人口增长快于经济增长的现象；另一方面是因为其人才培养快于经济增长的现象。科技人才流失最严重的发展中国家，每年教育系统培养的人才增长在5%—15%，每年毕业生的总体增长都在 10% 左右，然而其国民经济生产总值却仅仅限于 3%—7%。也就是说，经济发展的滞后性导致了人才就业不足的现象，结果出现了人才的相对过剩。所以，无论是在菲律宾还是在韩国、中国台湾和日本，它们面临的共同问题是：（1）大学招生不能满足高中毕业生深造的需求；（2）大学毕业后，普遍存在着就业不足的现象；（3）旅美留学生完成学业后，绝大多数通过调整身份，申请永久移民的签证。所以，从 20 世纪 50 年代中期开始，一直到 70 年代末期，上述国家和地区的留学生因为移民美国而出现的人才流失率接近了 90%。[24]

在 20 世纪 80 年代以后，随着亚洲国家旅美留学生的迅猛增长，留学生获得资助的方式和来源也发生了较大的变化，这种变化对于亚洲留学生移民美国的趋势产生了较大的影响。以20世纪八九十年代旅美中国留学生为例，其变化之一是，享受公费出国留学的人数迅速减少，而自费留学和获得美方高校资助的人数日益增多。据统计，享受中国和美国政府资助的J-1签证学生人数，从1979年占中国留学生的61%减少到1985年的21%。享受美国高校、各类基金会和个人资助的学生数量以及完全自费留学的人数则从不到40%上升到近80%。其中多数分布在理工科专业。例如，在1988—1996年获得理工科专业博士学位的中国学生中，非公费留学生占总数的95.7%，其中占物理学专业博士学位获得者的96.6%、地球大气与海洋学专业的96.6%、数学专业的96.1%、计算机信息技术专业的95%、工程学的95%、生命科学的95.2%、农学的94.3%、心理学的95.2%。显然，公费留学生人数的减少，意味着多数旅美留学生在完成学业以后，不会受到美国政府关于公费生完成学业后必须回国工作两年的规定的限制。对于那些非政府资助的中国学生而言，随着他们在美国学习时间的延长，其专业知识和理论储备也在不断提高，对美国政治、经济、文化和社会生活方式等各个方面的了解也日益加深，其思想、价值观和生活方式的“美国化”程度也在提高。因此，他们在攻读学位的过程中，也在考虑自己未来的职业去向。其中在考虑个人职业前程、生活福利待遇、工作条件和子女教育等因素方面，他们也会在心中比较母国与美国的差异，其结果便是，移民的天平必然会倾向于在各个方面具有明显优势的美国。根据2003年美国国家科学基金会对申请移民美国的亚洲科学家的调查和分析，被调查者定居美国的原因中，居于前三位的因素是寻求家庭团聚因素（37.1%）、教育机会（29.7%）和就业机会（20.8%）。但是，具体到不同国家和地区的科学家，各类因素的排位又有所不同。例如，家庭团聚占印度科学家和工程师的31.3%、菲律宾科学家的47.2%、韩国人才的54%和中国台湾地区人才中的36%。在中国内地和台湾地区流失的科学家和工程师中，美国的教育机会是他们定居美国的首要原因，分别为47%和50%，远远高于韩国和印度人才中的31%和菲律宾人才中的13%。就业机会作为收入的重要因素，在菲律宾移民中居于家庭团聚因素之后的第二位置，比例达到36.4%。这个比例远远高于亚洲科技人才平均水平的 20.8%，也高于韩国的 11.3%、中国的 12.3 和中国台湾的 9%。[25] 显然，技术人才移民美国的原因既与一般移民相同，又具有比一般移民区域更加注重个人专业发展前景、子女教育、科研实验条件等方面的特点，它们或多或少都与学历教育密切相关。

五　亚洲科技人才的回流及其原因

回首第二次世界大战后亚洲科技人才移民美国的历史过程就可以看到，其流向并非纯粹的单向流动。相反，回流移民（return migration）现象或多或少地一直存在。然而，自 20 世纪 80 年代起，一些西方学者站在跨国主义的视角下，从国际移民的双向流动角度，提出了“人才循环”说和“美国人才流失”说。由于他们观察的历史空间非常有限，而且将欧亚国家纳入统一的标准之下，以一刀切的方式，把亚洲地区不对称状态的人才回流当作是历史发展的主流趋势加以分析，进而强调美国的人才流失问题，忽略了美国仍然是当代世界上最大的人才收益国家的现实，对于外来人才迁入美国后的历史贡献只字未提，而是一味地强调回国的人才如何利用美国的金融和技术资源为发展中国家经济与科技的发展作出突出的贡献。笔者并不否认科技人才和知识回流现象的存在，但要强调的是，历史分析既要注意合适的历史语境，还要从历史多维性角度观察，分清层次，把握主流，切忌本末倒置，更不能用一刀切的方式去处理扑朔迷离、涵盖世界多国的历史现象。

综观当代亚洲技术人才的回流现象，其大致可分类如下：第一类是直接回流者，其中包括衣锦还乡的留学生、合同期满后直接回国的临时科技劳工以及部分在美国定居多年并在金融或科技领域业有所成的永久移民。第二类是间接回流者。这一类型也包括两大类：第一是指移民或其后代继续在美国居住，但能利用自己在美国经济、金融、技术和社会等方面积累的人脉和网络资源，以风险投资和科技交流等方式与祖国发生关系。这种方式实质上属于人力资本的回流。由于其住址、金融和技术资源的配置、流通和生产与工作场所跨越两国，因而他们频繁穿梭于两地之间，进行协调和指导，遂被一些学者称为“国际通勤”的短期移民或“旅行工作者”。第二是通过汇款等形式，将自己收入中的一部分邮寄回国，为亲属改善生活条件提供力所能及的帮助。从统计资料看，自 1990 年以来，海外汇款成为不少亚洲国家一项重要的收入来源。从 1990—2010 年亚洲主要国家收到的海外汇款金额及其所占各国国内生产总值的比例看，高居榜首的是菲律宾，其金额超过 417 亿美元，占菲律宾国内生产总值的 10%。其次是越南，它在 2000—2010 年收到的海外汇款高达 91 亿美元，占同期越南国内生产总值的 7% 以上。与之相比，巴基斯坦也在 1990—2010 年收到了 130.65 亿美元的汇款，占该国国内生产总值的 2.7%。虽然中国也在同期收到了 604 亿美元的汇款，但其占同期中国国内生产总值的比例较低，仅为 0.6% 以下。类似于日本（51 亿美元）、马来西亚（48 亿美元）、韩国（37 亿美元）和泰国（62.14 亿美元）等国家的绝对金额都比较少，其占各国国内生产总值的比例都不超过 1%。[26] 所以，在这些国家，海外汇款的重要性要逊色于菲律宾和越南等国家。

从亚洲国家人才回流的过程看，大致经历了两个阶段。第一个阶段是 1990 年以前的低回流率。例如，在 1956—1972 年中国台湾地区派遣到海外的 3 万多留学生中，回国的比例只有 0.86%（2586 人），在 1953—1972 年韩国派出的 10412 名学生中，90% 没有回国。印度和菲律宾的人才回流率也大致如此。再从整体的移民回流率看，在世界各国中，亚洲国家也是最低的。例如，在 1975—1979 年入境的 260 多万移民中，到 1980 年已有 17.8% 离开美国。其中，亚洲移民的回流率仅为 3.5%，欧洲平均为 18.4%，南美为 24.8%，北美洲（主要是加拿大和墨西哥）为 34.5%。在亚洲各国中，中国内地的回流率为 0.4%，香港地区为 8.3%，印度为 1.3%。韩国和中国台湾地区的回流率分别为零。[27]

第二个阶段是在 1990 年以后，各国人才的回流率处于逐渐上升状态，其中的主要原因是亚洲国家的经济发展跃上了新台阶。据一些学者研究，亚洲各国和地区人才回流与其祖国的经济发展呈正比关系。

例如，中国的国内人均生产总值从1980年的290美元上升到2000年的812美元时，其海外学生的回国率也从10%跃至30%。在两个相同的年份，香港的人均生产总值从8719美元增至24187美元时，其留学生的回流率从31%增至50%。当中国台湾地区的人均生产总值从4459美元上升到12704美元时，其留学生的回流率也从36%跃至72%。韩国的情况也是如此。1980年，韩国人均国内生产总值仅为3093美元，其海外留学生的回国率不到40%。到2000年，当韩国的人均国内生产总值达到12420美元时，其留学生的回国率达到65%。应该说，经济发展与人才回流的正相关系，在中国教育部公布的海外留学生回国的统计中得到反映。据中国教育部统计，自1978年至2011年年底，中国出国留学人员总数跃至224.51万人。从回国的留学生总量看，其人数也处于逐渐上升的态势。例如，在1978—2011年中国派往海外的留学生中，回国留学生总人数累计已经达到81.84万人，占出国总数的36.45%。其中在1978—2003年，中国留学生回国的比例为24.67%，但在2003—2006年跃升为28.03%，而在2006—2011年回国的比例达到46.11%，这是一个前所未有的积极态势。[28]

强调经济发展与人才回流的关系，在宏观上是符合逻辑的，但其中离不开各国的人才吸引政策和科技人才自身的选择因素的作用。就政府政策而言，可以肯定，自20世纪50年代以来，几乎所有的亚洲国家和地区都在不同程度上实施了吸引留学生回家乡服务的举措。从90年代开始，吸引留学生回国一直是中国政府政策实施的重点。教育部作为全国出国留学工作的归口管理部门，认真贯彻中央提出的“支持留学，鼓励回国，来去自由”的工作方针，全面、系统地做好留学人员选派、在外管理和回国服务等方面的工作。为此，教育部先后设立了“霍英东青年教师基金和教师奖”“优秀青年教师资助计划”“留学回国人员科研启动基金”“跨世纪优秀人才培养计划”“长江学者奖励计划”等项目。1996年，教育部设立了吸引海外高层次人才的“春晖计划”。近年来，这些项目先后资助或支持了2万多名优秀留学人员以多种方式回国服务。为配合国家“西部大开发”战略，教育部与西部地区建立实质性合作机制，设立双边、多边的合作项目。1997年起，教育部先后组织留法学人、留英学人、留日学人、留美学人、留澳学人等赴西部省份工作或者从事学术、科研与创业活动的交流。由于对口支援活动注重实效，取得了很好的经济效益和社会效益，受到西部地区的欢迎。截至2003年，教育部与科技部、人事部、外国专家局共同批准21个“国家留学人员创业园”，留学人员在国内创办的企业共5000多家，产值300多亿元人民币。为便于留学人员回国创业，教育部所属中国留学服务中心设有专门的“回国服务处”“留学人员回国投资事务处”和留学人员学历学位认证和档案服务机构，并开办了“中国留学网”。[29]不言而喻，以上措施以及各类服务机构，都在留学生回国的过程中发挥了不可替代的作用。

除中国外，亚洲各国和地区都在不同程度上实施了人才吸引政策。例如，自20世纪60年代开始，韩国政府在积极招商引资、大力发展经济的前提下，为配合当时美国的半导体产业的迁入，创办了许多科技研发复合体，接着利用这些平台积极吸引旅美留学生回国。到80年代末期，不少在美国硅谷工作的韩裔也纷纷回到韩国投资。因此，到90年代，韩国也成为亚洲少数能生产高端产品的主要国家和地区之一。在此过程中，尽管韩国人才流失的问题还在持续，但不能回避的是，由于韩国在90年代已经成为世界第11大经济体，经济发展创造了大量的技术岗位，加上国内政治民主化进程较快，所以回国的人才日益增多。正是由于海外优秀的科学家、工程师、经理和企业家发挥的重要作用，韩国进入了高水平生产的发展阶段。同样，在80年代以后的中国台湾地区，其鼓励人才回乡效力的政策也非常有效。其突出标志就是设立了新竹工业园区。许多在美国硅谷工作的台湾移民闻讯后，将自己积累的资本、技术和经验应用于新竹工业园区的建设和投资。他们通过在太平洋两岸间的频繁穿梭，在硅谷和台北的投资商与工程师之间构筑起了一套有效的合作机制和关系，因此，台北的信息技术产业基本上与美国保持同步。因此有学者说，台湾人利用硅谷的技术发展了自己的计算机产业。

印度作为一个人才流失较多的国家，也一直没有放弃吸引海外人才回国服务的努力。虽然它在20世纪50—60年代吸引人才的尝试以失败告终，但到90年代，其成效不可小觑。在美国硅谷工作的印度技术人才，通过各种方式“在印度本土复制”硅谷的软件技术。特别是在2004年以后，印度加大了人才吸引力度，不仅成立了“海外印度人事务部”，专门负责与海外印度裔社区之间的联系，而且在2007年成立了一个“一站式服务”的“海外印度裔服务中心”，在向海外印度裔提供印度工业发展需求信息的同时，通过牵线搭桥，为海外印度裔提供从投资到生产经营的咨询服务。更重要的是，印度重新恢复了其在20世纪50年代初确立的承认双重国籍的政策，凡获印度政府批准者，可享受印度公民应有的一切权利和福利待遇。上述政策实施后，不仅印度裔回国投资金额大幅度攀升，而且印度还通过与美国的公司以合资经营或技术转让等方式，建立了仅次于美国的计算机软件产业，涉及的印度公司多达150家。在东南亚地区，各国政府不落人后，各类引智措施不胜枚举。越南从2000年开始也号召其海外侨胞为国家经济建设服务，越南外交部专门设立了吸引海外人才的网站。2008年越南国会颁布的新立法，承认海外越南裔的双重国籍资格，目的是吸引越侨回国投资。比较而言，菲律宾保护其海外劳工权益的政策更加全面。它在设立各类服务机构的同时，还颁布了不少保护海外菲律宾劳工权益的立法。例如，《1995年移民劳工与海外菲律宾人法》的目的就是向海外就业的菲律宾人提供一个比国内劳工所能享受的更加完整的福利保护制度。此外，菲律宾在2003年颁布的《海外人员缺席投票法》规定，允许海外菲律宾人在国内政治选举时行使缺席投票的权利。而同年颁布的《公民资格保持和再申请法》允许定居海外的菲律宾裔申请菲律宾公民资格。到2008年12月底，累计有近7万名海外菲律宾人申请菲律宾的国籍。同时，菲律宾向海外输出劳工的政策取得了积极的效果。自90年代以来，菲律宾一直是全球吸收海外汇款额度最多的五个国家之一。值得提及的是，在90年代以后的印尼、泰国、孟加拉、巴基斯坦和斯里兰卡等国家，也实施了相似的举措。它们或成立专门的政府机构，或授权已有的机构，通过法律和行政措施保护海外侨胞。

此外，必须指出的是，探讨科技人才的移民及其人才的回流，同样也不能忽略它们自己的决策选择。例如，一些美国学者对21世纪初返回中国和印度的1023名技术人才的研究发现，在返回印度的人才中，平均年龄为30岁，返回中国的人才平均33岁。从学历构成看，在返回中国的人才中，51%的人有硕士学位，41%的人有博士学位。在返回印度的人才中，拥有硕士学位和博士学位的比例分别为66%和12%。在回答回国原因的时候，事业前景、语言障碍、思乡情结、文化同化和照顾父母等因素居于前列。其中，强调母国发展对自己前程的吸引力占中国回国人才的87%和印度回国人才的79%，而思乡情结分别占两国回国人才的1/3以上。此外，87%的华人和62%的印度人认为回国后职业前景更加广阔。50%的人说回国后创业的机会比在美国多。不可忽视的是，印度人的88%和华人的77%说回国是为了寻求一个更好的家庭氛围，而照顾父母的因素占印度归国人才的89%和华人的77%。因文化与价值观而回国的人才中，印度为80%，华人为67%。[30] 从这一组数据看，这是一个可喜的现象。

总括前文，在第二次世界大战后的半个多世纪中，亚洲国家特殊的历史环境、不同的国情和各国共同面临的现代化建设的挑战以及各国和地区与美国之间的亲疏关系，都在不同程度上影响着技术人才移民美国的区域格局及其起伏变化。随着亚洲各国和地区经济状况的改善，各国政府相继实施了卓有成效的人才吸引政策，回流的技术人才日益增多。尽管如此，亚洲国家仍然是人才净流失的国家。这说明在未来经济全球化发展的过程中，在日益活跃的亚洲跨国人口流动中，技术人才流失欧美国家的现象还会持续。同时，亚洲作为经济发展最富有活力的地区，其吸引人才回流的道路还很漫长，这是多数亚洲国家面临的共同任务与挑战。

（作者信息：梁茂信，东北师范大学美国研究所教授）

注　释

［1］David Barlet, David L. Bartlett, U.S., *Immigration Policy in Global Perspective*: International Migration in OECD Countries, Washington D.C.: U.S. Immigration Law Foundation, 2007, p. 16.

［2］Organisation for Economic Co-operation and Development, *Policy Coherence for Development*: *Migration and Developing Countries*, Paris: OECD, 2007, p. 66.

[3] National Science Foundation, "Why Did They Come to the United States? A Profile of Immigrant Scientists and Engineers", *InfoBrief-Science Resources Statistics*, NSF07 - 324, June 2007, pp. 1 - 3, 6.

[4] Arun Peter Lobo and Joseph J. Salvo, "Changing U. S. Immigration Law and the Occupational Selectivity of Asian Immigrants", p. 753.

[5] Organisation for Economic Co-operation and Development, *Science, Technology and Industry Outlook* 2002: *International Mobility of Science and Technology Personnel*, Paris: OECD, 2002, pp. 238 - 239.

[6] Organization for Economic Co-operation and Development, *Internationalization and Trade in Higher Education: Opportunities and Challenges*, Paris: OECD, 2004, p. 279.

[7] National Science Foundation, "Scientists and Engineers From Abroad: Trends of the Past Decade, 1966 - 75" *Reviews of Data on Science Resources*, NSF 77 - 305, No. 28, Bebruary 1977, pp. 2, 4.

[8] Jeanne Batalova, *Skilled Immigrant and Native Workers in the United States: The Economic Competition, Debate and Beyond*, New York: LFB Scholarly Publishing LLC, 2006. p. 49.

[9] Thomas D. Dublin, "Foreign Physicians : Their Impact on U. S. Health Care", *Science*, Vol. 85, No. 4149 (Aug, 1974), p. 409.

[10] Roger Daniels, "United States Policy towards Asian Immigrants: Contemporary Developments in Historical Perspective", p. 321.

[11] Arun Peter Lobo and Joseph J. Salvo, "Changing U. S. Immigration Law and the Occupational Selectivity of Asian Immigrants", p. 739.

[12] Gabriella C. Gonzalez, *Educational Attainment in Immigrant Families: Communities Context and Family Background*, New York: LFB Scholarly Publishing LLC, 2005, pp. 38 - 39.

[13] William K. Cummings and Wing-Cheung So, "The Preference of Asian Overseas Students for the United States: An Examination of the Context", *Higher Education*, Vol. 14, No. 4 (Aug., 1985), pp. 403 - 423.

[14] William K. Cummings and Wing-Cheung So, "The Preference of Asian Overseas Students for the United States: An Examination of the Context", p. 404.

[15] William K. Cummings and Wing-Cheung So, "The Preference of Asian Overseas Students for the United States: An Examination of the Context", p. 411.

[16] John M. Liu, "The Contours of Asian Professional, Technical and Kindred

Work Immigration, 1965 - 1988", pp. 680 - 681.

[17] National Science Foundation, *Statistical Profiles of Foreign Doctoral Recipients in Science and Engineering: Plans to Stay in the United States*, NSF99 - 304, Arlington VA: National Science Foubdatiuon, 1998, pp. 29, 31, 38, 41, 47, 53, 59, 62, 65, 68. 引用的数据是根据各页表格中的统计合成的。

[18] United Nations, Department of Economic and Social Affairs, Population Division, *Global Migration: Demographic Aspects and Its Relevance for Development*, pp. 12, 15 - 18.

[19] United Nations, Department of Economic and Social Affairs, Population Division, Level and Trends of International Migration to Selected Countries in Asia, ST/ESA/SER. A/218, New York: United Nations, 2003, p. 71.

[20] United Nations, Department of Economic and Social Affairs, Population Division, *World Population Monitoring* 2001: *Population, Environment and Development*, pp. 12, 44.

[21] United Nations, Department of Economic and Social Affairs, Population Division, *Level and Trends of International Migration to Selected Countries in Asia*, pp. 34, 57, 59, 62.

[22] United Nations, Department of Economic and Social Affairs, Population Division, *Global Migration: Demographic Aspects and Its Relevance for Development*, pp. 12, 15 - 18, 24.

[23] United Nations, Department of Economic and Social Affairs, Population Division, *Level and Trends of International Migration to Selected Countries in Asia*, p. 57.

[24] 梁茂信：《1950—1980 年外国留学生移民美国的趋势分析》，《世界历史》2011 年第 1 期，第 67—78 页。

[25] Leo A. Orleans, *Chinese Students in America: Policies, Issues and Numbers*, Washington D. C.: National Academy Press, 1988. p. 91.

[26] 梁茂信：《“人才循环”与“美国人才流失”说：黑白颠倒的伪命题》，《世界历史》2013 年第 1 期，第 66—76 页。

[27] George J. Borjas and Brent Bratsberg, "Who Leaves? The Outmigration of the Foreign Born", *The Review of Economics and Statistics*), Vol. 178, No. 1, pp. 170 - 171.

[28] 教育部国际合作与交流司：《2011 年度我国出国留学人员情况统计》，资料来源：教育部网站 http://www. moe. edu. cn（2012 年 4 月 6 日下载）。

[29] 教育部国际合作与交流司：《2003 年教育部留学回国人员“科研启动

基金”资助情况统计》，资料来源：教育部网站 http：//www. moe. edu. cn（2012年4月6日下载）。

[30] Maruja M. B. Asis，Transnational Solidarity：Migrant-Homeland Cooperation for Development in Asia，pp. 7－10.